椎葉林弘 著

よくわかる
庭木大図鑑

葉
花
実
樹形

永岡書店

庭木大図鑑

常緑樹 中高木 43

常緑樹 低木 89

落葉樹 中高木 187

落葉樹 低木 245

針葉樹／コニファー／タケ／つる性木本 295

樹木名索引 360

木々のある庭デザインと庭木・花木の基礎知識 11

庭デザイン例
自然風の庭 12
広さのある芝生の庭 16
モダン和風の庭 20
植栽スペースを上手に活かした庭 22
花を楽しむ庭 24
コニファーガーデン 26
アジアンテイストの庭 28
地中海をイメージした庭 30
カントリー風ガーデン 32
落ち着きのある庭 34

庭木・花木の基礎知識
覚えておきたい樹木のこと 36
樹木のいろいろ 36
樹木選びのポイント 37
基本の手入れ 38
植えつけ 38
肥料 38
せん定 39
病気・害虫 42

本書の見方

本書はAPG植物分類体系に基づいて表記しています。

環境

- ☀ **日なた**：ほぼ1日中日が当たる場所
- ⛅ **半日陰**：半日程度の日当たりがある場所／夏は日陰で冬は日なたとなる場所
- ☁ **日陰**：日が当たる時間が1日2時間未満の場所

広がり

- **広がる**：枝が根元または途中から枝分かれする／主幹はまっすぐでも、枝が横に伸びる
- **広がらない**：主幹がまっすぐに伸び、枝はあまり長く伸びない／主幹がまっすぐに育ち、枝も上に向かって育つ／短く刈り込むことができる
- **つる性／半つる性**：茎がつる状に、長く伸びるタイプ

適地目安

庭での栽培可能地域の目安です。

- 全国
- 東北〜九州
- 関東以北
- 東北以南
- 関東以南
- 関東南部以南
- 九州南部以南

楽しみ方

- 🌸 **開花期／花色**：花が咲く時期は、関東標準です。
- 🍃 **観賞期**：常緑樹で葉が楽しめる時期と、紅葉などが楽しめる時期です。観賞期は、関東標準です。
- 🟠 **結実期／実色**：実を楽しめる庭木が結実する時期です。結実期は関東標準です。
- **観賞期**：とくに樹皮や枝の特徴を楽しめる庭木について示しています。

楽しみ方表

庭のタイプや、生け垣にできるか、シンボルツリーに向くかどうか、それぞれ適する場合は、○で示しています。

注意

有毒植物など、とくに注意が必要な庭木・花木については、注意マークを入れています。その他、栽培に際して、注意しておきたいことがらなどです。

樹高による分類について

3mを基準に、それ以上に育つものを中高木、それ以下のものを低木扱いとしています。種類や品種、地域によって、樹高が異なる場合があります。

花で探す索引

●人気の樹木・特徴のある樹木など代表的な種類を掲載しました。

No.	名前
292	オオデマリ'ジェミニ'
251	ヤマアジサイ
207	オカメザクラ
84	ベニバナトキワマンサク
141	カンツバキ
293	アメリカリョウブ
254	サラサウツギ
209	ハナモモ
129	カルミア
216	アメリカデイゴ
51	ツバキ
333	コバノランタナ
260	オオベニウツギ'オーレアバリエガータ'
210	ウメ
99	ルクリア
293	クロバナロウバイ
137	セイヨウシャクナゲ
348	つるバラ
261	ウェイゲラ・フロリダナム'バリエガータ'
224	サルスベリ
118	ジンチョウゲ
322	アブチロン・チロリアンランプ
131	エリカ'ウインターファイヤー'
132	オオムラサキツツジ
264	クロフネツツジ
228	ハナミズキ
119	フイリジンチョウゲ
338	ツキヌキニンドウ
52	サザンカ
108	デュランタ'宝塚'
278	ユスラウメ
233	ベニバナトチノキ'ブリオッティー'
146	ハシカンボク
154	ギョリュウバイ
60	フェイジョア
126	リュウキュウアセビ
279	ボタン
239	コブシ('ベニコブシ')
183	アベリア'エドワードゴーチャー'
54	サザンカ'朝倉'
61	ブラシノキ
147	シコンノボタン
281	ハギ
246	フヨウ
188	スモークツリー
90	アニソドンテア'ピンクモーン'
102	キョウチクトウ

写真索引

255 ヒメウツギ	185 ビバーナム'ティヌス'	104 セイロンライティア	330 ビンカ・ミノール・バリエガータ	249 アジサイ	148 ノボタン・コートダジュール
255 ノリウツギ	190 エゴノキ	116 ローズマリー・カプリ	342 トケイソウ	357 フジ	149 ノボタン・リトルエンジェル
265 ブルーベリー	199 シャラノキ	127 イチゴノキ	55 ゴードニア	262 ミツバツツジ	158 ブッドレア
269 コデマリ	200 ヒメシャラ	124 アセビ	67 ホンコンエンシス	334 クレマチス	159 サザンクロス
275 シロヤマブキ	226 ヤマボウシ	150 シャリンバイ	73 ヒイラギモクセイ	344 ソラナム・ラントネッティ	172 クフェア
276 ユキヤナギ	247 ムクゲ	157 フイリギンバイカ	77 カラタネオガタマ	111 セアノサス・レペンス	218 ハナズオウ
285 ヒュウガミズキ	250 アメリカアジサイ'アナベル'	182 アベリア'フランシスメイソン'	95 クチナシ	325 ルリマツリ	238 ライラック
292 オオデマリ	253 カシワバアジサイ'スノーフレーク'	183 アベリア'ホープレイズ'	96 コクチナシ	326 オウゴンヨウルリマツリモドキ	241 シモクレン

5

葉で探す索引 緑葉

画像	番号	名称
	88	ユズリハ
	287	レンギョウ
	243	ロウバイ '素心'
	359	ジャスミン・ホワイトプリンセス
	263	ドウダンツツジ
	105	テンダイウヤク
	56	モッコク
	288	オウバイ
	248	ビヨウヤナギ
	44	ギンヨウアカシア
	328	マンデビラ
	120	ソテツ
	64	アラカシ
	332	ランタナ・カマラ
	257	ミツマタ
	71	ウスギモクセイ
	329	テイカカズラ
	140	カメリア・エリナ
	66	シラカシ
	350	モッコウバラ
	266	エンゼルトランペット
	72	キンモクセイ
	337	ゲンペイカズラ
	143	ヒサカキ
	73	ヒイラギモクセイ
	355	カロライナジャスミン
	272	バラ(木立性)
	97	ヒペリカム・ヒドコート
	339	ロニセラ 'グラハムトーマス'
	144	ハマヒサカキ
	75	シマトネリコ
	91	アブチロン
	274	ヤマブキ
	215	マンサク
	340	スイカズラ
	168	ナンテン
	76	オガタマノキ
	109	ランタナ
	280	エニシダ
	220	キングサリ
	343	ツルハナナス
	170	マホニア・コンフューサ
	86	ヤマモモ
	346	ノウゼンカズラ
	284	トサミズキ
	225	サンシュユ
	358	ハゴロモジャスミン

6

183 アベリア・コンフェッティ	122 セイヨウイワナンテン・フォンタネシアナレインボー'	59 フイリマサキ	338 ツキヌキニンドウ	232 トチノキ	171 マホニア・メディア 'チャリティ'	
203 ナンキンハゼ 'メトロキャンドル'	123 セイヨウイワナンテン・アキシラリス'トリカラー'	74 トウネズミモチ 'トリカラー'	339 ロニセラ・ニティダ 'バゲッセンズ・ゴールド'	237 トネリコ	175 チャイニーズホーリー	
221 ミズナラ	138 フイリセイヨウシャクナゲ	88 フイリユズリハ	347 コトネアスター・ホリゾンタリス	253 カシワバアジサイ 'スノーフレーク'	184 ビバーナム 'ダビディ'	
261 ウェイゲラ・フロリダナム 'バリエガータ'	145 フイリヒサカキ 'トリカラー'	93 アオキ・サルフレア	116 ローズマリー・カプリ	274 ヤマブキ	191 カツラ	
290 イヌコリヤナギ 'ハクロニシキ'	157 フイリギンバイカ	98 ハクチョウゲ	130 ジャノメエリカ	294 オトコヨウゾメ	194 クロモジ	
291 フイリクマヤナギ	167 イヌツゲ・キフジン	100 フイリヤツデ	193 ギョリュウ	284 トサミズキ	202 シラキ	
321 チゴザサ	173 シルバープリペット	103 フイリキョウチクトウ	葉で探す索引 斑入り	300 イチイ	215 マルバノキ	
327 アイビー	176 チャイニーズホーリー 'オースプリング'	110 ナワシログミ 'ギルドエッジ'	57 フイリサカキ	336 ヒメイタビ	229 イロハモミジ	

7

番号	名前
230	オオモミジ
169	オタフクナンテン
277	オウゴンユキヤナギ
177	イレックス'サニーフォスタ'
115	ラベンダー・グロッソ
331	ハツユキカズラ
234	アメリカハナノキ
181	ドラセナ
44	ギンヨウアカシア'ブルブレア'
222	オウゴンカシワ
145	ユーフォルビア・カラキアス
344	ツルマサキ
258	コバノズイナ'ヘンリーズガーネット'
188	ハゼノキ
81	ベニカナメモチ
330	フイリテイカカズラ
146	エレモフィラ・ニヴェア

葉で探す索引 カラーリーフ

番号	名前
265	ブルーベリー
196	スズランノキ
82	ベニカナメモチ'レッド・ロビン'
108	デュランタ・ライム
186	ロータス・ブリムストーン
62	マルバユーカリ
267	ニシキギ・コンパクタ
197	ナツハゼ
84	ベニバナトキワマンサク
155	メラリュウカ
243	ギンドロ
70	オリーブ
271	フィソカルパス・ディアボロ
206	ネムノキ'サマーチョコレート'
92	ハイビスカス・ロゼル
164	チョイシア・テルナータ
345	コロキア・コトネアステル
111	セアノサス・レペンス
286	メギ・パープレア
213	ベニスモモ・ヴァージニアナ・ベイリーズセレクト
100	コプロスマ・レペンス
217	ニセアカシア'フリーシア'
59	オウゴンマサキ
112	ウエストリンギア
352	ナツヅタ
219	アメリカハナズオウ'フォレストパンシー'
125	アカバアセビ
251	オウゴンバアジサイ
79	オウゴンモチ
113	テウクリウム・フリティカンス

			実で探す索引		葉で探す索引 針葉樹
イタリアンルスカス 104	ニワトコ 293	チャイニーズホーリー 175		スワンズゴールデン 306	
シンジュノキ 139	オトコヨウゾメ 294	センリョウ 178	モッコク 56	ゴールデンモップ 308	イヌマキ 296
ナンテン・白実 169	コトネアスター・ラクテウス 347	マンリョウ 179	ソヨゴ 78	ラインゴールド 311	アスナロ 308
マンリョウ・白実 180	バラ（木立性）272	カラタチバナ 180	クロガネモチ 80	スカイロケット 304	モミ 314
シロウメモドキ 289	ホンコンエンシス 67	ツリバナ 205	チェッカーベリー 139	ムーングロー 307	トウヒ 315
シロシキブ 255	ヤマボウシ 226	ナナカマド 212	ピラカンサ・赤実 153	ブルースター 309	コメツガ 315
コムラサキ 256	イチゴノキ 127	ハナミズキ 228	ナンテン 168	アメリカハイビャクシン'ウィルトニー' 312	キンメキャラボク 300
イヌマキ 296	ヒメイチゴノキ 128	ウメモドキ 289	クロソヨゴ 174	ホプシー 313	エレガンテシマ 301

写真索引

9

その他の特徴で探す索引

写真	ページ	名称
	83	ビワ
	60	フェイジョア
	211	ジューンベリー

実で探す索引 食べられる実

	231	アオシダレモミジ
	291	フリンソデヤナギ
	216	ポポー
	70	オリーブ
	214	クラブアップル'ゴージャス'
	194	カキノキ
	64	アラカシ
	192	シラカバ'ジャクモンティ'
	223	ザクロ
	352	ブドウ
	277	ラズベリー
	195	ナツメ
	221	ゴンズイ
	224	サルスベリ
	323	アケビ
	68	ナツミカン
	278	ユスラウメ
	86	ヤマモモ
	77	カラタネオガタマ
	236	アオダモ
	324	ムベ
	161	ウンシュウミカン
	351	ブラックベリー
	101	アセロラ
	185	ビバーナム'ティヌス'
	207	オカメザクラ
	342	パッションフルーツ
	163	オオミキンカン
	201	マルベリー
	110	グミ
	197	ナツハゼ
	267	ニシキギ・コンパクタ
	354	キウイフルーツ
	164	シマダイダイ
	138	クランベリー
	259	フサスグリ
	199	シャラノキ
	316	キンメイモウソウチク
	201	イチジク
	265	ブルーベリー
	210	ウメ
	96	ミナリクチナシ

10

木々のある庭デザインと庭木・花木の基礎知識

庭木・花木を上手に楽しむために、樹木について知りましょう。

トネリコが、高原にいるかのようなさわやかさを演出。

Garden Design
庭デザイン例 1

自然風の庭

野趣あふれる雑木（ぞうき）を使って木もれ日の美しい庭に

適する庭

広さ●普通〜広め
日当たり●日なた

大きな樹木の根元にはカシワバアジサイ、シモツケなど。樹高や姿、葉の大きさと形を上手に組み合わせる。

山の自然な雰囲気を作り出した庭。山野に自生している樹木を植え、できるだけ自然の姿を活かして手入れする。

木々のある庭デザインと庭木・花木の基礎知識

Garden Design
庭デザイン例 1

伸び伸びと育つ樹木で山野の風景を再現

山が好きとおっしゃるご夫婦の庭だけあって、まるで高原にいるかのような庭です。

山野に本来自生しているトネリコ、ハイノキ、ツリバナといった樹木を配置。その根元にはマルバノキ、シモツケなど、樹高が低く、ボリュームのある形に育つ樹木を植えています。

それらの樹木が持つ自然のままの姿を、できるだけ保つように管理するのがポイントです。

トネリコの下にアスナロを。テラスの角を覆って雰囲気もよい。

日陰がちとなる玄関前には、暗めな場所でも耐える丈夫なハナズオウ、コメツガなど。

門前は、ベニバナトキワマンサク、クロモジ、ビバーナム'ティヌス'。

玄関前から庭を眺める。木々に囲まれたテラスは、くつろぎの空間。

数種類の庭木を使って隣家との仕切りに。奥には、暗めの場所でも耐える樹木を。

14

※黒文字は樹木名、赤文字は草花名

庭の平面図（植栽配置）

- クスノキ
- ハゴロモジャスミン
- ジンチョウゲ・白花
- ハナミズキ・桃花
- ツリバナ
- ソヨゴ
- アスナロ
- ベニバナトキワマンサク
- シルバープリペット
- シモツケ'ライムマウンド'
- アセビ
- トネリコ
- ツバキ
- マルバノキ
- ハイノキ
- ミツマタ
- 玄関
- コメツガ
- セイヨウシャクナゲ
- ハナズオウ
- ベニバナトキワマンサク
- クロモジ
- 門

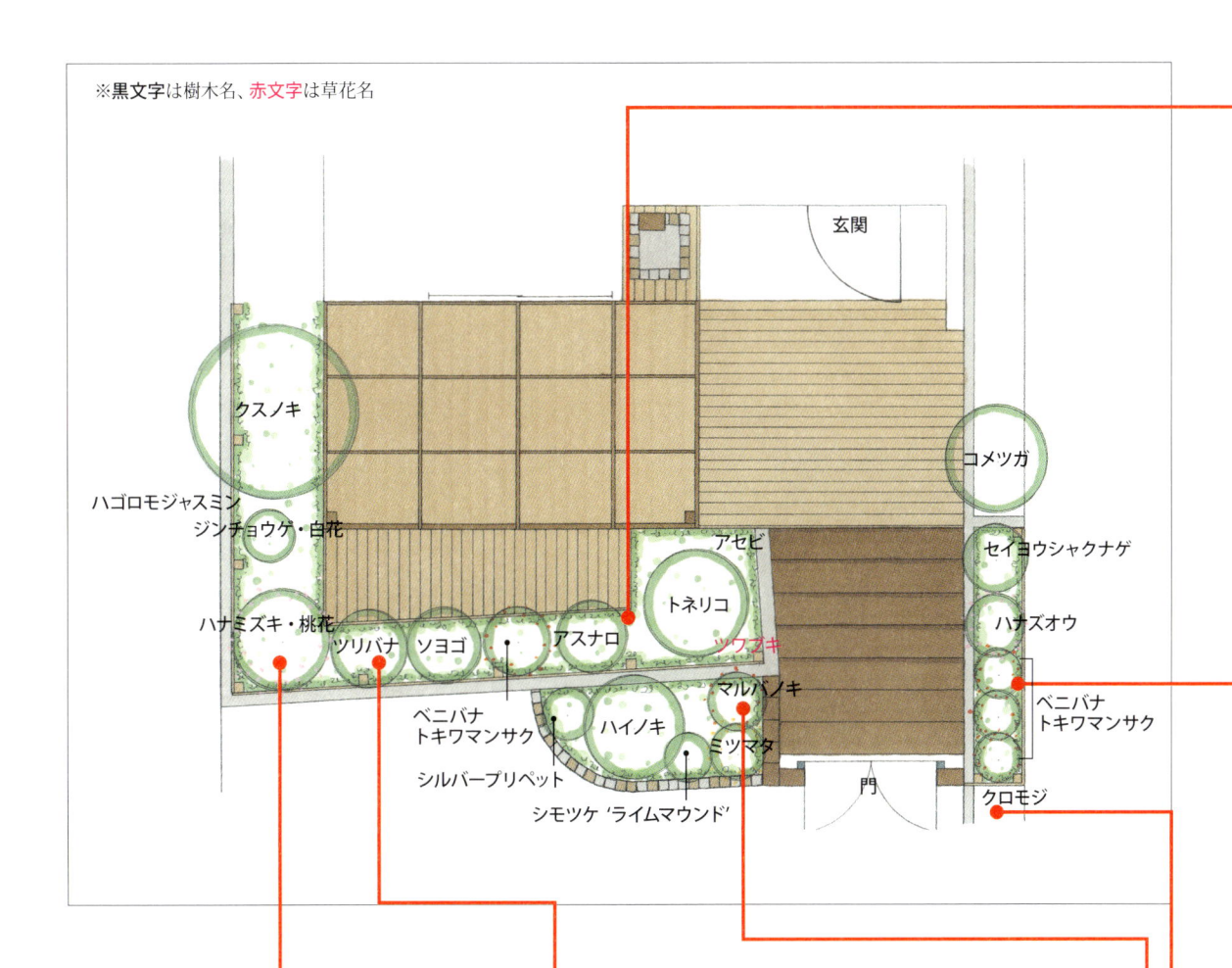

奥の高木はクスノキ。樹高がかなり高くなるので、高さを調整しながら管理。その手前はハナミズキ。フェンスにハゴロモジャスミンを絡ませる。

（写真ラベル：クスノキ／ハイノキ／ハナミズキ・桃花／ハゴロモジャスミン／シルバープリペット）

実が吊り下がる様子が愛らしいツリバナ。隣のソヨゴも赤色に熟す実が楽しめる。

（写真ラベル：ソヨゴ／ツリバナ）

ミツマタの根元はマルバノキ。ハート形の葉は、色も明るい。

（写真ラベル：マルバノキ）

木々のある庭デザインと庭木・花木の基礎知識

15

Garden Design

庭デザイン例 2

広さのある芝生の庭

こまめに手入れすることで端正に整った姿を保つ

オリーブ

アオキ・サルフレア

ジンチョウゲ

門を入ってすぐのスペースは、オリーブが中心。その背景に、日当たりがよい側はフイリセイヨウシャクナゲ、日陰がちな側にはアオキ・サルフレア、ジンチョウゲを。

モッコウバラ・黄花

フイリギンバイカ

フイリセイヨウシャクナゲ。

塀のフェンスには、トゲがないモッコウバラを絡ませ、その根元はフイリギンバイカなど。

道路から見た風景。ブラシノキが満開の頃。

適する庭

広さ ● 広め
日当たり ● 日なた

刈り込むことでコンパクトに

芝生の緑が映える庭。樹木は、庭の隅に植えるだけでなく、アメリカハナノキとニセアカシア、フリーシア、の2本の高木を中央近くに植えることで、庭により奥行き感を与えています。

それぞれの樹木は、こまめに刈り込まれることで、姿形がコンパクトにおさまります。芝生とともに、すっきりとした印象です。

16

写真上部ラベル

- ムーングロウ
- エレガンテシマ
- ブルーヘブン
- シルバープリペット
- エゴノキ'ピンクチャーム'
- アメリカハナノキ・アーサールブラム
- ニセアカシア'フリーシア'
- カラタネオガタマ
- ヨーロッパゴールド
- セイヨウバクチノキ
- バラ

2本の高木が、庭を奥行き感のあるものにしている。

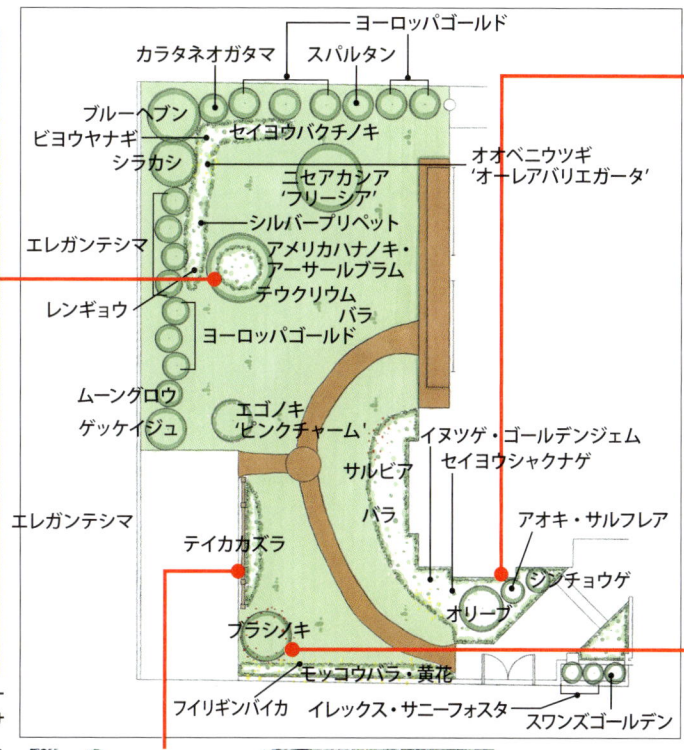

左下写真ラベル

- アメリカハナノキ・アーサールブラム
- ヨーロッパゴールド
- シルバープリペット
- セイヨウバクチノキ
- レンギョウ
- テウクリウム

アメリカハナノキ・アーサールブラム。秋には赤く色づく。根元を囲むのはテウクリウム。

平面図ラベル

- カラタネオガタマ
- ヨーロッパゴールド
- スパルタン
- ブルーヘブン
- ビヨウヤナギ
- セイヨウバクチノキ
- シラカシ
- ニセアカシア'フリーシア'
- オオベニウツギ'オーレアバリエガータ'
- エレガンテシマ
- シルバープリペット
- アメリカハナノキ・アーサールブラム
- レンギョウ
- テウクリウム
- ヨーロッパゴールド
- バラ
- ムーングロウ
- ゲッケイジュ
- エゴノキ'ピンクチャーム'
- イヌツゲ・ゴールデンジェム
- セイヨウシャクナゲ
- エレガンテシマ
- サルビア
- バラ
- アオキ・サルフレア
- テイカカズラ
- ジンチョウゲ
- オリーブ
- ブラシノキ
- フイリギンバイカ
- モッコウバラ・黄花
- イレックス・サニーフォスタ
- スワンズゴールデン

右下写真

- テイカカズラ

駐車場との間仕切りは、ラティスフェンスにテイカカズラを絡ませて。目隠し効果も高い。

木々のある庭デザインと庭木・花木の基礎知識

Garden Design
庭デザイン例2

ニセアカシア'フリーシア'

ヨーロッパゴールド

スパルタン

セイヨウバクチノキ

バラ

ニセアカシア'フリーシア'。美しいライム色の葉がさわやか。適度に枝抜きすることで、葉が茂りすぎないように管理。

季節ごとに咲く花木と草花を使って華やかに楽しむ

広さ●普通～広め　日当たり●日なた

季節ごとの花が美しく咲く庭です。とくに、春から初夏にかけては樹木の花も次々と開花し、季節の花々も咲き競います。

春にはセイヨウシャクナゲがいっぱいに花を咲かせ、春から初夏にはバラが満開となります。花が落ち着く夏にも、暑さに負けずに咲くサルスベリの花を長い間楽しむことができます。

アジサイの花が、塀の窓から顔をのぞかせる。手前はつる性のマンデビラ。　**初夏**

バラの花が咲く季節。色とりどりの花々とともに、庭を華やかにする。　**初夏**

夏の間中、この庭のシンボルツリーにもなっているサルスベリが花を咲かせる。　**夏**

橙色はパット・オースチン、手前の白色はマーガレット・メリル。　**初夏**

大株のセイヨウシャクナゲが、枝いっぱいに花を咲かせる。　**春**

木々のある庭デザインと庭木・花木の基礎知識

Garden Design

庭デザイン例3

モダン和風の庭

ヤマモモやタケなど存在感のある高木を庭の骨格に

設計図Aの位置から見た庭。ヤマモモが庭の目隠しになっている。

角にヒメシャラ。その根元にアオキを植え、さらにツルコケモモでグラウンドカバー。

枝葉が密に茂り、樹高も高いヤマモモは、塀代わりになる。

ヤマモモの根元はシルバープリペットで明るく。

適する庭

広さ●広め
日当たり●日なた〜明るい日陰

ローメンテナンスで楽しめる庭に

庭の道路に面した側は、ヤマモモで目隠しをしています。ヤマモモは、葉の色も濃く、葉が密に茂るので、全体の印象としては重くなりがちなので、根元にシルバープリペットを植えて、明るくしています。

道路に面し、高い塀に囲まれたアプローチには、タケを配して、和の雰囲気に。建物のデザインと似合う種類を選んでいます。

20

花壇の角には、這性コニファー'ゴールデンモップ'。枝先が垂れるので、やわらかく、ふんわりとした印象。

レイズドベッド（高さのある花壇）の縁からこぼれるように育つアベリア。数種類を組み合わせることで、まとまりがある中にも変化に富む演出になる。

ヤマボウシ'ロゼア'。花が薄い桃色がかる品種。

ヤマボウシの根元にカメリア・エリナ。ツバキの仲間だが、矮性で、下草のような使い方ができる。

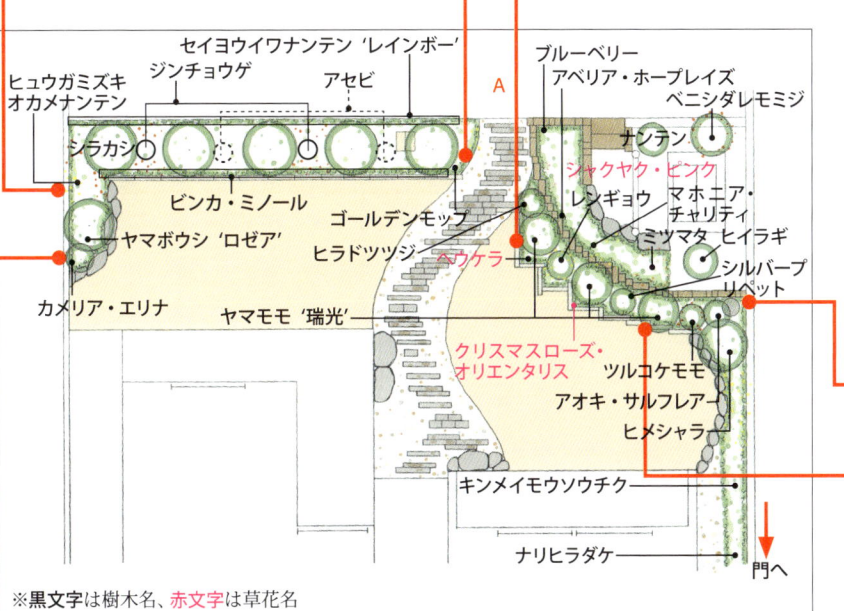

植栽図の凡例

- ヒュウガミズキ
- オカメナンテン
- ジンチョウゲ
- セイヨウイワナンテン'レインボー'
- アセビ
- ブルーベリー
- アベリア・ホープレイズ
- ベニシダレモミジ
- シラカシ
- ナンテン
- ビンカ・ミノール
- シャクヤク・ピンク
- ゴールデンモップ
- レンギョウ
- マホニア・チャリティ
- ヒラドツツジ
- ミツマタ
- ヒイラギ
- ヘウケラ
- シルバープリペット
- カメリア・エリナ
- ヤマボウシ'ロゼア'
- ヤマモモ'瑞光'
- クリスマスローズ・オリエンタリス
- ツルコケモモ
- アオキ・サルフレアー
- ヒメシャラ
- キンメイモウソウチク
- ナリヒラダケ
- 門へ

A

※黒文字は樹木名、赤文字は草花名

右写真の向かい側のスペース。ヒイラギと立ち性ローズマリーですっきりと。

門の内側、アプローチ部分。2種類のタケを使ってモダン和風に。

庭の外側、門前の植栽スペース。常緑ヤマボウシがシンボルツリー。

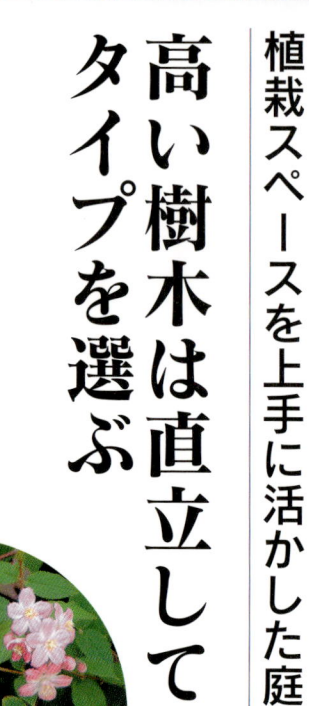

Garden Design
庭デザイン例 4

高い樹木は直立して育つタイプを選ぶ
植栽スペースを上手に活かした庭

（写真ラベル）
- アメリカノウゼンカズラ
- リンゴ'メイポール'
- デコポン
- ゲッケイジュ
- フイリヒイラギ
- オオミキンカン
- ブッドレア
- ローズマリー・カプリ
- サラサウツギ'ロゼアリンド'

各面の日当たり状況を考えて庭木・花木、草花を選ぶ。

幅が狭い植栽スペース 樹形の組み合わせが鍵

家の周囲に設けられた奥行き1m未満の植栽スペース。家の壁とも接近しているので、広がる樹木を避け、できるだけ主幹がまっすぐに育つタイプを選んでいます。間には、つる性や半つる性、はうタイプの樹木を、葉の色や形、花の色や形がバランスよくなるように配置しています。

2種類のリンゴは、比較的まっすぐに育つ。手前にカシワバアジサイ。フェンスにモッコウバラを絡ませる。

（写真ラベル）
- リンゴ'メイポール'
- モッコウバラ・黄花
- オオデマリ・ジェミニ
- カシワバアジサイ'スノークイーン'
- ラムズイヤー

適する庭
広さ●狭め
日当たり●日なた〜明るい日陰

エニシダ　サラサウツギ'ロゼアリンド'　バラ'スワニー'

ブルーエンジェル
ゴードニア・ラシアンサス　ネグンドカエデ'フラミンゴ'

クレマチス'ミゼットブルー'

右写真の5年前。低木、つる性植物のコーナー。サラサウツギ、クレマチスの花が終わる頃、バラが咲き始める。そのときには、手前の草花も夏の花に入れ替わる。

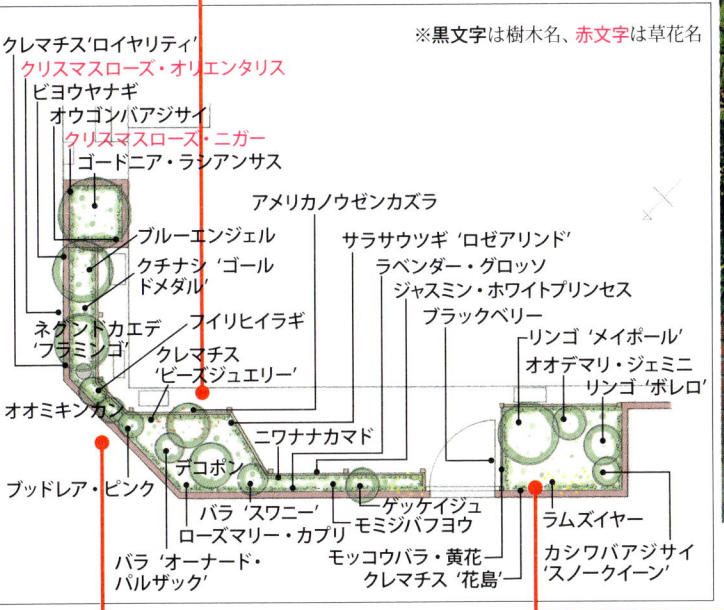

※黒文字は樹木名、赤文字は草花名

クレマチス'ロイヤリティ'
クリスマスローズ・オリエンタリス
ビヨウヤナギ
オウゴンバアジサイ
クリスマスローズ・ニガー
ゴードニア・ランアンサス
アメリカノウゼンカズラ
ブルーエンジェル
クチナシ'ゴールドメダル'
サラサウツギ'ロゼアリンド'
ラベンダー・グロッソ
ジャスミン・ホワイトプリンセス
ネグンドカエデ'フラミンゴ'
フイリヒイラギ
ブラックベリー
クレマチス'ビーズジュエリー'
リンゴ'メイポール'
オオデマリ・ジェミニ
リンゴ'ボレロ'
オオミキンカン
ニワナナカマド
ブッドレア・ピンク
デコポン
バラ'スワニー'　ゲッケイジュ
ローズマリー・カプリ　モミジバフヨウ
バラ'オーナード・パルザック'　モッコウバラ・黄花
カシワバアジサイ'スノークイーン'
クレマチス'花島'

クレマチス'ロイヤリティ'

カラタネオガタマ'ポートワイン'　スモークツリー

オオデマリ
クロモジ
フイリジンチョウゲ

右上写真の5年前。スモークツリーは台風で折れてしまい、カラタネオガタマは夏の西日と北風に弱かったため変更した。庭は数年かけて適した状態へと作り上げていくもの。

フイリジンチョウゲなどやや日当たりが悪い場所でも育つ樹木を。

木々のある庭デザインと庭木・花木の基礎知識

23

エゴノキ
190ページ

ヤマボウシ
226ページ

Garden Design
庭デザイン例 5

道路側から見た庭

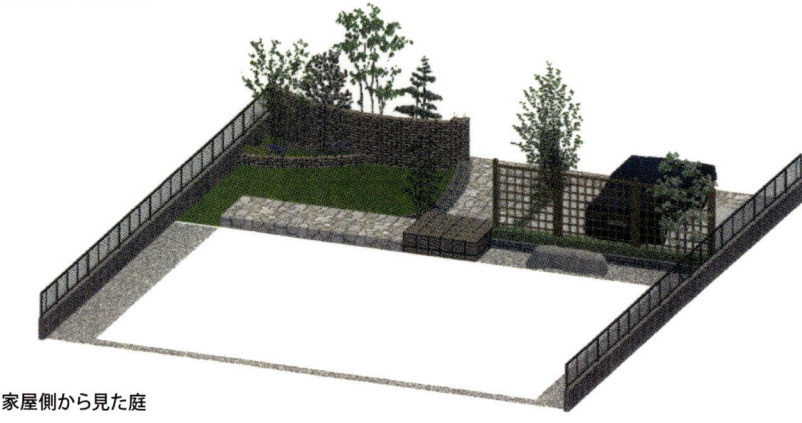

家屋側から見た庭

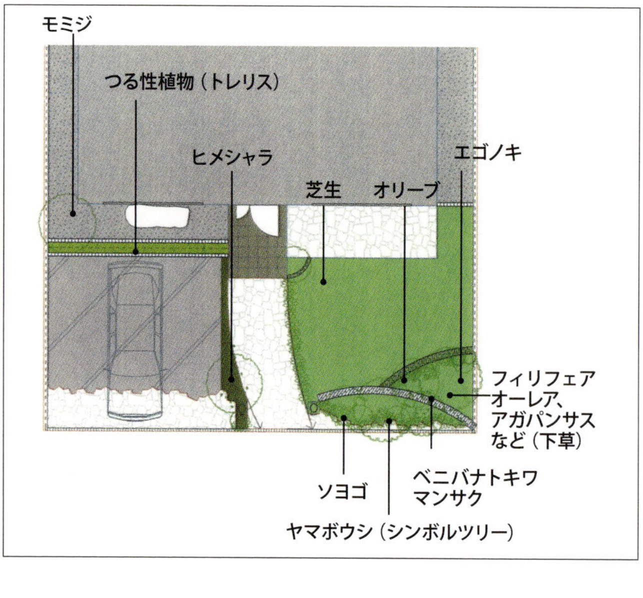

モミジ
つる性植物（トレリス）
ヒメシャラ
芝生
オリーブ
エゴノキ
フィリフェアオーレア、アガパンサスなど（下草）
ソヨゴ
ベニバナトキワマンサク
ヤマボウシ（シンボルツリー）

Plan A
花を楽しむ庭

落葉樹を中心に、葉色や形がやわらかな中木を添える

適する庭
広さ●普通
日当たり●日なた

春先に株を覆うように花が咲く

シンボルツリーのヤマボウシなど落葉樹を中心に数本選び、それに似合う中木を組み合わせます。中木は葉の色や形がやわらかいものを選ぶことがコツ。根元には季節の草花を植えて、季節ごとの彩りを楽しみます。

24

花を楽しむ庭

Plan B
花が咲く花木を多用して季節の草花で花いっぱいに

道路側から見た庭

アメリカハナズオウ
'フォレストパンシー'
190ページ

適する庭
広さ●普通～広め
日当たり●日なた

咲く時期を考慮して花木中心に

花が咲く花木を多用するとともに、季節の草花で花いっぱいにします。花を楽しむ庭でも、花がない状態のことも考え、1年中楽しめる庭にするため、背景に、葉の色や形がユニークな庭木を添えます。

イレックス・サニーフォスタ
レンギョウ
シラカバ・ジャクモンティ
ルクリア
ホンコンエンシス '月光'
ヒペリカム・カリシナム
ランタナ・カマラ
アオキ・サルフレア
季節の草花
ローズマリー・カプリ
ナツハゼ
クロフネツツジ
セイヨウアジサイ'アナベル'
カルミア・オスボレット
ウェストリンギア
クチナシ
ギョリュウ
ラベンダーグロッソ
シルバープリペット
アブチロン
エゴノキ
リュウキュウアセビ
エリカ・ウインターファイヤー
セアノサス・レペンス
アメリカハナズオウ'フォレストパンシー'（シンボルツリー）

カツラ
191 ページ

ホプシー
313 ページ

Garden Design
庭デザイン例 6

Plan A

コニファーガーデン
すっきりとしたコニファーの根元は花で彩り豊かに

道路側から見た庭

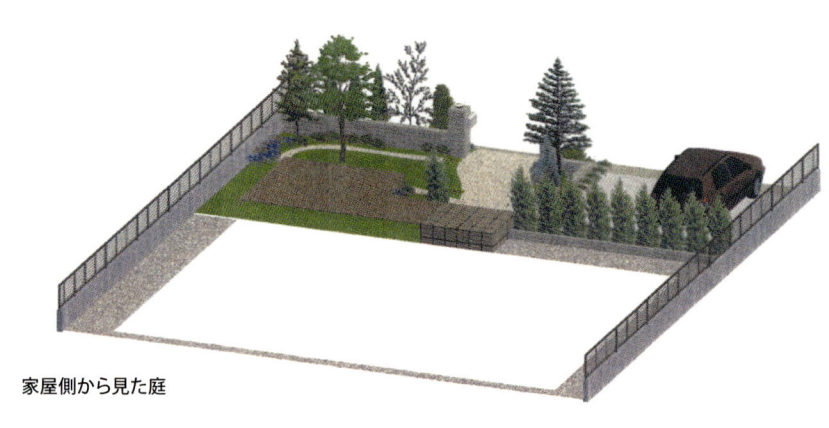

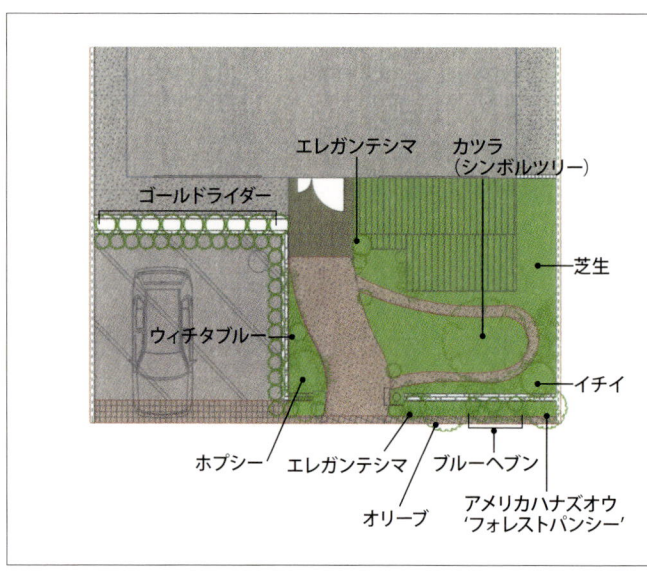

家屋側から見た庭

適する庭
広さ●普通～広め
日当たり●日なた

アプローチを設けて庭の散策を楽しむ

コニファーを中心に庭木を選んだら、コニファーの根元には、花のある草花などをコーディネートすることで、彩り豊かにします。園路を設けることで、庭を散策しながら、コニファーガーデンを楽しむことができます。

植栽図の凡例：
- ゴールドライダー
- エレガンテシマ
- カツラ（シンボルツリー）
- 芝生
- ウィチタブルー
- イチイ
- ホプシー
- エレガンテシマ
- ブルーヘブン
- オリーブ
- アメリカハナズオウ'フォレストパンジー'

26

コニカ
313 ページ

ブルーカーペット
310 ページ

ゴールドライダー
305 ページ

Plan B

コニファーガーデン

ウッドテラスを囲むように多様なコニファーを配置する

道路側から見た庭

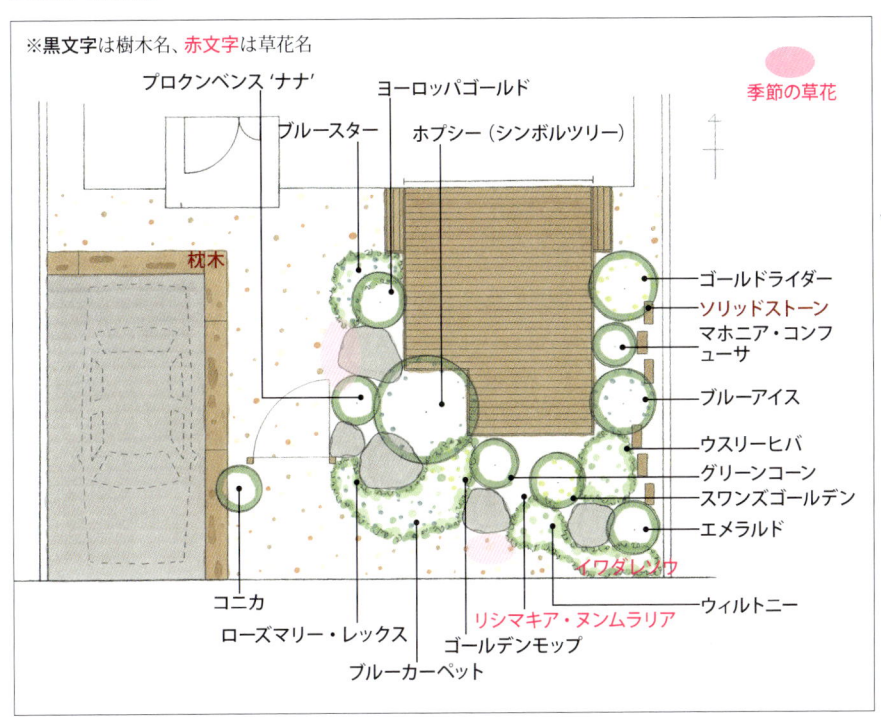

※黒文字は樹木名、赤文字は草花名

- プロクンベンス'ナナ'
- ブルースター
- ヨーロッパゴールド
- ホプシー（シンボルツリー）
- 季節の草花
- 枕木
- ゴールドライダー
- ソリッドストーン
- マホニア・コンフューサ
- ブルーアイス
- ウスリーヒバ
- グリーンコーン
- スワンズゴールデン
- エメラルド
- イワダレソウ
- リシマキア・ヌンムラリア
- ウィルトニー
- コニカ
- ローズマリー・レックス
- ブルーカーペット
- ゴールデンモップ

適する庭
広さ●普通～広め
日当たり●日なた

葉色や形を上手に組み合わせる

コニファーの樹形には円すい形、丸形、はうなどがあり、葉の色には、黄金色、銀色、緑色、斑入りなどがあります。これらをバランスよく配置するのがポイントです。

Garden Design 庭デザイン例 7

ベニカナメモチ 'レッドロビン'
313 ページ

カロライナジャスミン
355 ページ

アジアンテイストの庭
Plan A
パーゴラを設置して熱帯性のつる性樹木を絡ませる

道路側から見た庭

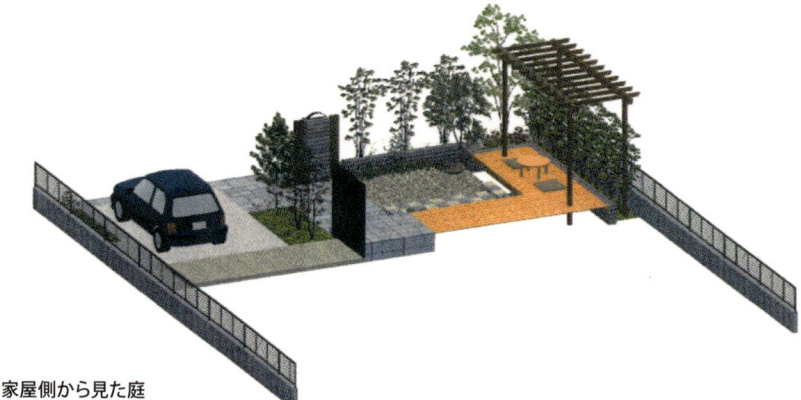

家屋側から見た庭

※黒文字は樹木名、赤文字は草花名

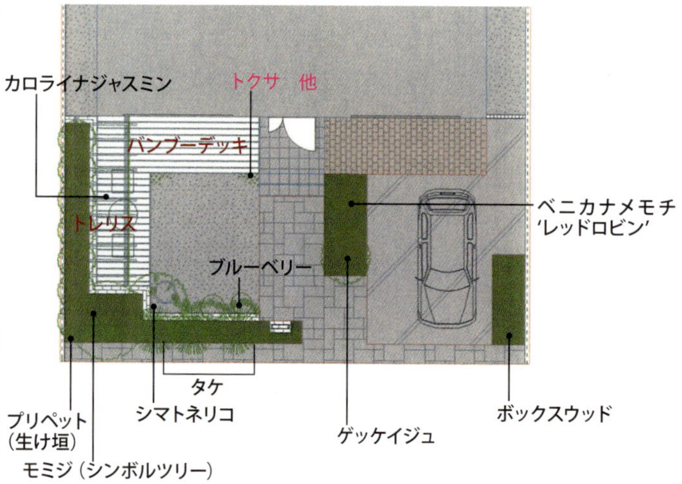

- カロライナジャスミン
- トクサ 他
- バンブーデッキ
- トレリス
- ベニカナメモチ 'レッドロビン'
- ブルーベリー
- プリペット（生け垣）
- タケ
- シマトネリコ
- ゲッケイジュ
- ボックスウッド
- モミジ（シンボルツリー）

適する庭
広さ ●普通〜広め
日当たり ●日なた

暑さ対策にもなるつる性の樹木

とくに、夏に西日が強い庭におすすめのプラン。日差しが強い側にパーゴラを設置し、カロライナジャスミンなど熱帯性のつる性樹木を絡ませると、雰囲気もよく西日対策になります。

Plan B アジアンテイストの庭

個性的な庭木・花木を集め、庭の添景物でさらに雰囲気アップ

ドラセナ 181ページ
ビバーナム'ダビディ' 184ページ 
クロチク 317ページ 

道路側から見た庭

※黒文字は樹木名、赤文字は草花名
- カシワバアジサイ'スノーフレーク'
- ビバーナム'ダビディ'
- ビンカ・ミノール・バリエガータ
- 季節の草花
- クロチク
- 水場
- ドラセナ・赤葉(シンボルツリー)
- ヒラドツツジ
- カクレミノ
- アオキ・ピクチュラータ
- ホスタ
- シマトネリコ
- ロニセラ・ニティダ
- マホニア・コンフューサ
- ナンテン・白実
- アジュガ・チョコチップ

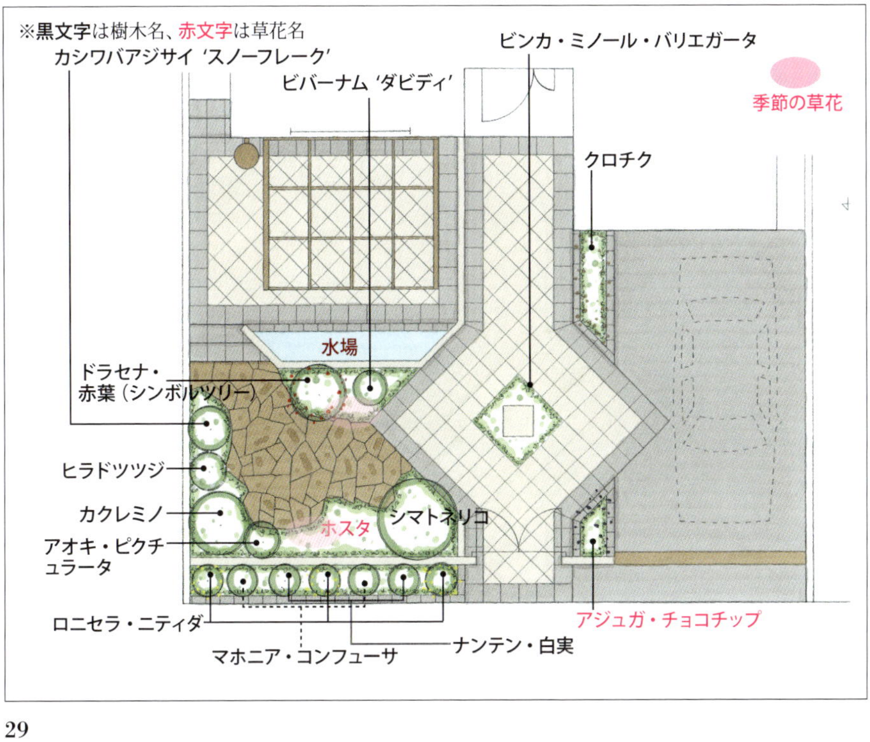

適する庭
広さ ● 普通〜広め
日当たり ● 日なた〜明るい日陰

葉色が濃く、存在感ある樹木を、赤色のドラセナ、ビバーナム'ダビディ'など、個性のある庭木・花木が似合います。またアジアの雰囲気作りに役立つタケ類を使うのがおすすめ。アジアムードの添景物を置き、周囲をビンカ・ミノールで囲みます。

レモン
166ページ

ギンヨウアカシア
44ページ

Garden Design
庭デザイン例 8

地中海をイメージした庭

Plan A

明るいテラスの周囲にはドライな空間を演出する樹を

道路側から見た庭

家屋側から見た庭

適する庭
広さ ● 普通〜広め
日当たり ● 日なた

白を基調にしたイメージを大切にして

地中海のカラリと明るくさわやかなイメージは、白を基調とした色づかいで。すっきりとしたテラスに、柑橘類とギンヨウアカシア、オリーブなど地中海原産で乾燥した気候を好む樹木でまとめます。

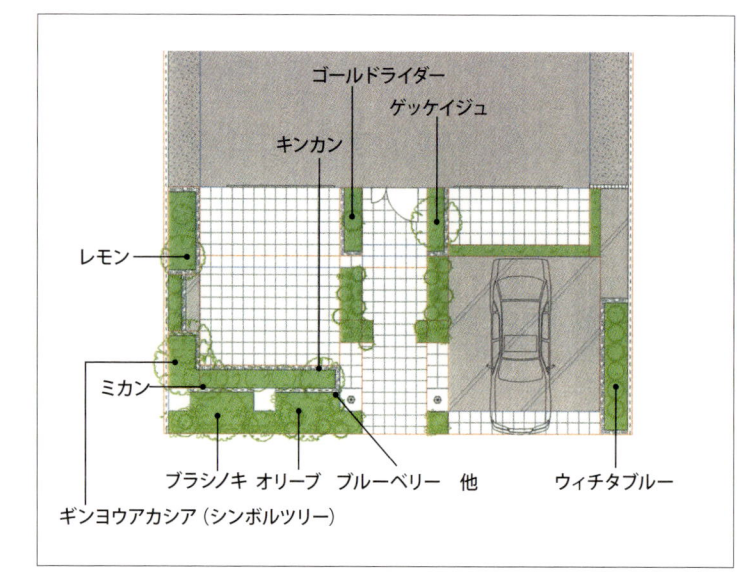

平面図ラベル:
- ゴールドライダー
- ゲッケイジュ
- キンカン
- レモン
- ミカン
- ブラシノキ
- オリーブ
- ブルーベリー 他
- ウィチタブルー
- ギンヨウアカシア（シンボルツリー）

30

ソテツ
120 ページ

ローズマリー・カプリ
116 ページ

テウクリウム・フリティカンス
113 ページ

地中海をイメージした庭

Plan B

銀色の葉の庭木、パステル調の花が咲く花木を基調に

道路側から見た庭

※黒文字は樹木名、赤文字は草花名

セイヨウイワナンテン 'レインボー'
テウクリウム・フリティカンス
アニソドンティア・ピンクモーン
季節の草花
ムベ
ソテツ（シンボルツリー）
デイコンドラ
ローズマリー・カプリ
サルココッカ
アベリア 'ホープレイズ'
ロドレイア
チョイシア・テルナータ
イタリアンルスカス
フィソカルパス・ディアボロ

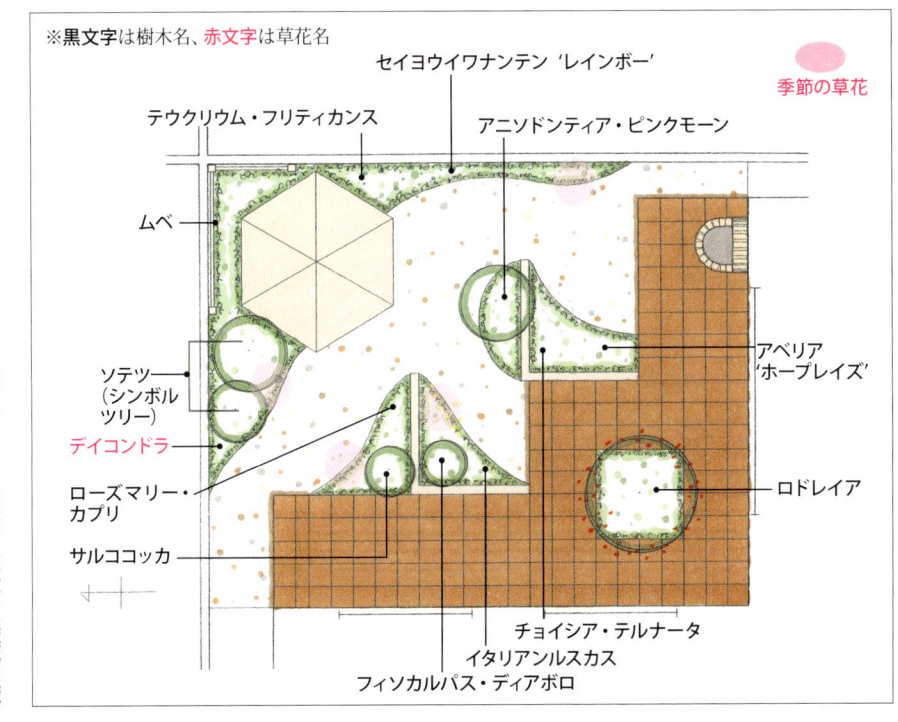

適する庭
広さ ● 広め
日当たり ● 日なた

ソテツで一気にムードアップ

地中海のイメージを、塗り壁で仕切られた空間にソテツ、ローズマリー、テウクリウムなどの銀葉の樹木で演出します。ポイントに色のあるものを使って全体の雰囲気にアクセントをつけて締めます。

木々のある庭デザインと庭木・花木の基礎知識

コナラ
222 ページ

シマトネリコ
75 ページ

Garden Design

庭デザイン例 9

道路側から見た庭

家屋側から見た庭

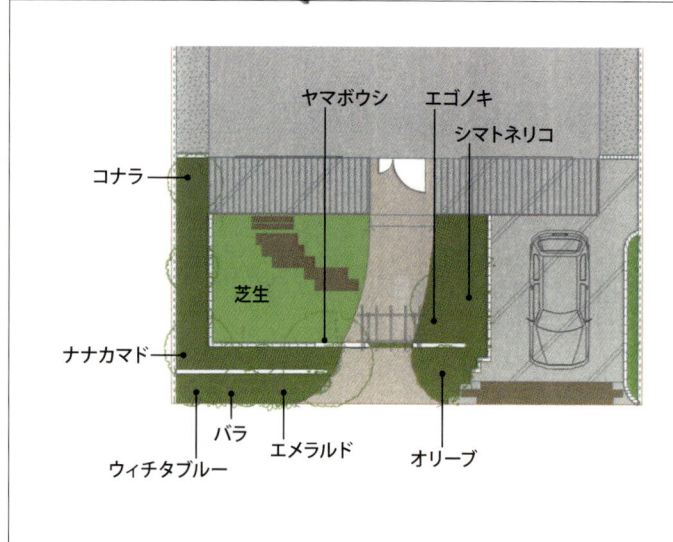

Plan A

カントリー風ガーデン
自然樹形を楽しむ庭木とコニファーで森のイメージに

[庭の平面図ラベル]
- コナラ
- ナナカマド
- ウィチタブルー
- バラ
- 芝生
- ヤマボウシ
- エゴノキ
- シマトネリコ
- エメラルド
- オリーブ

適する庭
広さ ● 狭め〜普通
日当たり ● 日なた

伸びやかに育つ庭木がポイント

エゴノキ、コナラ、ナナカマドといった山野の樹木を中心に、シマトネリコやオリーブなどの常緑樹、コニファーで森のイメージに。木材を利用したフェンスやパーゴラもポイントです。

32

Plan B　カントリー風ガーデン

木製フェンスと大きく広がる高木でウェスタン調の景色を作る

道路側から見た庭

カシワバアジサイ 'スノークイーン'
252ページ

ユーフォルビア・カラキアス
145ページ

適する庭
広さ●普通〜広め
日当たり●日なた

個性的な樹形を活かす

木製フェンスの手前には、カシワバアジサイ、ブッドレアとともに、個性的な形のユーフォルビア・カラキアスを。草花は全体的に控えめな花を選び、インパクトのある花木でアクセントをつけます。

※黒文字は樹木名、赤文字は草花名

- オオベニウツギ 'オーレアバリエガータ'
- イソギク
- ジャスミン・ホワイトプリンセス（パーゴラに絡ませる）
- ニセアカシア 'フリーシア'（シンボルツリー）
- シロヤマブキ
- クリスマスローズ・フェチダス
- ヘウケラ
- サントリナ
- ローズマリー・レックス（コンテナ）
- セイヨウシャクナゲ '太陽'
- アロニア
- フサスグリ
- フイリキョウチクトウ
- デュランタ・ライム
- 芝生
- パーゴラ
- 枕木
- ロータス・ブリムストーン
- チェリーセージ
- ビバーナム 'ティヌス'
- ブッドレア・ピンク
- カシワバアジサイ 'スノークイーン'
- ユーフォルビア・カラキアス

木々のある庭デザインと庭木・花木の基礎知識

33

イロハモミジ
229 ページ

ゲッケイジュ
49 ページ

Garden Design
庭デザイン例 10

Plan A

落ち着きのある庭

斑入りの葉や明るい葉色で暗くなりがちな場所を明るく

道路側から見た庭

家屋側から見た庭

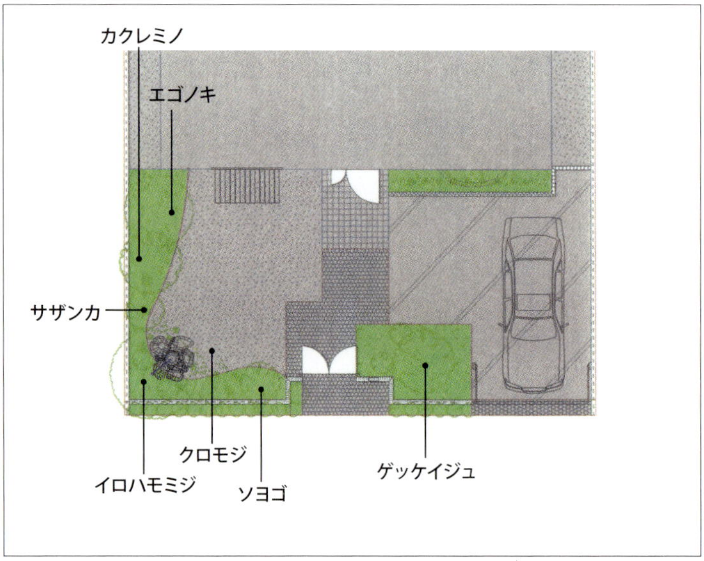

カクレミノ
エゴノキ
サザンカ
イロハモミジ
クロモジ
ソヨゴ
ゲッケイジュ

適する庭
広さ ● 狭め
日当たり ● 日陰

暗くなりがちな場所で育つ庭木を中心に

隣の家との境となる狭い場所には、カクレミノなど暗くなりがちな場所でもよく育つ庭木がよいでしょう。各庭木の根元には、斑入りや葉色の明るい低木と草花で明るくします。

クロモジ
194 ページ

オウゴンバアジサイ
251 ページ

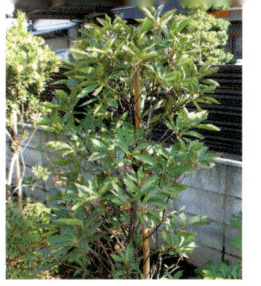

イリシウム
105 ページ

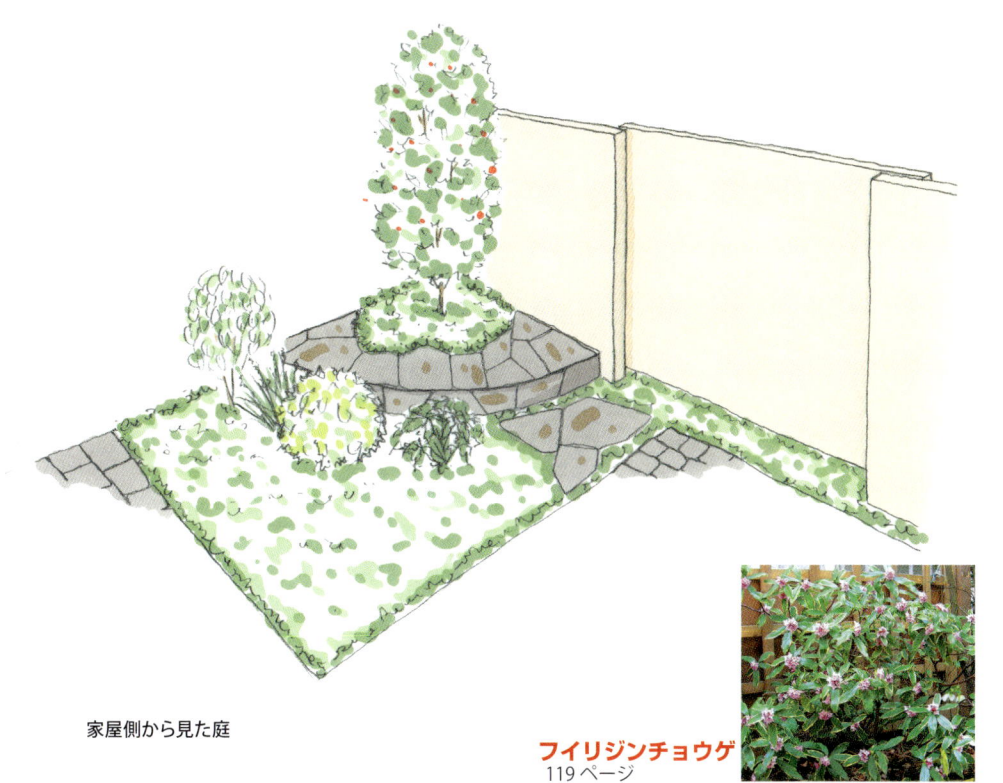

落ち着きのある庭

Plan B

葉の色、形などバリエーション豊かにして変化をつける

家屋側から見た庭

フイリジンチョウゲ
119 ページ

適する庭

広さ ●狭め〜普通
日当たり ●日陰

限定される分だけ品種で変化を

日陰がちな場所では、育てられる樹木や草花の種類が限定されます。植えることができる樹種のなかで、葉の色や形のバリエーションを多くし、変化をつけます。イリシウムは日陰でもよく咲きます。

※黒文字は樹木名、赤文字は草花名

- ドイツスズラン
- クリスマスローズ・コルシカス
- フイリジンチョウゲ
- アオキ・サルフレア
- 季節の草花
- ラミウム
- テンダイヤク
- オウゴンバアジサイ
- カラタチバナ
- ホスタ
- クロコスミア
- イリシウム（シンボルツリー）
- クロモジ
- アジュガ・レプタンス
- クリスマスローズ・オリエンタリス
- シャガ
- セイヨウイワナンテン
- アキシラリス'トリカラー'

木々のある庭デザインと庭木・花木の基礎知識

35

Basic knowledge of garden tree

庭木・花木の基礎知識

覚えておきたい樹木のこと
自分の庭に適した樹木の選び方ポイントは樹形、日当たり、楽しみ方

庭に植えられる樹木には、さまざまな種類があります。まずは、それらの性質を押さえておきましょう。

樹木のいろいろ

常緑樹
1年中葉が残り、緑を保つ

年間を通じて、葉が樹に残るタイプです。

1年中葉を保つので、冬の庭の彩りとなります。葉の色は、緑色でも濃いもの薄いもの、赤葉、銀灰色、銀青色などあります。いろいろな色を組み合わせることで、変化のある庭になります。

植えつけは、成長期にします。

落葉樹
シーズンオフに葉を落とすタイプ

シーズンオフ（樹木の場合は、冬の期間の場合がほとんど）に、すべての葉を落とし、主幹と枝だけになります。季節ごとに変化する姿が魅力です。休眠期の姿は寂しくなりますが、冬は日なた、夏は日陰の環境を好む草花にとって、落葉樹の下はもっとも適した環境です。

植えつけは、落葉期にします。

半落葉／半常緑
地域によって落葉樹にも常緑樹にもなる

本来は常緑樹でも、冬の寒さが厳しい地域では、冬の期間に落葉して、春になると新芽を伸ばす場合があります。また、本来落葉樹とされてきたものでも、冬で気温が高い場合には、葉が残る場合もあります。

これらのように、気温や地域によって落葉したり、しなかったりするものが、半落葉または半常緑です。

最近の温暖化といわれる気候変化で、これらの樹木がふえています。

樹木の各部の名称

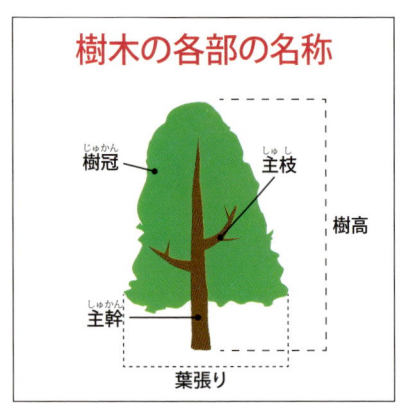

- 樹冠（じゅかん）
- 主枝（しゅし）
- 樹高
- 主幹（しゅかん）
- 葉張り

樹木の分類

- 樹木
  - 常緑樹
    - 広葉樹
    - 針葉樹
  - 半常緑／半落葉 ── 広葉樹
  - 落葉樹
    - 広葉樹
    - 針葉樹

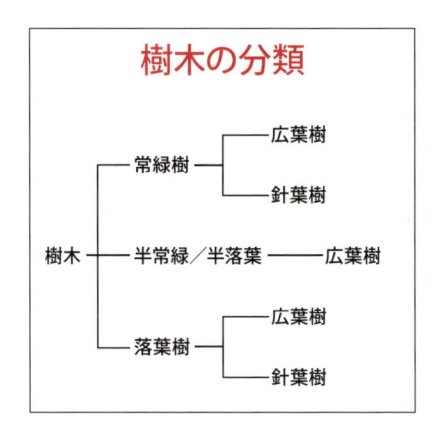

樹木選びのポイント

庭に植える庭木や花木を選ぶときには、まず、自分の庭の広さ、日当たり環境、周囲の状況、どんな庭にしたいのかのイメージをはっきりとさせましょう。

高さ・形態

中高木、低木と這性、つる性がある

樹木には、主幹がしっかりとしていて、樹高が高くなるものから自立しない這性やつる性まで、高さや形態は様々です。

高木は、シンボルツリーや庭の要となる場所に適しています。1m以下のごく低い低木は多年草と同じように扱うことができます。その中間の高さに育つ樹木は、高木と、低木や草花との空間を埋める役割と考えるとよいでしょう。

這性は、花壇の縁や、アプローチの側に植えるのに適しています。つる性は、フェンスやアーチに絡ませたり、壁面にはわせたりします。

広がり・樹形

直立する、横に枝を張り出すなどを考える

大きく分けると、比較的主幹がはっきりとしていてまっすぐに伸びるタイプと、枝が根元または途中から枝分かれして、横に広がるタイプがあります。

庭の広さと枝の広がり具合を考慮して選びましょう。

広がりによる分類

広がる
- 枝が根元または途中から枝分かれする
- 主幹はまっすぐでも、枝が横に伸びる

広がらない
- 主幹がまっすぐに伸び、枝はあまり長く伸びない
- 主幹がまっすぐに育ち、枝も上に向かって育つ
- 短く刈り込むことができる

日当たり

夏の直射日光や西日と日照不足に注意する

日なたを好むものと、強い日差しが苦手なもの、日陰の環境でも耐えるものがあります。日なたを好むものを日が当たらない場所に植えても、日照不足となって、弱って枯れてしまいます。強い日差しが苦手な樹木を、夏の日差しが照りつける場所に植えると、葉が傷んだり、弱ったりします。また、暑さに弱い樹木は、夏の西日が苦手です。

庭の日当たりが1日あるいは1年でどのように変化するか、また、一緒に植えたい樹木との位置関係などを考えます。

楽しみ方

花、葉、実、新緑…自分の楽しみ方を見つけて

庭で樹木をどのように楽しむかは、人によってそれぞれです。サクラやモクレンなどは、おもに花を楽しみます。季節がくると一斉に咲いて短期間で終わるタイプと、長期間花を咲かせるタイプがあります。

斑入りの葉や赤葉や銀葉などは、葉を楽しむ庭木です。また、葉の色だけでなく、だ円形、ハート形、手のひら形など、様々な葉形、大きさの違いも見所となります。

ピラカンサやムラサキシキブなどは、実を楽しむものです。実にも、形、性質が様々あります。また、冬芽の形や芽の出始めた姿、紅葉など、庭木は季節感たっぷりに楽しめることも魅力です。

庭のタイプ

自分が希望する庭に適した樹木を選ぶ

庭のデザイン例（12～35ページ）を参照して、自分が希望する庭のイメージと、それに適した庭木・花木を選びましょう。

基本の手入れ

Basic knowledge of garden tree

庭木・花木の基礎知識

落葉樹は休眠期が重要ポイント
せん定時期を間違えると花が咲かない

庭に植えられる樹木には、さまざまな種類があります。まずは、それらの性質を押さえておきましょう。

一般的に常緑樹は成長期に、落葉樹は休眠期に植えつけますが、ポット仕立て苗ならいつでも植えつけ可能です。

🌲 植えつけ

ポットえつけ苗
根を崩さなければいつでも植えつけ可能

ポットに入って売られている苗木で、園芸店で出回るのも、ほとんどがこれです。ポットから取り出したものを、根を崩さずに植えれば、根を傷めることがないので、1年中いつでも植えつけ可能です。植え穴を掘った土に腐葉土（ふようど）を混ぜて植え、たっぷり水を与えます。

根巻き苗
根を巻いた布は外さずに植えつける

根鉢（ねばち）を麻布などで巻いた状態で出回る苗です。基本的には、植えつけ適期に作業します。根鉢よりもひとまわり大きい植え穴を掘り、腐葉土を混ぜ込みます。巻いた布は外さずに植え穴に置いて植えつけます。周囲に土手を作って水が流れないようにし、たっぷり水を与えます。

🌲 肥料

休眠期の元肥
株の周囲に穴を掘って有機質肥料を施す

樹木が活動を休んだり、ゆっくりしている冬の期間に、翌年の活力となる、有機質肥料、堆肥（たい）などの肥料を施します。枝の広がりの外周くらいの位置に15cmくらいの溝をぐるりと掘って埋めますが、掘れない場合は、土の上にまいて、上から土をかぶせる方法でもよいでしょう。

成長期の追肥
成長の要となる時期に効果的に施す

追肥（ついひ）は、成長期間中の養分を補うために施す肥料です。芽が伸び始める頃、開花期が終わった頃、実を収穫した後など、樹木の成長で大きな変化がある時期に施します。また、幼木は多くの肥料が必要ですが、成木はそれほど必要ではありません。樹種によっても異なります。

せん定

樹木の手入れでもっとも重要なのが、せん定作業です。目的と方法に基本を押さえておきましょう。

せん定の目的

形を整え、花つきや実つきをよくする

せん定は、庭という限られた空間で樹木を楽しむために欠かせない作業です。

おもな目的は、次の2点です。
- 形を整え、樹形を作る。
- 花つきや実つきをよくする。

形を整えるのは、高さや広がりを制限する目的もあります。また、生け垣やトピアリーなどは、刈り込むことで、枝や葉が密に茂り、美しい形を維持することができます。

花つきや実つきをよくすることは、樹木の健康を保つことでもあります。枯れ枝や細い枝を取り除くことで、養分をよい枝に回し、枯れた枝から病害虫が発生するのを予防します。

せん定の基本
以下の枝は、せん定で取り除く

車枝
一カ所から数本がまとまって出る枝。つけ根から切る。

平行枝
2本以上が平行して伸びている場合は、1本残してほかは切る。

徒長枝
ほかの枝に比べて勢いよく伸びる枝。ほかの枝の成長を妨げる。

交差枝
ほかの枝と重なり合う枝。一方を切る。

ふところ枝
枝の内側に向かって伸びる枝。風通しを悪くするので、つけ根から切る。

逆さ枝
枝が伸びる方向とは逆の向きに向かって伸びる枝。つけ根から切る。

からみ枝
ほかの枝の邪魔をする枝。つけ根から切る。

胴ふき枝
幹の途中から出ている枝。つけ根から取り除く。

下り枝
下向きに伸びる枝。つけ根から切る。

ひこばえ
根から伸び出す新梢。つけ根から切る。株立ちの場合は残して、古い枝の方をつけ根から切る場合もある。

樹木の仕立て方

樹種によっては、せん定の仕方によって、単木にも株立ちにもどちらにもできるものもある。

単木
主幹は1本。

株立ち
根元から枝が多く出る。

Basic knowledge of garden tree
庭木・花木の基礎知識

基本の手入れ
せん定

切り方の基本

太い枝は、下からと上からの両方から切る

枝をつけ根から切るときには、つけ根いっぱいで切るようにします。幹に枝を残してしまうと、その部分が枯れて病気の原因となったり、芽が出てきたりします。

枝を途中から切るときには、樹種によっても異なりますが、基本的にはこれから伸ばしたい芽のすぐ上で切ります。

太い枝を切るときには、上から切ると、枝の重みで折れてしまうので、まず、下からノコギリを入れ、半分ほど切ったら、上から切ります。

各枝の切り方

枝を途中から切る

枝の伸び方

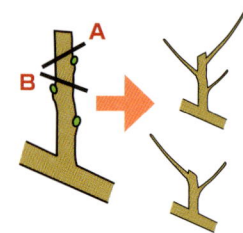

Aで切った場合のその後の枝ぶり

Bで切った場合のその後の枝ぶり

枝先の芽ほど長く伸びる性質がある。枝を切る位置によって、その後の枝ぶりが変わってくる。

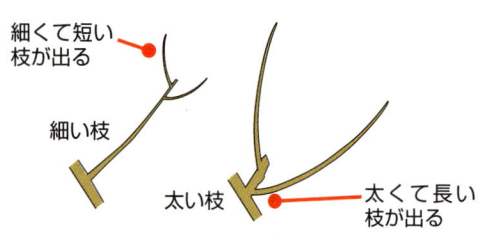

細くて短い枝が出る — 細い枝
太くて長い枝が出る — 太い枝

せん定する枝の太さと、その後に発生する枝の太さには関係性がある。太い枝からは太い枝が出て、細い枝からは細い枝が出る。枝のつけ根近くで切れば、太い枝が出て、枝の途中の細い部分で切れば、そこから発生する枝も細くなる。

芽を切る位置

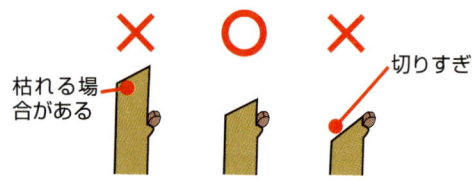

× 枯れる場合がある — 芽の上を長く残さない
○ 芽の上を少し残す
× 切りすぎ — 芽の位置よりも下まで切らない

つけ根から切る

× 切る枝を残す

枯れる　コブになる　芽を出す

○ つけ根から切る

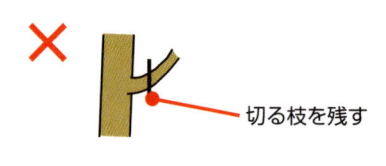

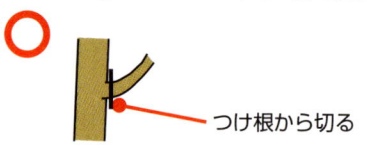

つけ根で切る枝は、切った枝の一部を残さないように、つけ根からきちんと切る。残し部分が、枯れて病気の原因となったりする。

太い枝を切る

× 太い枝を上から切ると、枝の重みで途中で折れてしまう。折れると、樹皮もはがれるなど、損傷が大きい。

○
①下から半分過ぎ程度まで切る。
②下を切った位置より少し上を、上から切る。
③枝を切り離す。
④切り口をきれいに切る。

目的別切り方

枝数をふやすか枝数を減らすか

花をたくさん楽しみたい場合は、その分分枝数をふやすようにします。枝を途中で切ると、わき芽が伸びて枝数がふえます。このせん定方法は「切り戻しせん定」と呼ばれます。

一方、より自然な樹形を楽しみたい場合は、枝を途中で切ると不自然な形になってしまうので、込み合う部分の枝を丸ごと切ってしまいます。これは、枝数を減らすせん定方法で、「枝抜きせん定」「間引きせん定」「枝すかしせん定」と呼ばれます。

また、花を楽しむ場合には、せん定時期にも注意が必要です。翌年の花芽が前年のうちにできる場合は、冬に枝を切ると花芽を落としてしまう場合があります。それを避けるためには、開花期が終わったら、すぐにせん定するのがよいでしょう。

自然樹形に整える切り方
枝すかしせん定

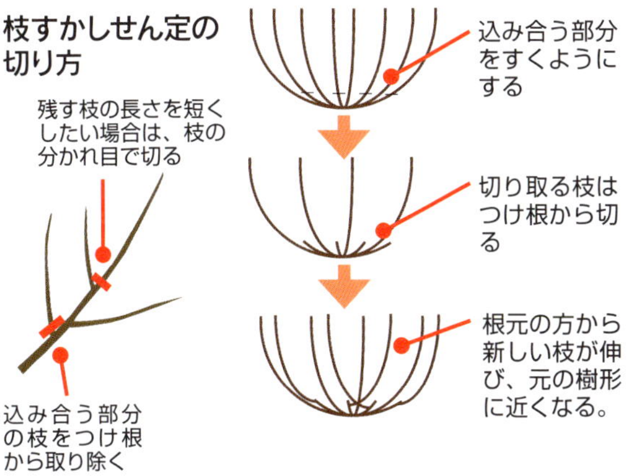

枝すかしせん定の切り方
- 残す枝の長さを短くしたい場合は、枝の分かれ目で切る
- 込み合う部分の枝をつけ根から取り除く

- 込み合う部分をすくようにする
- 切り取る枝はつけ根から切る
- 根元の方から新しい枝が伸び、元の樹形に近くなる。

不要な枝をつけ根から切ると、不自然な樹形にならずに、自然な仕上がりになります。この方法を「枝すかしせん定」と呼びます。残す枝の長さを短く整えたい場合は、枝の分かれ目で切ると、自然になります。

花数をふやす切り方
切り戻しせん定

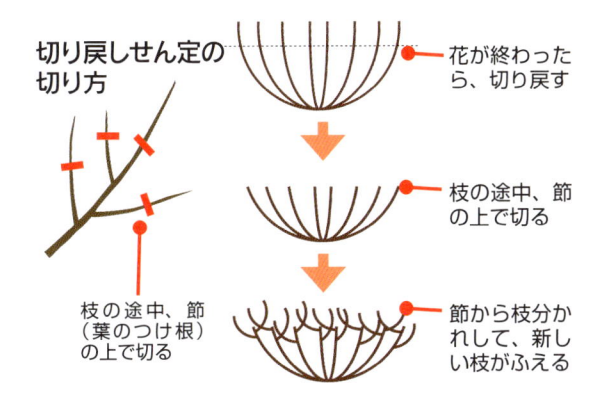

切り戻しせん定の切り方

- 花が終わったら、切り戻す
- 枝の途中、節の上で切る
- 枝の途中、節（葉のつけ根）の上で切る
- 節から枝分かれして、新しい枝がふえる

花をたくさん楽しむためには、花を咲かせる枝をたくさん出させることが必要。枝の途中にある節の上で切ると、節から枝分かれして、たくさんの枝が出ます。この方法のことを「切り戻しせん定」と呼びます。花数は多くなりますが、株形としては、やや不自然になります。

刈り込みの方法

切る位置は、つねに節（葉のつけ根）の上。これは、ほかのせん定でも同様。

ベニバナトキワマンサクを刈り込む。刈り込み後の形をイメージしながら、仕上がりイメージからはみ出す枝を切っていく。とくに春はよく成長するので、こまめに刈り込むと、その後のシーズンの手入れも簡単になる。

Basic knowledge of garden tree

庭木・花木の基礎知識

病気・害虫
発生したら、放置せずにすぐに対処する

毒性のある害虫とテッポウムシに注意

庭木・花木で注意したい病害虫は、下の表のようですが、とくに注意が必要なのが、ツバキ科などの樹木に発生するチャドクガです。害虫の毛が肌につくと、かぶれたり熱を出すなどの健康被害を引き起こします。危ないと思ったときには、専門業者に駆除を依頼したほうがよいでしょう。

いわゆる「テッポウムシ」と呼ばれるのは、カミキリムシの幼虫です。樹の幹を食害して、枯らせてしまうことがあります。外側からは害虫が見つけられないので、注意が必要です。

	名称	発生時期	症状／被害	対策
病気	モザイク病	4〜9月	葉や花にまだら模様が出る、葉が縮れるなどの症状が出る。	ウイルスを媒介するアブラムシなどを防除する。
	うどんこ病	5〜11月	葉や茎の表面に白い粉をまぶしたようなカビが発生し、葉が変形したりする。	チッ素肥料を控えめにし、日当たり、風通しよくする。水をかけて駆除する。
	すす病	年間	葉や枝などの表面が黒くすすをかぶったようになる。	原因となるアブラムシ、カイガラムシを駆除する。
	炭そ病	4〜7月	中央に黒い粒々がある灰白色の斑点が、葉や実にできる。	発症した枝を切り取る。
	斑点病	4〜10月	葉や茎に茶色の斑点ができ、次第に大きくなる。ひどくなると葉が落ちる。	発症した葉は取る。風通しよくして予防する。
	縮葉病	4〜5月	葉が赤く火ぶくれしたようにふくらみ、腐って落葉する。	発症した葉を摘み取る。
	こうやく病	7〜12月	枝に膏薬を貼り付けたような白いカビがべったりと生える。	原因となるカイガラムシを駆除する。
	白紋羽病	4〜10月	葉が小さくなったり、色が悪くなり、ひどくなると枯れることがある。	発症した樹木は抜き取り処分。できれば土を入れ替える。
害虫	アブラムシ	3〜11月	体長1mm程度の小さなムシが新芽や葉の裏などに群生して汁を吸う。	筆などを使って払い落とす。
	ハダニ	3〜9月	非常に小さい虫が葉の裏について、汁を吸い、被害を受けた葉がかすれたようになる。	薬剤で駆除する。
	オオスカシバ	7〜8月	大きな幼虫が葉を食い荒らす。	見つけ次第捕らえて処分する。
	アメリカシロヒトリ	5〜6月	枝先に、糸でくくった袋状の巣の中に群がって住み、葉を食い荒らす。	巣を見つけたら、枝ごと切り取って処分する。
	カイガラムシ	周年	枝に固い殻に覆われた虫が発生して、汁を吸う。	使い古したハブラシなどを使ってこすり落とす。
	チャドクガ	4〜9月	茶褐色のケムシが葉を食い荒らす。幼虫、成虫ともに、毛が肌につくとかぶれたり、発熱することがあるので注意。	葉や枝ごと切り取って処分。専門業者に依頼する。
	ハマキムシ	周年	葉を糸で綴った中に住み、近くの葉を食い荒らす。	綴られた葉ごと処分する。
	グンバイムシ	周年	葉の裏に群がって発生し、汁を吸う。	風通しをよくし、乾燥させないように管理する。
	チュウレンジハバチ	5〜6月、10〜11月	枝の中に産卵し、ふ化した幼虫が葉を食い荒らす。	発見次第、捕らえて処分する。
	カミキリムシ	6〜8月	枝の中に産卵し、ふ化した幼虫が枝の中を食い荒らす。	おがくず状のふんが出ている穴を見つけたら、針金などで中の幼虫を刺し殺す。
	スリップス	周年	葉の裏や花びらのすき間に住み、汁を吸う。	咲き終わった花を摘み取るなどして予防する。
	オビカレハ	4〜6月	枝が分かれたところに糸で巣を作って群がって住み、夜間に葉を食い荒らす。	見つけ次第、とらえて処分する。
	コスカシバ	9〜4月	地面に近い幹の皮の下に幼虫が入り、内部を食い荒らす。	排泄物やヤニを見つけたら、樹の皮をめくって幼虫を見つけて処分する。
	ホコリダニ	周年	葉や花が変形したり、果実の表面がさびたようになる。	薬剤で駆除する。

常緑樹 中高木

常緑樹の中高木は、1年中緑を保ち、いわば庭の骨格となるような存在です。

ギンヨウアカシア

別名 ミモザアカシア　　　マメ科

環境 日なた　**広がり** 広がる　**樹高** 4m　**適地目安**

楽しみ方
- 開花期 2〜4月　花 色黄
- 観賞期 周年

タイプ			生け垣	シンボルツリー
和風	洋風	自然風		
	○	○		○

注意 根が浅く、強風で倒れやすい。

早春に鮮やかな黄色い花を咲かせる

花の少ない2月から4月にかけて、美しい花を咲かせます。鮮やかな黄色の花は、球状で密につきます。葉は、銀色がかります。鳥の羽のような形となり、小葉が集まる複葉で、細かく、やさしい印象です。

成長が早く、大きく育ちますが、根が浅く、強風で倒れやすいので、若木のうちは強くせん定する必要があります。また、移植も向きませんので注意します。

葉●鳥の羽のような形をしている。

花●早春に、ポンポンのような形の小花が株いっぱいに咲く。

ギンヨウアカシア 'プルプレア'

別名 ー　　　マメ科

環境 日なた　**広がり** 広がる　**樹高** 4m　**適地目安**

楽しみ方
- 開花期 2〜4月　花 色黄
- 観賞期 周年

タイプ			生け垣	シンボルツリー
和風	洋風	自然風		
	○	○		○

新葉が紫色になるシックな品種

ギンヨウアカシアの品種で、新葉の先端が紫がかった銀白色になるので、シックな印象になります。移植には向かないので、植え場所は慎重に選びましょう。

葉●新葉の先端が紫色。

樹形●まっすぐ育つが、枝がやわらかく、横にも広がる。

常緑樹／中高木

環境	広がり	樹高
日なた	広がる	3〜5m

適地目安

アカシア・フロリバンダ

別名 −

マメ科

細長い葉が特徴的 薄い黄色の花を咲かせる

細長い葉が特徴的です。また、アカシア類は、通常小葉が鳥の羽のように連なる複葉ですが、この種類は、1枚ずつ、まばらにつきます。より繊細な印象になります。春に薄い黄色の花を咲かせます。白色の花が咲く品種もあります。

現地では10mを超えることもありますが、せん定で低く抑えることができます。開花期が終わったら行います。

楽しみ方

- 開花期 4〜5月
- 花 色 黄、白
- 観賞期 周年

タイプ			生け垣	シンボルツリー
和風	洋風	自然風		
	○	○		○

注意 根が浅く、強風で倒れやすい。大きく育つので、広いスペースが必要。

葉●細長い。

葉●対につかずに、左右互い違いにつく。

樹形●幹はまっすぐに育ち、枝をよく伸ばす。

フサアカシア

別名ミモザ　　　マメ科

5m以上の大株に育つ大型種

春に薄い黄色の小花が集まった香りのよい花を咲かせます。小葉が30〜40対もある羽状複葉です。大きく育つ割に根が浅いので、台風で倒れることも。

楽しみ方
- 開花期 4月
- 花 色黄
- 観賞期 周年
- 環境 日なた

タイプ			生け垣	シンボルツリー
和風	洋風	自然風		
	○	○		○

樹高 5〜10m　適地目安

アカシア・レドレンス・プロストラータ

別名－　　　マメ科

形のよい銀葉が楽しめる

幅1〜2㎜ほどの小葉が、左右対称に並んだ端正な形の葉。白みが強く、葉の観賞用として存在感があります。

楽しみ方
- 開花期 4月
- 花 色黄
- 観賞期 周年
- 環境 日なた

タイプ			生け垣	シンボルツリー
和風	洋風	自然風		
	○	○		○

樹高 2〜3m　適地目安

サンカクバアカシア

別名－　　　マメ科

三角形の葉が特徴

葉が退化して、葉柄部分が三角形になったものです。あまり大きくならないので、庭の脇役としてよく利用されます。

楽しみ方
- 開花期 3〜4月
- 花 色黄
- 観賞期 周年
- 環境 日なた

タイプ			生け垣	シンボルツリー
和風	洋風	自然風		
	○	○		○

樹高 2〜4m　適地目安

常緑樹／中高木

ブリスベーン・アカシア

別名－　　　マメ科

狭いスペースにおすすめのアカシア

アカシアの中では小型種で、狭い植栽に利用できます。早春に黄色い小さな花を数多くつけます。

楽しみ方
- 開花期 3〜4月
- 花 色黄
- 観賞期 周年
- 環境 日なた

タイプ			生け垣	シンボルツリー
和風	洋風	自然風		
	○	○		○

樹高 2〜4m　適地目安

カクレミノ

別名－

ウコギ科

環境	広がり	樹高	適地目安
半日陰 日陰	広がらない	3～10m	

日陰がちな場所の目隠しとして便利

日陰がちな場所でもよく育ちます。葉に厚みがあり、縁が3～5つに裂けた形が基本です。裂け目がない、だ円形の形の葉がつくこともあります。葉質はしなやかな革質で、光沢があります。

花は、あまり目立ちません。実は黒色に熟します。幹は細く、枝は広がりません。

日陰がちな場所の目隠しとして利用されることが多くあります。

楽しみ方

- 開花期 6～7月 花 色黄緑
- 観賞期 周年
- 結実期 10～11月 実 色黒

タイプ			生け垣	シンボルツリー
和風	洋風	自然風		
○	○	○		

注意 樹液でかぶれることがある。

葉●光沢があり、つややか。

葉●3～5つに裂けるが、裂け目のない葉がつくこともある。

楽しみ方●まっすぐに育つので、ラティスの脇に植えてもよい。

樹形●枝は横に広がらず、上に向かって伸びる。

ゲッケイジュ

別名 －　　　　　　　　　　　　　　　　クスノキ科

環境：日なた／半日陰
広がり：広がらない
樹高：3～10m
適地目安

楽しみ方
開花期 4月　花色 黄 ／ 観賞期 周年 ／ 結実期 10月　実色 暗紫

タイプ			生け垣	シンボルツリー
和風	洋風	自然風		
○	○	○		○

注意 ハマキムシの被害に注意する。

放任してもだ円形の美しい形に育つ

葉によい香りがあるので、スパイスとして利用されます。放任しても形よく整い、手間がかかりませんが、好みの形に刈り込んで利用することもできます。刈り込みは、春か秋に行います。

雌雄異株（しゆういしゆ）なので、実を楽しむには、雌株（めかぶ）を植える必要があります。

日なたを好みますが、建物の陰となるような場所でも育てることができます。

葉●なめした革のような質感で、よい香りがある。

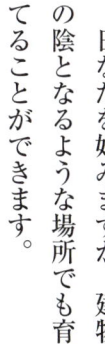

樹形●放任してもだ円形に整う。

花●小花が集まって咲く。

樹皮●隆起した点々がある。

苗●下の方の葉が落ちていないものを選ぶ。

常緑樹／中高木

環境	広がり		適地目安	## クスノキ	
日なた	広がる	樹高 10m		別名－	クスノキ科

楽しみ方

開花期 5〜6月 花 色 薄黄	観賞期 周年	結実期 10〜11月 実 色 黒

タイプ			生け垣	シンボルツリー
和風	洋風	自然風		
○	○	○		○

注意 とくになし。

葉●先端が尖って、つややか。

樹木の息吹を感じさせる

生命力があふれる高木です。葉をはじめ木全体に樟脳のような香りが漂い、虫除けになります。葉は楕円形で先端が尖って、つやつやしています。庭では、剪定をして樹高を調整します。

樹形●横広がりで丸みがある。

環境	広がり		適地目安	## ニッケイ	
日なた	広がらない	樹高 5〜10m		別名ニッキ	クスノキ科

楽しみ方

開花期 6月 花 色 薄黄	観賞期 周年	結実期 10〜11月 実 色 黒

タイプ			生け垣	シンボルツリー
和風	洋風	自然風		
○	○	○		

注意 寒さに弱いので、寒冷地は鉢植えに。

樹皮に芳香があり「ニッキ」として利用

樹皮に独特の香りがあることから「ニッキ」「シナモン」として親しまれているものと同属です。明るい葉色にくっきりと縦に葉脈が入り、すっきりとした形になります。寒さには弱いので、寒冷地では鉢植えで育てましょう。

葉●縦にはっきりと入る葉脈が特徴。

樹形●上に育ち、あまり広がらない。

環境	広がり		適地目安
日なた 半日陰	広がらない	樹高 3〜6m	

ツバキ
別名カメリア

ツバキ科

楽しみ方

開花期 10〜4月	観賞期 周年	結実期 9〜10月
花 色 赤、白、桃、黄		実 色 暗紅

タイプ			生け垣	シンボルツリー
和風	洋風	自然風		
○	○		○	

注意 夏の西日を避ける。新芽が伸びる5〜6月の植え付けを避ける。

花を多く楽しむにはできるだけ放任する

日本原産の樹木ですが、海外でも多く品種改良されています。中心に束のようにまとまる雄しべと厚い花びらが存在感のある花は開いた後、花びらが散らずに、花柄のつけ根からぽとりと落ちます。

放任するのがいちばん花つきがよいので、花を楽しむにはできるだけ放任して育てます。樹形を整えるのが目的のせん定は、花が咲き終わらすぐに行います。

樹形●自然にまとまった姿に育つ。

花●中心に、束になってまとまる雄しべが特徴。雄しべが変化した八重咲きもある。

花●濃緑色の葉と花とのコントラストが鮮やか。

実●球状の実がなり、熟すと割れる。

葉●光沢があり、厚みがあって堅い。

常緑樹／中高木

花●ツバキと異なり、雄しべが離れている。

環境	広がり		適地目安	## サザンカ	
日なた 半日陰	広がらない	樹高 3〜6m		別名－	ツバキ科

咲き終わった花びらは散り落ちる

冬に、鮮やかな花を咲かせる生け垣などとして利用されてきた花木（かぼく）です。古くから親しまれているため、八重咲き、複色咲きなど、多くの園芸品種があります。

ツバキの仲間によく似ていますが、全体に小ぶりで、咲き終わった花が、ツバキは花ごと落ちますが、サザンカは花びらが散り落ちます。また、雄しべがまとまらず、離れています。

楽しみ方

開花期 10〜4月 花 色 赤、白、桃	観賞期 周年	結実期 9〜10月 実 色 褐色

タイプ			生け垣	シンボルツリー
和風	洋風	自然風		
○	○		○	

注意　夏の乾燥と西日を避ける。

葉●光沢があり、縁に細かいギザギザがある。

樹形●生け垣にもよく用いられる。

樹形●幹はまっすぐに育ち、形よくまとまる。刈り込みにも強い。

サザンカ　園芸品種

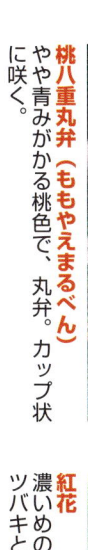

桃八重
濃い桃色で、雄しべが変化して花びらになった八重咲き。

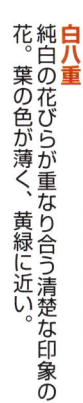

桃八重丸弁（ももやえまるべん）
やや青みがかる桃色で、丸弁。カップ状に咲く。

紅花
濃いめの桃色。雄しべが離れているのが、ツバキと異なるところ。

白八重
純白の花びらが重なり合う清楚な印象の花。葉の色が薄く、黄緑に近い。

ツバキ　園芸品種

西王母（せいおうぼ）
洋種ツバキ。花つきがよい桃花種。

ヤブツバキ
日本の在来種。真っ赤な花びらと中心の雄しべとのコントラストが鮮やか。

バーバラクラーク
淡い桃色で、全体がやさしい印象。洋種ツバキ。

ウェンディ
朱赤色に、白色が入る2色咲き。洋種ツバキ。

常緑樹／中高木

53

サザンカ '朝倉'(あさくら)

別名－

ツバキ科

環境 日なた／半日陰
広がり 広がらない
樹高 3～6m
適地目安

楽しみ方
- 開花期 10～4月
- 花色 白、桃
- 観賞期 周年

タイプ				シンボルツリー
和風	洋風	自然風	生け垣	
○	○	○	○	

注意 夏の乾燥と西日を避ける。

つぼみから咲き終わりまで変化が楽しめる

ころんとした愛らしい花の形で、人気が高い花木です。

つぼみは濃いめの桃色で、咲くと、中心の花びらは白色で、外側の花びらとの桃と白のコントラストを楽しむことができます。咲き進むとカップ状から開いた形になり、花色も白になります。

やや日陰がちな場所でも育ちますが、日当たりのよい場所の方が花つきがよく楽しめます。

花●咲き始めはカップ状。直径4cmほどで、小さめで愛らしい。

花●つぼみは濃い桃色。

花●完全に開花すると白に。

葉●光沢がある。

樹形●あまり横に広がらず、まとまる。

ゴードニア

ツバキ科

別名 ―

環境：日なた／半日陰
広がり：広がらない
樹高：3～6m
適地目安：15℃

楽しみ方

- 開花期 8～11月
- 花色 白
- 観賞期 周年

タイプ			生け垣	シンボルツリー
和風	洋風	自然風		
○	○	○		○

注意 冬の北風で小枝が折れることがある。

夏にツバキに似た白い花を次々と咲かせる

ツバキの仲間ですが、夏から秋に開花します。清楚な印象の白色の花を次々と咲かせます。存在感があるので、庭にアクセントを添える花木として注目されています。

葉はやや厚めで、光沢があります。密に茂るので、ボリューム感があり、目線をさえぎる役割にも適します。手入れが簡単で、和風にも洋風にも利用できます。

樹形●和風にも洋風にも合う。

花と葉●夏から秋に、ツバキに似た白い花が咲く。葉には不規則な、細かいギザギザがある。

花●つぼみ。枝の先端に咲く。

常緑樹／中高木

モッコク

環境	広がり		適地目安
日なた／半日陰	広がらない	樹高 5〜10m	

別名 − サカキ科

楽しみ方

- 開花期 6〜7月　花 色 白
- 観賞期 周年
- 結実期 10月　実 色 赤

タイプ			生け垣	シンボルツリー
和風	洋風	自然風		
○	○	○		○

注意 寒さには弱いので、関東より北の地域には不向き。

実●紅色の実は熟すと裂ける。

葉●葉柄の赤色がアクセント。

樹形●端正な形に育ち、品格が漂う。

品格ある花木として好まれている

伝統的な日本庭園の中でも、もっとも品格のある花木です。成長はゆっくりですが、放任しても、端正な形に育ちます。春の新芽は、美しい紅色をしています。つややかな葉は色が濃く、葉柄は紅色（ようへい）です。実は熟すと割れ、赤色の種が顔を出します。

ワビスケ

環境	広がり		適地目安
日なた／半日陰	広がらない	樹高 3m	

別名 − ツバキ科

楽しみ方

- 開花期 11〜4月　花 色 紅、桃、白
- 観賞期 周年

タイプ			生け垣	シンボルツリー
和風	洋風	自然風		
○	○	○		○

注意 とくになし。

品種●コチョウワビスケ（胡蝶侘助）

葉●縁には細かいギザギザ。

花●ツバキに比べて小ぶり。

花びらが開ききらずに下向きに咲く

ツバキの仲間ですが、全体に小ぶりで、ひっそりとした印象です。花は、平たく開かずに、すぼまった漏斗（ろうと）状に咲きます。中心の雄しべは、ツバキと同様にまとまります。葉は光沢があって、堅く、縁にはギザギザがあります。

サカキ
別名ホンサカキ　　　　　サカキ科

環境 日なた／半日陰
広がり 広がらない
樹高 2～8m
適地目安

楽しみ方
- 開花期 6～7月　花 色白
- 観賞期 周年
- 結実期 10月　実 色黒

タイプ			生け垣	シンボルツリー
和風	洋風	自然風		
○	○	○		

注意 とくになし。

光沢のある葉は冬になると赤色に色づく

神木として神社の境内などに植える樹木として知られます。葉は光沢がある革質です。1年中葉を保ちますが、冬の強い寒さで紫色になることもあります。春になると色が戻ります。

花は、咲き始めは白色で咲き終わりは黄みを帯びます。

葉●葉の縁にギザギザがない。
葉●革質で光沢がある。 
樹形●幹はまっすぐに育つ。 

フイリサカキ
別名－　　　　　サカキ科

環境 日なた／半日陰
広がり 広がらない
樹高 2～8m
適地目安

楽しみ方
- 開花期 6～7月　花 色白
- 観賞期 周年

タイプ			生け垣	シンボルツリー
和風	洋風	自然風		
○	○	○		

注意 とくになし。

葉を縁取る白斑が美しい

サカキの斑入り種です。硬質な印象のサカキですが、斑が入ることで、印象がやさしくなります。端正な円すい形にまとまりやすく、庭の脇役として、効果的な使い方ができます。

葉●緑にくっきりと白斑が入る。
樹形●まとまった姿に育つ。

常緑樹／中高木

樹形●刈り込みに強いので、好みの形にできる。生け垣としてもよく利用される。

マサキ

別名－

ニシキギ科

環境：日なた／半日陰
広がり：広がらない
樹高：3〜5m
適地目安

刈り込んで好みの形に仕立てて楽しむ

1年中緑の葉を生き生きと保ち、短く刈り込んでも枯れないので、生け垣などに好まれています。

丈夫で育てやすく、扱いやすいのも特徴です。成長も早く、新芽が次々よく育つので、こまめに刈り込みせん定をして整えます。成長期であれば、いつ刈り込んでも大丈夫です。

雌株を購入すると、花や実を楽しむこともできます。

楽しみ方

開花期 5〜7月　花 色淡黄緑
観賞期 周年
結実期 11〜12月　実 色淡紅紫

| タイプ | | | 生け垣 | シンボルツリー |
和風	洋風	自然風		
○	○		○	

注意 とくになし。

葉●新葉は、明るい黄緑色で鮮やか。

葉●葉の縁は、ゆるやかなギザギザ。

樹形●刈り込みは、はみ出した枝を切る。

フイリマサキ

ニシキギ科

環境：日なた／半日陰
広がり：広がらない
樹高：3〜5m
適地目安

別名 ―

楽しみ方
- 開花期 5〜7月　花 色淡黄緑
- 観賞期 周年
- 結実期 11〜12月　実 色淡紅紫

タイプ			生け垣	シンボルツリー
和風	洋風	自然風		
○	○	○	○	

注意 とくになし。

生け垣やトピアリーとして楽しめる

葉の縁に斑（ふ）が入るので、全体的に明るい印象で、やや日陰がちな場所に植えると、庭が明るく見えます。刈り込みに強いので、生け垣にはもちろん、庭のアクセントとなるトピアリーにも利用することができます。

葉●薄い黄色の斑が入る。

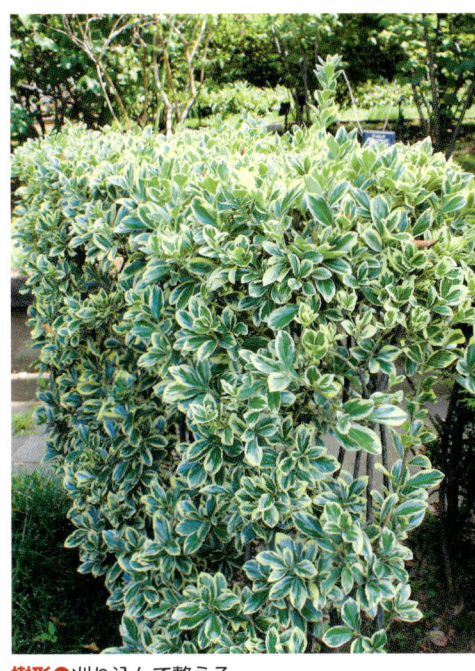

樹形●刈り込んで整える。

オウゴンマサキ

ニシキギ科

環境：日なた／半日陰
広がり：広がらない
樹高：3〜5m
適地目安

別名 ―

楽しみ方
- 開花期 5〜7月　花 色淡黄緑
- 観賞期 周年
- 結実期 11〜12月　実 色淡紅紫

タイプ			生け垣	シンボルツリー
和風	洋風	自然風		
○	○	○	○	

注意 とくになし。

新葉に覆われて黄金色に輝く

フイリマサキに似ていますが、斑の部分が黄色で、新葉は全体が黄色（黄金色）になります。黄色に輝くので、華やかな印象です。先祖返りして、青葉（斑が入らない葉）が出ることもあります。

葉●斑の部分が黄色で、新葉は全体が黄色になる。

常緑樹／中高木

環境	広がり		適地目安	# フェイジョア	
日なた	広がる	樹高 3〜5m		別名 −	フトモモ科

樹形も花も実もすべて楽しめる

果樹としても栽培される実は、パイナップルに似た香りがし、梨と桃をミックスしたような味がします。見た目も愛らしい花は、食べることができ、甘い味がします。葉は白みがかり、とくに葉裏が白いのが特徴です。樹形も美しいのでシンボルツリーにもなりますが、生け垣にもできます。

寒さには弱いので、氷点下8度以下になる地域には向きません。

楽しみ方

| 開花期 6〜7月 花 色桃 | 観賞期 周年 | 結実期 10月 実 色灰緑 |

タイプ			生け垣	シンボルツリー
和風	洋風	自然風		
○	○	○	○	○

注意 寒さには弱い。

花● 見た目も愛らしいが、食べると甘い。

葉● 白みがかる。葉裏はとくに白い。

実● 梨と桃をミックスした味。

樹形● 美しい姿になる。生け垣に仕立ててもよい。

花● 鮮やかな花は、ユニークな形で存在感がある。

ブラシノキ

別名 キンポウジュ、カリステモン

フトモモ科

環境	広がり	樹高	適地目安
日なた	広がる	2～3m	

ブラシのようなユニークな花が人気

オーストラリア原産です。ユニークな形の花が咲き、花色も、赤、桃、白、黄とあります。ミモザやオリーブなどの樹木と一緒に植えると、南国風の空間を演出できます。開花期が終わったらすぐにせん定をして形を整えます。不要な枝を間引くように根から切り、高さと枝の広がりを制限します。枝の途中で切ると枝数がふえて、翌年多く花が咲きます。

楽しみ方

開花期 5～8月 花 色 赤、桃、白、黄	観賞期 周年	結実期 9～10月 実 色 緑褐色

タイプ			生け垣	シンボルツリー
和風	洋風	自然風		
	○	○		○

注意● 植え替えが難しいので、植える場所は、事前に十分吟味する。

常緑樹／中高木

樹形● 細い枝が数多く発生する。

葉● 細長いだ円形。

花● ブラシのような形が特徴。赤色の部分は、雄しべ。花色の違いは、この雄しべの色の違い。

環境	広がり		適地目安	# ハイノキ	
日なた 半日陰	広がる	樹高 3〜5m		別名 −	ハイノキ科

楽しみ方

- 開花期 4〜5月　花　色白
- 観賞期　周年
- 結実期 10〜11月　実　色灰緑

タイプ			生け垣	シンボルツリー
和風	洋風	自然風		
○	○	○		○

注意 とくになし。

山野の別荘地のような庭空間を演出する

ワイルドな雰囲気がある樹木で、自然樹形を活かして植えると、庭を大自然のような雰囲気にしてくれます。春には、枝先に白い小花が群がって咲き、より華やかになります。半日陰でも育ち、管理がしやすいことも魅力です。

樹形●野趣のある姿。

環境	広がり		適地目安	# マルバユーカリ	
日なた	広がる	樹高 5m		別名 −	フトモモ科

楽しみ方

- 開花期 10〜11月　花　色白
- 観賞期　周年

タイプ			生け垣	シンボルツリー
和風	洋風	自然風		
	○	○		○

注意 根が浅く張るので、乾燥と強風に注意。氷点下10度以下になる地域には向かない。

やや厚みがある銀色の葉を楽しむ

シルバーガムを含め、銀色の丸い形の葉を持つユーカリの総称です。グニユーカリ、ギンマルバユーカリ、シルバードロップなどの品種があります。寒さには弱いので、氷点下10度以下になる地域には向きません。

葉●白みがかる色が個性的。樹高4m以上に育つと、長いだ円形になる。丸い形を保つには、幼木のうちからせん定して、樹高を低く抑える。

樹形●枝は細く、斜め上に育つ。

環境	広がり	
日なた	広がらない	樹高 5〜10m

適地目安

ユーカリ・サイダーガム

別名 —

フトモモ科

長いだ円形の葉が特徴 丈夫でよく育つ

楽しみ方

開花期 10〜11月
花 色 白

観賞期 周年

タイプ			生け垣	シンボルツリー
和風	洋風	自然風		
	○	○		○

注意 根が浅く張るので、乾燥と強風に注意。

まっすぐに大きく育つので、庭のシンボルツリーに向いています。灰緑色の葉は、とくに新葉がだ円形になります。

成長が早く、よく育ちますが、根が浅く、強風で倒れやすいので、若木のうちは短く刈り込む必要があります。また、移植を嫌いますので、植える場所はよく吟味してから植えつけます。寒さには弱いので、寒冷地には不向きです。

葉●新葉がだ円形なのが特徴。

樹形●根元から多く枝分かれし、小枝も多数出る。

常緑樹／中高木

環境	広がり		適地目安	# アラカシ	
日なた	広がらない	樹高 10m		別名 －	ブナ科

秋に実るドングリが楽しみ

生育旺盛でよく茂るので、目隠ししたい場所や、高い生け垣として利用されることが多い庭木です。

和風、洋風どちらの建物にも似合うので、庭のタイプを選ばずに植えることができます。葉の分量と樹木全体のバランスがよく、重たい印象にならないのも庭木としてうれしいところです。

また、秋にはだ円形のドングリが実ります。

楽しみ方

開花期 4～5月 花 色 薄黄	観賞期 周年	結実期 10月 実 色 茶

タイプ			生け垣	シンボルツリー
和風	洋風	自然風		
○	○		○	

注意 大きく育つので、広いスペースを確保する。

葉● くっきりとした葉脈と、葉の先端が急に細くとがるのが特徴。

実● 時間をかけて茶色に熟す。

樹皮● やや緑がかる灰褐色。

樹形● 葉の分量バランスがよく、庭を重たくしない。

ウラジロカシ

別名 －　　ブナ科

環境	広がり	
日なた	広がらない	樹高 10m

適地目安

裏が白色のスマートな形の葉

アラカシとともに、高い生け垣の素材として利用されます。葉は細長く、樹形もすらりとした姿に育ち、全体的にスマートな印象です。

葉の裏が白いので、風が吹いて葉がひるがえる様子は、夏の庭にも涼しげでさわやかな雰囲気にしてくれます。

寒さにはやや弱いので、関東以南での栽培に向いています。刈り込むこともできますが、自然樹形がおすすめです。

楽しみ方

- 開花期 4〜5月　花　色 薄黄
- 観賞期 周年
- 結実期 10月　実　色 茶

タイプ			生け垣	シンボルツリー
和風	洋風	自然風		
○	○		○	

注意 カミキリムシなどの被害に注意。

葉●細長く、スマートな形。

葉●裏側は、白色が強い。

樹形●全体にすらりとした印象。

常緑樹／中高木

環境	広がり		適地目安	
日なた	広がらない	樹高 10m		

シラカシ

別名 －

ブナ科

つややかな葉を年間通じて楽しめる

樹高が高くなるので、目隠しや生け垣としてよく利用されます。

葉がだ円形で、全体にやや白っぽく見えることから、高い生け垣として利用しても、圧迫感がありません。細長い葉形も整っています。

生け垣にする場合は、刈り込む方法もありますが、長く伸びた枝を間引き、小枝の先端を切り戻すと、美しい樹形に仕立てることができます。

楽しみ方

- 開花期 4～5月　花 色薄黄
- 観賞期 周年
- 結実期 10月　実 色茶

タイプ			生け垣	シンボルツリー
和風	洋風	自然風		
○	○		○	

注意 大きく育つので、広いスペースを確保する。

樹形● 山野では高さ20mに育つ。

葉● 全体に白みがかり、細長い形。

樹皮● 緑色を帯びた黒色でなめらか。

樹形● 高く育つので、目隠しに向く。

ホンコンエンシス

別名 ジョウリョクヤマボウシ

ミズキ科

環境	広がり		適地目安
日なた	広がらない	樹高 5m	

楽しみ方

開花期 6月 花 色白	観賞期 周年	結実期 10〜11月 実 色赤

タイプ			生け垣	シンボルツリー
和風	洋風	自然風		
○	○	○		○

注意 とくになし。

満開の時期は目を見張るほど見事

シンボルツリーとしておすすめの常緑性のヤマボウシです。花つきがよく、なかでも'月光'は、とくに花つきがよい品種です。

落葉性のヤマボウシに比べて小さめの花を密に咲かせます。花も葉も小ぶりなので、品よくまとまります。

秋には、赤色の実が実ります。冬には葉が赤紫色になり、常緑ながら、季節感を感じることができます。

花●クリームがかる白色。

花●やや小ぶりの花。

樹形●品のある樹形に育つ。

葉●やわらかい葉。

実●小さな実が密集して球形になる。若い実は緑色で、熟すと赤色に。

樹皮●灰褐色。

常緑樹／中高木

環境	広がり	
日なた	広がる	樹高 3m

適地目安

ナツミカン

別名 −　　　　　　　　　　　　　　　ミカン科

楽しみ方

開花期 5月 花 色白	観賞期 周年	結実期 2〜3月 実 色黄

タイプ			生け垣	シンボルツリー
和風	洋風	自然風		
○	○			

注意　寒さには弱い。

早春に大きな実の収穫が楽しめる

1年中緑色の葉を楽しみながら、早春には大きく実った実が楽しめる果樹です。苗を植えてから収穫までには3年ほどかかります。

枝が大きく広がるので、広めのスペースを確保して育てましょう。寒さで実が落ちることがあるので、大きくなったものから順次収穫します。2〜3月に込み合う部分を整理し、収穫後に本格的にせん定します。

実●大きな実がなる。

葉●葉脈が、少し盛り上がっている。葉柄（ようへい／葉の茎）に幅の狭い翼（よく）がある。

よく　翼

樹形●枝葉が密集する。

環境	広がり		適地目安	# ユズ（ホンユズ）
日なた	広がる	樹高 3〜5m		別名 － ミカン科

楽しみ方

開花期 5〜6月 花 色白	観賞期 周年	結実期 11月 実 色黄

タイプ			生け垣	シンボルツリー
和風	洋風	自然風		
○	○			

注意 葉のつけ根にトゲがある。

香りと酸味の強い実を収穫できる

大きく育つホンユズです。平安時代から、実を食用とするために、栽培されてきました。香り高い実の収穫の適期は11月です。

苗から育てると、実が収穫できるようになるまでには、数年かかります。若木のうちは、放任して育て、4〜5年経ったら、長く伸びた枝は切り詰めます。

1果を良質なものにするには7月後半に摘果（てきか）します。

実●表面がでこぼこしている。

樹形●よく枝分かれして大きく育つ。

葉●葉は堅い。

常緑樹／中高木

樹形●枝は自由な形に伸び、決まった樹形にならない。

環境	広がり		適地目安
日なた	広がる	樹高 2〜4m	

オリーブ

別名 －　　　　　　　　　　　　　　　モクセイ科

青みを帯びた銀葉で観賞樹として最適

洋風の庭によく似合う樹木です。葉は、表面に毛があり、ふわふわとしたやさしい印象がある銀葉です。やや白みがかり、全体的にもやや白みがかり、全体的に観賞価値の高い樹です。実を楽しむには、種類の異なる品種を2本以上植えるようにします。

乾燥を好み、やせた土地でもよく育ちます。寒さや潮風にも強いので庭木としても扱いやすく、おすすめです。

楽しみ方

開花期 5〜7月 花 色白	観賞期 周年	結実期 10月 実 色黒紫

タイプ			生け垣	シンボルツリー
和風	洋風	自然風		
	○	○	○	○

注意●風通しと水はけがよい場所に植える。

樹皮●灰褐色でややザラザラしている。

葉●表面にやわらかい毛がある。

花●葉のつけ根に小花が咲く。

実●白みがかる黒紫色。

オリーブ・ネバディロ 'ブランコ'

別名 －　　　モクセイ科

環境 日なた
広がり 広がる
樹高 2～4m
適地目安

楽しみ方

- 開花期 5～7月　花 色 白
- 観賞期 周年
- 結実期 10月　実 色 黒紫

和風	タイプ 洋風	自然風	生け垣	シンボルツリー
	○	○	○	○

注意 風通しと水はけがよい場所に植える。

花粉樹としての利用がおすすめの品種

花粉の量が多いので、花粉樹として最適です。オイル用の品種なので、実を利用することもできます。オリーブの品種にはほかに、実の利用がもっとも多いマンザニロ、直立性のミッションなどがあります。

実●オイル用として用いられる。

葉●青みがかる銀葉。

樹形●密にならないので、涼しげ。

ウスギモクセイ

別名 －　　　モクセイ科

環境 日なた／半日陰
広がり 広がらない
樹高 3～7m
適地目安

楽しみ方

- 開花期 10月　花 色 薄黄
- 観賞期 周年
- 結実期 5月　実 色 黒紫

和風	タイプ 洋風	自然風	生け垣	シンボルツリー
○	○	○		○

注意 とくになし。

薄い黄色の小花が枝に咲く

薄い黄色の小花が多数咲きます。葉にギザギザがありません。近似種に白花のギンモクセイがあります。刈り込んで整えることができますが、込み合う枝を抜き取るようにせん定して自然風に仕上げるのもおすすめです。

花●キンモクセイに似るが、色が薄い。

常緑樹／中高木

キンモクセイ

モクセイ科

別名 −

環境	広がり		適地目安
日なた/半日陰	広がらない	樹高 3〜10m	

秋の深まりを知らせる香りのよい花

咲き始めると、あたり一面に甘い香りを漂わせ、季節を告げる樹木として、古くから親しまれています。

葉に光沢がある照り葉で、刈り込みにも強いので円筒形仕立てなどで、日本庭園で利用されます。自然な樹形を活かすように、込み合う部分を抜き取る枝抜きせん定をすると、洋風の庭でも楽しむことができます。

楽しみ方

- 開花期 10月 花色 橙
- 観賞期 周年

タイプ			生け垣	シンボルツリー
和風	洋風	自然風		
○	○	○	○	○

注意 チッ素肥料が多すぎると弱々しく育つ。

花● 香りのよい小花が集まって咲く。

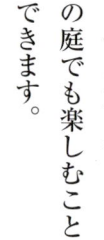

花● 枝にまとわりつくように咲く。

葉● 光沢がある。

樹皮● 茶褐色で、ざらつく。

樹形● 刈り込んで、円筒形に仕立てたもの。

樹形● 幹はまっすぐに、葉が密に茂る。

環境	広がり		適地目安	# ヒイラギモクセイ
日なた／半日陰	広がる	樹高 3m		別名 －　　　　　　モクセイ科

香りのよい白花が枝に多数咲く

ギンモクセイとヒイラギの雑種で、両方の性質を併せ持っています。

葉のつけ根に数個ずつ、香りのよい、白い小花を咲かせます。

葉は、濃緑色で、厚い革質、表面には光沢があります。縁はギザギザがあり、その先端は鋭くとがりますが、ヒイラギに比べると、控えめです。樹皮にはコルク質のコブがあります。

楽しみ方

開花期 10月　花 色 白　観賞期 周年

タイプ			生け垣	シンボルツリー
和風	洋風	自然風		
○	○	○	○	○

注意 とくになし。

花●純白の花が咲く。

葉●ヒイラギのように縁がするどくとがる。

樹形●キンモクセイなどに比べて横に広がる。

常緑樹／中高木

トウネズミモチ

モクセイ科

別名 —

環境：日なた／半日陰
広がり：広がらない
樹高：5〜10m
適地目安

楽しみ方
- 開花期 6〜7月　花 色白
- 観賞期 周年
- 結実期 10〜12月　実 色黒紫

| タイプ | | | 生け垣 | シンボルツリー |
和風	洋風	自然風		
○			○	

注意 とくになし。

1年中濃い緑色の葉と花なども楽しめる

街路樹や公園樹として利用されることが多い大型の常緑樹です。1年中緑色の葉を保ちますが、春には円すい形に咲く花、秋には黒紫色に熟す実がつきます。広いスペースがある庭などにおすすめです。

葉●濃い緑色で光沢がある。表裏とも無毛。

トウネズミモチ'トリカラー'

モクセイ科

別名 —

環境：日なた／半日陰
広がり：広がらない
樹高：2〜4m
適地目安

楽しみ方
- 開花期 6〜7月　花 色白
- 観賞期 周年
- 結実期 10〜12月　実 色黒紫

| タイプ | | | 生け垣 | シンボルツリー |
和風	洋風	自然風		
○	○	○	○	○

注意 とくになし。

緑葉に黄色の覆輪　新芽に紅色が入る

斑入りのトウネズミモチで、トウネズミモチに比べると小型に育ちます。葉は、緑に黄色の斑が入る2色ですが、新葉に紅色が入るため「トリカラー」の名があります。生け垣にもシンボルツリーにもできます。

葉●斑が入る。

実●だ円形。

樹形●葉はやや密に茂る。

シマトネリコ

モクセイ科

別名－

環境：日なた／半日陰
広がり：広がる
樹高：5～8m
適地目安

観賞樹として高い人気がある

常緑樹でありながら、落葉樹のような趣があり、和風にも洋風にも似合うので、庭のタイプを問わず、楽しむことができます。雑木と混植することで、自然風な庭になります。また、存在感もあるので、シンボルツリーにすることもできます。葉には、つやがあり、樹形とのバランスがよく、こまやかな印象です。寒さには弱いので、関東以南に向いています。

楽しみ方
観賞期 周年

注意：生育旺盛で成長が早く、枝が隣家に張り出すことがある。

タイプ			生け垣	シンボルツリー
和風	洋風	自然風		
○	○	○		○

葉●先端に小葉が1枚、他は左右対称に小葉が並ぶ羽状葉。

葉●葉の表面には光沢がある。縁が波打つように見える。

樹形●落葉樹のような趣がある。

樹皮●灰褐色。表面に点々が発生する。

常緑樹／中高木

環境	広がり		適地目安	# オガタマノキ	
日なた 半日陰	広がらない	樹高 5〜10m		別名 −	モクレン科

樹高が高く、葉も長い 花は3㎝程度

暖かい地域に自生する常緑性の高木です。葉の長さは5〜10㎝と大きめです。葉の表面には光沢がありますが、裏面は毛があり、白っぽく見えます。

早春に白い花を咲かせます。花の大きさは直径3㎝ほどで、樹に対して小さめです。よい香りがあります。花とガクが同色で、つけ根近くは紅紫色を帯びています。

日陰がちでも育ちます。

楽しみ方

開花期3〜4月 花 色白	観賞期 周年	結実期10月 実 色黒褐色

タイプ			生け垣	シンボルツリー
和風	洋風	自然風		
○				○

注意 大きく育つので、スペースが必要。

葉●光沢がある。

実●熟すと黒褐色になり、裂ける。

樹皮●灰褐色。

樹形●よく枝分かれしてこんもりと茂る。

花●品種名'ポートワイン'。花はクリームがかる白だが、外側はワインレッド。バナナに似た香りがする。

カラタネオガタマ

別名 トウオガタマ

モクレン科

環境	広がり	樹高	適地目安
日なた	広がらない	5〜8m	

バナナに似た香りの白い花を咲かせる

オガタマノキに似ていますが、小型で、こんもりとした形に茂ります。庭木としては、花びらの外側がワインレッドで、内側もほんのりと紅がかる'ポートワイン'などが人気です。

実は、袋状で熟すと裂け、タネの赤色とのコントラストが鮮やかです。

大型に育つ樹木ですが、生け垣として利用することもできます。

楽しみ方

開花期 5月　花 色 白
観賞期 周年
結実期 10月　実 色 黒褐色

タイプ			生け垣	シンボルツリー
和風	洋風	自然風		
○			○	○

注意 とくになし。

常緑樹／中高木

樹形●生け垣にもできる。

実●裂けると中から赤色のタネが出る。

葉●長さは4〜8cmで、なめらか。

樹形●幹はまっすぐに育つ。

ソヨゴ

別名 フクラシバ

モチノキ科

環境: 日なた／半日陰
広がり: 広がる
樹高: 5〜10m
適地目安: —

楽しみ方
- 開花期 6月　花色 白
- 観賞期 周年
- 結実期 10月　実色 赤

| タイプ | | | 生け垣 | シンボルツリー |
和風	洋風	自然風		
○	○	○		○

注意 実を楽しむには雌株を植える。強い西日では葉が黄色くなる。

濃い緑色の葉に映える赤い実がかわいい

秋に、小さなサクランボのような実がなり、濃い緑色の葉とのコントラストが美しく、庭木として好まれています。雌雄異株（しゆういしゆ）で、実がなるのは雌株（めかぶ）だけです。

葉は、縁が波打っています。葉は堅く、密集して茂らないために、風に吹かれるとこすれ合って音を立てます。

日なたから日陰まで適応力があり、寒さにも強く、管理しやすい樹です。

実●赤色の実がぶら下がってなる。

樹形●幹は細め。

葉●縁が波打つ。濃緑色で、堅い。

葉●新緑。

樹皮●灰褐色。

樹形●比較的まっすぐに育つ。

モチノキ

別名 ―　　モチノキ科

環境：日なた／半日陰
広がり：広がらない
樹高：5～10m
適地目安

楽しみ方
- 開花期 4月　花 色黄緑
- 観賞期 周年
- 結実期 10～11月　実 色赤

タイプ			生け垣	シンボルツリー
和風	洋風	自然風		
○	○	○		

注意 実を楽しむには雌株を植える。

葉●葉脈が目立ちにくい。

日陰がちな場所でも育てられる

庭木として長く親しまれている樹木のひとつ。和風の庭では、刈り込んで仕立てられますが、自然樹形を活かせば、洋風の庭の背景として活用することができます。雌株ならば、実を楽しむことができます。

樹形●幹がまっすぐに伸び、葉が密に茂る。

オウゴンモチ

別名 ―　　モチノキ科

環境：日なた／半日陰
広がり：広がらない
樹高：5～10m
適地目安

楽しみ方
- 開花期 4月　花 色黄緑
- 観賞期 周年
- 結実期 10～11月　実 色赤

タイプ			生け垣	シンボルツリー
和風	洋風	自然風		
○	○	○		○

注意 実を楽しむには雌株を植える。

葉●新緑が黄金色。

春から夏には葉が黄金色に輝く

葉の色が明るい黄緑色で、庭を華やかにしてくれます。黄金色に目立つ樹木なので、シンボルツリーに向いています。刈り込むことも、自然風に仕立てることもできます。雌株は、秋になる赤色の実も楽しむことができます。

実●赤色の実がなる。

樹形●刈り込むこともできる。

常緑樹／中高木

環境	広がり		適地目安	# クロガネモチ	
日なた 半日陰	広がらない	樹高 5～10m		別名－	モチノキ科

楽しみ方

- 開花期5～6月 花 色淡紫
- 観賞期 周年
- 結実期11月 実 色赤

タイプ			生け垣	シンボルツリー
和風	洋風	自然風		
○	○	○		○

注意 実を楽しむには雌株を植える。

小さい赤色の実が房状に実る

秋にたくさんに実る赤色の実と、濃緑色とのコントラストが鮮やか。また、丈夫でよく育つことから、庭木として好まれています。

葉はあまり葉脈が目立たず、表面は光沢があって、なめらかです。

実は、1粒が直径5mmほどで、房状にまとまります。他のモチノキの仲間と同様に、赤色の実を求めて、鳥がやってきます。

葉●光沢があり、堅い。

実●房状に集まって実る。

実●若い実は緑色。

樹形●幹はまっすぐに、葉は密に茂る。

環境	広がり	樹高	適地目安
日なた/半日陰	広がらない	3〜5m	

ベニカナメモチ

別名カナメモチ　　　　バラ科

新芽が赤色に色づく 生け垣などに向く

楽しみ方

- 開花期 5〜6月　花 色白
- 観賞期 周年
- 結実期 10〜11月　実 色赤

タイプ			生け垣	シンボルツリー
和風	洋風	自然風		
○	○		○	○

注意 花を咲かせるには、春先のせん定をしない。

新芽が赤色に色づくことから、年数回刈り込んで新芽を出させて楽しめます。こまめに刈り込むことで、枝を密に、樹形を形よく保つことができます。急に強く刈り込むと、枯れてしまうことがあります。

葉を楽しむことが多いですが、春には白色の花を咲かせ、甘い香りを漂わせます。花が咲き終わった後に刈り込みをしないと、実を楽しむこともできます。

実●球形の実がなる。

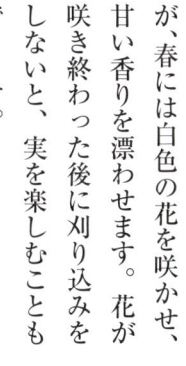

葉●新葉は赤色で、成長すると緑に。

樹形●まっすぐに育つので、刈り込んで仕立てる。

樹形●葉が密に茂るので、生け垣に用いられる。

常緑樹／中高木

樹形● 幹は比較的まっすぐに育ち、刈り込むことで、密に茂る。

ベニカナメモチ 'レッド・ロビン'

別名 － バラ科

環境：日なた／半日陰
広がり：広がらない
樹高：2～4m
適地目安：—

新葉が鮮やかな比較的小型の種類

ベニカナメモチの中では、小型の品種です。基本種のベニカナメモチに比べて、より新葉の赤色が鮮やかで、新緑の季節には、真っ赤に彩られます。赤色と、明るめの緑葉とのコントラストも鮮やかです。生け垣として楽しむほか、単体で、いろいろな形に仕立てることができます。

さらに、黄色や桃色の斑が入る「斑入りレッド・ロビン」もあります。

楽しみ方

- 開花期 5～6月　花 色白
- 観賞期 周年
- 結実期 10～11月　実 色赤

タイプ			生け垣	シンボルツリー
和風	洋風	自然風		
○	○		○	

注意 とくになし。

葉● 赤葉と緑葉の絶妙な取り合わせ。

楽しみ方● 生け垣などに利用。新緑の季節には、燃えているような赤色になる。

樹形●枝葉が密集する。

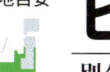

ビワ

別名 —　　バラ科

環境	広がり	樹高	適地目安
日なた	広がる	5〜10m	

濃い緑色の大きな葉で存在感のある果樹

関東以南の、暖かい地域での栽培に向く果樹です。冬に花が咲き、初夏に薄橙色の、水滴のような形をした実が熟します。

枝葉を大きく広げます。濃い緑色で厚く、大きな葉が特徴です。葉の裏は、縮れた毛が密集して、白色に見えます。

収穫を楽しむためには、日当たりのよい場所に植えます。他の植物の邪魔にならないようにします。

楽しみ方

開花期11〜12月 花 色白	観賞期 周年	結実期6月 実 色薄橙

タイプ			生け垣	シンボルツリー
和風	洋風	自然風		
○	○	○		○

注意●とくになし。
実●果樹として、楽しめる。

葉●はっきりした葉脈が特徴

樹形●全体のバランスに対して、葉が大きい。

常緑樹／中高木

83

ベニバナトキワマンサク

マンサク科

別名 －

環境 日なた
広がり 広がる
樹高 2～5m
適地目安

赤紫色の葉が年間を通じて楽しめる

枝の刈り込みに強いことから、生け垣として利用されることが多い庭木のひとつです。葉が美しいので、シンボルツリーにも向きます。

新葉は、シックな赤紫色です。成長後は、緑色になる青葉種と、成長後も紅色を保つ紅葉種があります。

春に桃色の花を咲かせます。花びらはリボン状です。花は秋にも咲くことがよくあります。

楽しみ方

- 開花期 3～5月
- 花 色 桃
- 観賞期 周年

タイプ			生け垣	シンボルツリー
和風	洋風	自然風		
	○	○	○	○

注意 とくになし。

花●紫がかる桃色。

葉●幅が広めのだ円形。

樹形●幹は比較的まっすぐに育つ。

樹形●刈り込みに強いので、好みの形に仕立てられる。

樹形●生け垣としても活用される。

環境	広がり		適地目安	# ロドレイア	
日なた	広がらない	樹高 5m		別名 シャクナゲモドキ	マンサク科

枝先に集まって赤色の花が咲く

春に、赤色の花を咲かせる常緑樹です。枝先に花が集まって咲く姿が、シャクナゲに似ていることから、「シャクナゲモドキ」の別名があります。葉は、革質で、光沢があり、なめらかです。

関東以南の暖かい地域での栽培に適しています。伸びすぎた場合は、開花期が終わったらすぐにせん定して形を整えます。環境が適せば、育てやすい樹木です。

楽しみ方

- 開花期 5〜7月
- 花 色 赤、桃
- 観賞期 周年

タイプ			生け垣	シンボルツリー
和風	洋風	自然風		
○	○	○		○

注意 とくになし。

花●つぼみ。春に固まって咲く。

葉●革質で光沢がある。

樹皮●灰褐色でざらざらとしている。

樹形●まっすぐに育つ。

常緑樹／中高木

85

環境	広がり		適地目安
日なた	広がらない	樹高 5〜10m	

ヤマモモ

別名 －

ヤマモモ科

ライムに似た香りの赤色の果実がなる

葉が密に茂る大型の常緑樹で、庭の目隠しや高い生け垣などに適しています。

夏には、赤色に熟した実を収穫することができます。実は、香りがよく、生で食べることもできますが、果実酒などにして利用するとよいでしょう。

病害虫にも強く、自然に形が整うので、込み合う部分の枝を切るだけで、管理は比較的簡単です。

楽しみ方

開花期 4月 花 色 黄、紅	観賞期 周年	結実期 6〜7月 実 色 赤

タイプ			生け垣	シンボルツリー
和風	洋風	自然風		
○	○	○	○	○

注意 実を楽しむには雌株を植える。

葉●新緑もきれい。

葉●車輪状に発生する。

実●表面は粒状の突起がある。

樹形●自然に形が整う。

環境	広がり		適地目安	# サンゴジュ	
日なた	広がらない	樹高 5〜10m		別名 −	レンプクソウ科

赤色の実が枝先にいっぱいに実る

秋に、真っ赤に色づく実がたわわになり、実の茎も赤色に染まる様子が、珊瑚のように見えることから「サンゴジュ」の名があります。実はさらに熟すと黒紫色になります。

葉は厚く、つややかな光沢があります。よく茂るので、生け垣としても、利用することができます。樹形は自然に整いますが、根元から出る枝を整理します。

楽しみ方

- 開花期 6〜7月　花　色白
- 観賞期 周年
- 結実期 9〜11月　実　色赤〜黒

タイプ			生け垣	シンボルツリー
和風	洋風	自然風		
○	○		○	○

注意 西日に弱い。

葉● つややかな光沢がある。

花● 白色の花が房になって咲く。

実● 茎まで赤色に色づく。

樹形● 幹はまっすぐに育つが、根元から数本出る。

常緑樹／中高木

ユズリハ

別名－　　　　　　　　ユズリハ科

潮風に強い

光沢のある濃い緑色をした革質の葉です。塩害に強いので、海風が強い庭で利用できます。葉の茎が赤色に色づくことも特徴です。

楽しみ方
観賞期 周年

タイプ			生け垣	シンボルツリー
和風	洋風	自然風		
○	○	○		○

環境：日なた
適地目安
樹高 5m

ココヤシ

別名－　　　　　　　　ヤシ科

南国風の庭の演出に

大きな鳥の羽のような形の葉が、涼し気です。南国風の庭に向きます。暖かい地域での栽培に適しています。

楽しみ方
観賞期 周年

タイプ			生け垣	シンボルツリー
和風	洋風	自然風		
	○	○		○

環境：日なた
適地目安
樹高 5m

環境：日なた
広がり：広がる
樹高 2〜3m
適地目安

フイリユズリハ

別名－　　　　　　　　ユズリハ科

明るい斑(ふ)入りのユズリハ

光沢のある革質の葉は、薄い緑色で、白色に縁取られます。葉の茎は赤色になり、葉とのコントラストが美しくなります。丈夫で、塩害に強く、海の近くの庭木として活用できます。

楽しみ方
観賞期 周年

注意 とくになし。

タイプ			生け垣	シンボルツリー
和風	洋風	自然風		
	○	○		○

葉●白色に縁取られる。

樹形●不定形な形になる。

常緑樹 低木

常緑樹の低木は、庭のベースとなる存在です。ごく小さなものは、宿根草のように扱うこともできます。

樹形●根元から草むら状に茂る。

アニソドンテア'ピンクモーン'

別名－　　　　　　　　　　アオイ科

環境：日なた
広がり：広がる
樹高：1m
適地目安

やさしい桃色の花が次々と咲く

南アフリカ原産の常緑低木です。どの庭のタイプにも似合い、他の植物と引き立て合います。透明感のあるやさしい桃色の花が、横向きに咲きます。葉は、表面に細かい毛があり、銀色がかっています。触れるとふんわりした感じがあります。

寒さは苦手で、関東以南の地域での栽培に向いています。夏の高温多湿にも注意が必要です。

楽しみ方

- 開花期 6〜8月
- 花色 桃
- 観賞期 周年

タイプ			生け垣	シンボルツリー
和風	洋風	自然風		
○	○	○		

注意 寒さに弱いので、寒い地域では、冬は鉢に植えて温室などへ。

葉●縁が波打ち、表面はでこぼこしている。

花●やさしい桃色。アニソドンテアには、赤花種もある。

樹形●大きく広がって育ち、花を多数咲かせる。

アブチロン

別名 －　　　アオイ科

環境：日なた
広がり：広がる
樹高：2〜3m

南国を思わせる鮮明な花色が多い

花色は、赤色、桃色、白色、黄色、橙色など多彩ですが、いずれも鮮やかな印象です。暖かい地域原産の植物ですが、品種改良され、庭木として利用できる種類もあります。開花期間が長く、花が少なくなる夏の期間から秋遅くまで楽しむことができます。

大きく広がって育ちます。とくに、夏の期間は成長が早いので、込み合う部分は、整理して風通しをよくします。

楽しみ方

開花期 5〜11月
花色 赤、桃、白、黄、橙
観賞期 周年

タイプ			生け垣	シンボルツリー
和風	洋風	自然風		
	○	○		○

注意●寒さに弱いので、寒い地域では、冬は鉢に植えて温室などへ。

常緑樹／低木

葉●浅く切れ込みが入る。

花●赤花種。

花●オレンジ種。吊り下がるように咲く。

ハイビスカス

別名 −　　　アオイ科

環境：日なた　広がり：広がる　樹高：1〜2m　適地目安

楽しみ方

開花期 5〜10月　花色 赤、桃、白、黄、橙　観賞期 5〜10月

タイプ			生け垣	シンボルツリー
和風	洋風	自然風		
	○	○		

注意 寒さに弱いので、冬は鉢に植えて温室などへ。

大きく鮮やかな花が夏を彩る

大きな鮮やかな花色、花柱が突き出た形が特徴です。赤色のほか、桃色、黄色、橙色などがあります。暖かい地域原産ですが、夏の期間は庭植えして楽しむことができます。冬の期間は鉢に植えて室内や温室へ。

樹形●こんもりとした形に育つ。

ハイビスカス・ローゼル

別名ロゼリソウ　　　アオイ科

環境：日なた　広がり：広がる　樹高：1〜2m　適地目安

楽しみ方

開花期 9〜12月　花色 白　観賞期 周年　結実期 11〜12月　実色 赤

タイプ			生け垣	シンボルツリー
和風	洋風	自然風		
	○	○		

注意 ハマキムシなどの被害に注意する。

葉●赤紫色。緑葉の種類もある。

赤紫色の葉が1年中楽しめる

シックな赤紫色の葉が美しい樹です。比較的寒さに強いので、関東地域以南の地域では、庭木として楽しむことができます。秋に直径10cmほどの花が咲き、実がなります。ハイビスカスティーの原料となります。

樹形●根元からたくさんの枝が茂る。

アオキ

別名 ― ガリア科

環境：半日陰、日陰
広がり：広がる
樹高：1〜2m
適地目安

楽しみ方
- 開花期 4〜5月　花　色 紫褐色、緑
- 観賞期 周年
- 結実期 11〜12月　実　色 赤

タイプ			生け垣	シンボルツリー
和風	洋風	自然風		
○	○			

注意　実をならせるには、雄株と雌株を植える。

日陰の樹木として重宝 育てやすくて丈夫

日陰がちの場所でも育つので、高木の根元や庭の隅などに植えることができます。実を楽しむこともできますが、雌雄異株（しゆういしゅ）で、実をならせるには、雄株（おかぶ）と雌株（めかぶ）の両方が必要です。冬にせん定して形を整えます。

樹形● 根元近くから枝分かれして茂る。
花● ほとんど目立たない。 
実● 冬の間も落ちない。 
葉● 光沢がある。 

アオキ・サルフレア

別名 ― ガリア科

環境：半日陰、日陰
広がり：広がる
樹高：1〜2m
適地目安

楽しみ方
- 開花期 4〜5月　花　色 紫褐色、緑
- 観賞期 周年
- 結実期 11〜12月　実　色 赤

タイプ			生け垣	シンボルツリー
和風	洋風	自然風		
○	○			○

注意　葉焼けに注意。

葉● 縁に黄色い斑が入る。

縁に斑（ふ）が入る、明るい葉色

葉の縁が、明るい黄色で縁取られ、アオキの中でも人気が高い品種です。暗い場所を明るく演出してくれます。斑の部分に強い日差しが当たると、その部分が葉焼けして枯れることがあります。

樹形● こんもりとした形に育つ。

常緑樹／低木

アオキ・ルーシィ

別名 －　　　　　　　　　　ガリア科

斑点状に斑が入るコンパクト種

葉の中に、白色っぽい斑が散らばります。全体にコンパクトなタイプです。

楽しみ方
- 開花期 4～5月　花　色茶褐色、緑
- 観賞期 周年
- 結実期 11～12月　実　色赤

タイプ：和風○、洋風○、自然風、生け垣、シンボルツリー

環境：半日陰、日陰

樹高：1m

適地目安

アオキ・サリシフォーリア

別名 －　　　　　　　　　　ガリア科

スマートな形の青葉種

斑が入らない種類ですが、葉の幅が狭く、すっきりとした印象です。

楽しみ方
- 開花期 4～5月　花　色茶褐色、緑
- 観賞期 周年
- 結実期 11～12月　実　色赤

タイプ：和風○、洋風、自然風、生け垣、シンボルツリー

環境：半日陰、日陰

樹高：1～2m

適地目安

アオキ・ピクチュラータ

別名 －　　　　　　　　　　ガリア科

葉の内側に斑が入る

葉の外側が緑色で、内側に黄色い斑点状の斑が入るタイプです。緑色の部分にも、黄色い斑点状の斑が散ります。葉の幅は広めです。

楽しみ方
- 開花期 4～5月　花　色茶褐色、緑
- 観賞期 周年
- 結実期 11～12月　実　色赤

タイプ：和風○、洋風○、自然風、生け垣、シンボルツリー

環境：半日陰、日陰

樹高：1～2m

適地目安

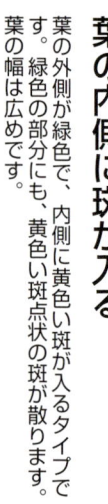

アオキ・ステラ

別名 －　　　　　　　　　　ガリア科

星を散りばめたように斑が入る

葉の形は細長く、すっきり見える細葉タイプです。「ステラ（星）」の名の通り、星を散りばめたように、黄色い斑が入ります。

楽しみ方
- 開花期 4～5月　花　色茶褐色、緑
- 観賞期 周年
- 結実期 11～12月　実　色赤

タイプ：和風○、洋風、自然風、生け垣、シンボルツリー

環境：半日陰、日陰

樹高：1～2m

適地目安

フクシア

別名ホクシア、ホクシャ　　　アカバナ科

環境	広がり	樹高	適地目安
日なた／半日陰	広がる	0.5〜1m	

楽しみ方
- 開花期 4〜10月　花色 赤、桃、紫、白
- 観賞期 周年

タイプ			生け垣	シンボルツリー
和風	洋風	自然風		
○	○	○	○	

注意 とくになし。

イヤリングのように吊り下がる花が可憐

栽培される品種は多数あります。多くは、根元から枝分かれして、花が吊り下がって咲きますが、花が上向きに咲くものや、直立して育つタイプもあります。ガクも色鮮やかで、花びらとのコントラストが楽しめます。

花●吊り下がって咲く。

樹形●枝が直立する種類もある。

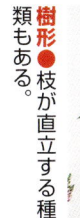

樹形●こんもり茂る。

クチナシ

別名ガーデニア　　　アカネ科

環境	広がり	樹高	適地目安
日なた／半日陰	広がる	1〜2m	

楽しみ方
- 開花期 6〜7月　花色 白
- 観賞期 周年
- 結実期 10月　実色 橙

タイプ			生け垣	シンボルツリー
和風	洋風	自然風		
	○	○		○

注意 乾燥する場所は避ける。

初夏に香りのよい花を咲かせる

気品ある香りと花の形が好まれています。高木の根元なども、やや日陰がちな場所でも花を咲かせます。
丈夫で育てやすいですが、乾燥するような場所への植えつけは避けましょう。自然に形が整います。

葉●左右対象になる葉脈がくっきりと目立つ。

樹形●細かい枝が出る。

花●一重で、中央の花柱(かちゅう)が目立つ。

常緑樹／低木

コクチナシ

別名 ー　　アカネ科

環境	広がり	樹高	適地目安
日なた／半日陰	広がる	0.3m	

楽しみ方
- 開花期 6〜7月　花 色白
- 観賞期 周年
- 結実期 10月　実 色橙

タイプ			生け垣	シンボルツリー
和風	洋風	自然風		
○	○	○		

注意 とくになし。

樹高30cm程度で八重の花が咲く

八重咲きクチナシの小型種です。樹高が低いので、花壇の縁取りなどにも利用できます。丸くまとまった姿に育ちます。とくにせん定などの手入れの必要もありません。雨で泥の跳ね返りが葉につかないように注意します。

花●純白で八重咲き。
葉●小型で光沢がある。 
樹形●低くまとまる。 

ミナリクチナシ

別名 ー　　アカネ科

環境	広がり	樹高	適地目安
日なた／半日陰	広がる	1m	

楽しみ方
- 開花期 6〜7月　花 色白
- 観賞期 周年
- 結実期 10月　実 色橙

タイプ			生け垣	シンボルツリー
和風	洋風	自然風		
	○	○		○

注意 とくになし。

実を収穫して食品や布の色づけに使える

ユニークな形の実を観賞できます。また、熟した実は、乾燥させて、鮮やかな黄色の染料になります。食用にもなるので、きんとんなどの色づけに使うこともできます。一重咲きの香りの強い花を楽しむこともできます。

実●ユニークな形が楽しめる。乾燥させて染料に使う。
葉●形のよい葉。 
樹形●よく枝分かれする。

ヒペリカム・モゼリアナム'トリカラー'

別名－　　　　　　　オトギリソウ科

白色の覆輪に、紅色が入る葉

はうように育つ小型種で、葉が緑色、白色、赤色の3色に色づきます。

楽しみ方					
開花期 5〜6月　花 色 黄			観賞期 周年		環境 半日陰／日陰

タイプ			生け垣	シンボルツリー
和風	洋風	自然風		
○	○	○		

樹高 0.5〜1m

ヒペリカム・カリシナム

別名－　　　　　　　オトギリソウ科

グラウンドカバーに向く

大変丈夫な小型種です。春に株一面に花を咲かせます。赤色に色づく新緑もきれいです。

楽しみ方					
開花期 5〜6月　花 色 黄			観賞期 周年		環境 半日陰／日陰

タイプ			生け垣	シンボルツリー
和風	洋風	自然風		
○	○	○		

樹高 0.5m

環境 日なた／半日陰　　広がり 広がる　　樹高 1m　　適地目安

ヒペリカム・ヒドコート

別名－　　　　　　　オトギリソウ科

楽しみ方			
開花期 6月　花 色 黄	観賞期 周年	結実期 10月　実 色 橙	

タイプ			生け垣	シンボルツリー
和風	洋風	自然風		
	○	○		

注意 とくになし。

形よく整い大輪の花が咲く

ヒペリカムの仲間としては、雄しべの長さが短い点が特徴です。
濃い黄色の大輪の花が、枝先に咲きます。
寒さには弱いので、関東以南の地域での栽培に適しています。

樹形●細い枝が伸びやかに育つ。

花●雄しべが短めなのが特徴。

常緑樹／低木

樹形●小さな葉が密に茂り、生け垣に向く。

ハクチョウゲ

別名 －　　アカネ科

環境 日なた／半日陰
広がり 広がる
樹高 0.5～1m
適地目安 15℃

生け垣やトピアリーに適している

細かい葉が密に茂り、刈り込みに強いので、生け垣やトピアリーなどに利用できます。葉は、縁が白色に縁取られるフイリハクチョウゲが人気です。花を楽しむこともでき、花は一重のほか、八重咲きのものもあります。

刈り込みは、開花期が終わったらすぐに行いますが、トピアリーなど強く刈り込んで形をつくる場合は、4月に行うとよいでしょう。

楽しみ方

- 開花期 5～7月
- 花 色 薄桃、白
- 観賞期 周年

タイプ			生け垣	シンボルツリー
和風	洋風	自然風		
○	○	○	○	

注意 とくになし。

葉●つやがある小型の葉。

花●可憐な花が咲く。白色のものと、薄く桃色がかるものがある。

花●筒状の先端が5弁に開く。丸い形のつぼみもかわいい。品種名'スイートルビー'。

ルクリア

別名アッサムニオイザクラ

アカネ科

環境	広がり		適地目安
日なた 半日陰	広がる	樹高 0.5m	

香りのよい花が長い期間楽しめる

暖かい地域が原産なので、基本的には鉢植えで楽しみますが、関東以南の地域では、庭植えにすることができます。市場には鉢植えで出回り、秋から冬に花を咲かせるので、重宝します。

日当たりのよい環境を好みますが、夏の直射日光は苦手です。冬は日なた、夏は日陰になる、落葉樹の下などが適しています。植え替え時に、根を傷めないようにします。

楽しみ方

🌸 開花期 11～1月
　　花　色 桃

🍃 観賞期 周年

タイプ			生け垣	シンボルツリー
和風	洋風	自然風		
	○	○		○

注意 寒さに弱いので、霜が降りる地域では、冬は室内や温室へ。

葉●濃い緑色で、厚みがあり、大きい。

花●切り絵でつくったような花。

樹形●こんもりとした形になる。環境が適せば、大きく育つことも。

常緑樹／低木

コプロスマ・レペンス

別名 －　　　アカネ科

環境	広がり	樹高	適地目安
日なた	広がる	2～3m	

楽しみ方
観賞期 周年

注意 とくになし。

タイプ			生け垣	シンボルツリー
和風	洋風	自然風		
	○	○		○

葉● 葉径は15mmほど。冬は寒さでチョコレート色になり、春になると緑色に戻る。

樹形● 上に向かって育つ。

つややかな葉は冬にチョコレート色になる

つやつやと光る光沢がある葉が密に茂ります。他の植物を引き立てる背景、花壇の縁取り、グラウンドカバーなどに適しています。刈り込むこともできます。暑さ、寒さに強いので、管理しやすい丈夫な樹です。

フイリヤツデ

別名 －　　　ウコギ科

環境		広がり	樹高	適地目安
半日陰	日陰	広がる	1～3m	

楽しみ方
開花期 11月　花 色 薄黄緑
観賞期 周年
結実期 4～5月　実 色 黒

タイプ			生け垣	シンボルツリー
和風	洋風	自然風		
○				

注意 強い日差しで斑の部分が焼けることがある。

暗めの場所を明るくするヤツデ

手のひらのような形の大きな葉が特徴です。かなり暗めの場所でも育つことができるので、庭の隅などにグリーンが欲しいときに便利です。斑が入る品種なので、明るさも出ます。真夏の直射日光を避けます。

葉● 縁周辺を中心に、不規則に斑が入る。

ヘリクリサム・ペチオラレ

別名 ─　　　　　　　　　　　　キク科

グラウンドカバーに向く

茎を横に伸ばしてはうように枝を広げます。表面に毛が密集するので、白っぽく見えます。花壇の縁などに植えると、自然な雰囲気になります。

楽しみ方
- 観賞期 周年

タイプ			生け垣	シンボルツリー
和風	洋風	自然風		
	○	○		

環境：半日陰／日陰

樹高 0.2m

適地目安

ヤツデ

別名 ─　　　　　　　　　　　　ウコギ科

暗めの場所で育つ大型グリーン

日陰に強いので、建物の陰や日が当たらない場所の目隠し用として利用されます。湿り気のある環境を好むので、乾燥に注意します。

楽しみ方
- 開花期 11月　花 色 薄黄緑
- 観賞期 周年
- 結実期 4〜5月　実 色 黒

タイプ			生け垣	シンボルツリー
和風	洋風	自然風		
○	○			

環境：半日陰／日陰

樹高 2〜3m

適地目安

アセロラ

別名 ─　　　　　　　　　　　　キントラノオ科

環境：日なた　　**広がり**：広がる

樹高 2〜3m　　適地目安

ビタミンCが多い熱帯性果樹

西インド諸島が原産地とされる果樹の1種です。高温多湿の気候と直射日光を好みますので、日当たりのよい場所で育てます。寒さには弱いので、気温が10℃以下になる地域では、冬は室内か温室で管理します。

楽しみ方
- 開花期 3〜6月　花 色 桃
- 観賞期 周年
- 結実期 5〜10月　実 色 赤

タイプ			生け垣	シンボルツリー
和風	洋風	自然風		
○	○	○		

注意 春先のアブラムシに注意する。

実 ● 赤色でかわいい。

花 ● つけ根が細くなるユニークな形。

常緑樹／低木

環境	広がり		適地目安	# キョウチクトウ	
日なた	広がる	樹高 3m		別名－	キョウチクトウ科

条件が整えば1年中咲くことも

街路樹や公園樹としてもよく利用されるほど、丈夫です。公害などにも負けずに育ち、花を咲かせます。

本来熱帯性の樹木なので、暑さに強く、気温を保つなどすれば、1年中花を咲かせることができます。いつ切っても、花が咲かなくなる心配はありません。

日当たりが悪いと葉を落としますので、日当たりのよい場所に植えましょう。

楽しみ方

- 開花期 5～10月
- 花色 赤、桃、白、黄
- 観賞期 周年

タイプ			生け垣	シンボルツリー
和風	洋風	自然風		
	○	○		○

注意 やや毒 葉や枝を切って出る白い液を口にすると、下痢などを起こすことがある。

樹形●大きく広がる。

樹形●上に向かって育つが、枝が広がる。

葉●細長い、へらのような形。

葉●枝に、3枚の葉が輪になってつく。

花●スクリューのような形。

フイリキョウチクトウ

別名 －　　　キョウチクトウ科

環境	広がり	樹高	適地目安
日なた	広がる	2〜3m	

葉に黄色い斑が入り丈夫で育てやすい

葉に斑（ふ）が入るキョウチクトウです。

いくつかの品種があり、斑の色や入り方が異なります。白い斑（ふ）が入るもの、黄色い斑が入るもの、緑の濃淡が美しいものなどがあります。

基本種では、葉の色が重くなりがちですが、斑入り種なので、涼しげな印象になります。斑入りですが、日ざしにも強いので、日当たりのよい場所に植えましょう。

楽しみ方

- 開花期　5〜10月
- 花色　赤、桃、白、黄、杏
- 観賞期　周年

タイプ			生け垣	シンボルツリー
和風	洋風	自然風		
	○	○		○

注意　やや毒　葉や枝を切って出る白い液を口にすると、下痢などを起こすことがある。

葉●白色に縁取られる。

葉●黄斑で縁取られる品種。

樹皮●灰褐色で、縦に割れ目が入る。

樹形●上に向かって広がった形に育つ。

常緑樹／低木

セイロンライティア

環境	広がり	樹高	適地目安	別名 —	キョウチクトウ科
日なた	広がる	0.3〜1m			

楽しみ方

- 開花期 6〜10月　花 色白
- 観賞期 周年

タイプ			生け垣	シンボルツリー
和風	洋風	自然風		
○	○	○		

注意 根は乾燥に弱い。

葉● 光沢があり、なめらか。

花● 美しい5弁花。

清楚な白色の花が咲く

スリランカ原産の低木です。枝の先端に、白色の清楚な花を咲かせ、夏に涼しげです。寒さには弱いので、関東以南の地域での栽培に向いています。高温多湿には強いです。

樹形● よく枝分かれする。

イタリアンルスカス

環境	広がり	樹高	適地目安	別名 —	ユリ科
日なた	広がる	0.3m			

楽しみ方

- 開花期 周年　花 色白
- 観賞期 周年
- 結実期 周年　実 色橙

タイプ			生け垣	シンボルツリー
和風	洋風	自然風		
○	○	○		

注意 とくになし。

橙色の実が長く伸びた枝になる

見た目は、観葉植物のアスパラガス・スマイラックスを頑丈にしたような感じで、葉色が濃く、つややかです。大きめの実が、葉のつけ根に数個ずつ固まってなります。長く伸びる枝を活かすような形に仕立てるとよいでしょう。

樹形● 上に向かって育つが、実の重みで、枝が弓なりになる。

実● 果径は1cmくらい。 　**樹形●** 繊細な姿。

テンダイウヤク

別名 －　　　クスノキ科

環境：日なた／半日陰
広がり：広がる
樹高：2〜3m
適地目安

楽しみ方
- 開花期 4月　花 色 黄、橙
- 観賞期 周年
- 結実期 10〜11月　実 色 黒

タイプ			生け垣	シンボルツリー
和風	洋風	自然風		
○	○	○	○	

注意 とくになし。

根の部分にだ円形に厚くなった部分がある

根のところどころに、だ円形に、厚くなった部分があり、この部分をウヤクといいます。株は、うっそうと茂るように育ちます。葉はだ円形で、薄い革質です。独特な形なので、すぐにそれと分かります。乾燥しない場所に植えます。

樹形●こんもりとよく茂る。

葉●光沢があり、丸くて、先端がキュッと細くなる独特な形。

イリシウム

別名 －　　　シキミ科

環境：日なた／半日陰
広がり：広がらない
樹高：2〜3m
適地目安

楽しみ方
- 開花期 6月　花 色 赤、桃
- 観賞期 周年
- 結実期 10月　実 色 黄緑

タイプ			生け垣	シンボルツリー
和風	洋風	自然風		
	○	○		○

注意 有毒 シキミの仲間の種子は猛毒。

明るい日陰にも耐える

シキミの仲間の園芸品種です。暗赤色の花が咲く「フロリダナム」、薄い桃色〜濃い紅色の花を咲かせるコンパクトな「ヘンリー」などの種類があります。日陰がちな場所でもよく育ちます。

樹皮●裂ける。

葉●光沢がある。

花●花弁はひも状。

樹形●幹はやや曲がって育つ。

常緑樹／低木

樹形●根元からたくさん生えて密集する。

環境	広がり	樹高
日なた	広がる	0.2m

適地目安

ハツコイソウ

別名レケナウルティア

クサトベラ科

チョウが羽を広げた形に咲く

オーストラリア原産です。秋から冬にかけて鉢花が出回りますが、関東以南の暖かい地域では、庭に植えて楽しむことができます。

赤色や黄色、青色などの鮮やかな花色が、株の上を舞うチョウのように見えます。乾燥に強く、高温多湿の環境が苦手です。水はけのよい場所に植え、夏に蒸れないように管理します。

楽しみ方

開花期 10～4月
花 色 赤、桃、白、黄、青

タイプ			生け垣	シンボルツリー
和風	洋風	自然風		
	○	○		○

注意 高温多湿の環境は苦手。

葉●針のような形のごく細い葉。

花●チョウが羽を広げたような形。

106

ハツコイソウ・メープルリバー

別名－　　　　　　　　　クサトベラ科

桃色の花が印象的

目立つ桃色の花が、株を覆うようにたくさん咲きます。高温多湿の環境は苦手なので、水はけのよい場所に植えつけます。

楽しみ方
- 開花期 10〜4月
- 花色 桃

タイプ			生け垣	シンボルツリー
和風	洋風	自然風		
	○	○		

樹高 0.2m

環境：日なた
適地目安

ハツコイソウ・イエローワンダー

別名－　　　　　　　　　クサトベラ科

濃い黄色の花が咲く

あたたかみのある、鮮やかな黄色い花が咲きます。冬の花壇でひときわ目を引く存在として活用できます。咲き終わった花を摘み取ります。

楽しみ方
- 開花期 10〜4月
- 花色 黄

タイプ			生け垣	シンボルツリー
和風	洋風	自然風		
	○	○		

樹高 0.2m

環境：日なた
適地目安

デュランタ '浜錦'

別名－　　　　　　　　　クマツヅラ科

常緑樹／低木

緑の濃淡の斑が入る

葉を観賞するデュランタで、葉の中心に黄色い、はっきりとした斑が入るのが特徴です。他の植物とバランスよく配置します。夏の強い日差しに注意。

楽しみ方
- 観賞期 周年

タイプ			生け垣	シンボルツリー
和風	洋風	自然風		
	○	○		

樹高 0.2m

環境：日なた／半日陰
適地目安

ハツコイソウ・ニューヨークミスト

別名－　　　　　　　　　クサトベラ科

目がさめるような青花

秋から冬の花壇を、鮮やかに彩ります。花壇の縁取りにしたり、大きな樹木の根元近くに植えて、周囲を明るくします。

楽しみ方
- 開花期 10〜4月
- 花色 青

タイプ			生け垣	シンボルツリー
和風	洋風	自然風		
	○	○		

樹高 0.2m

環境：日なた
適地目安

デュランタ・ライム

クマツヅラ科

環境: 日なた／半日陰
広がり: 広がる
樹高: 0.5〜1.5m
適地目安
別名: －

楽しみ方
- 開花期 4〜11月
- 花 色 薄紫
- 観賞期 周年

タイプ			生け垣	シンボルツリー
和風	洋風	自然風		
	○	○		○

注意 夏の直射日光に当てない。

美しいライム色の葉を楽しむ

花を楽しむ品種と葉を楽しむ品種があります。「ライム」は、明るい葉色を観賞します。寒さに弱いので、関東より北の地域では、冬は室内や温室で管理します。夏に、強い日差しで葉を傷めないようにします。

葉●光沢がある。
樹形●細枝が長く伸びる。 
花●枝先に房になって咲く。 

デュランタ '宝塚'

クマツヅラ科

環境: 日なた／半日陰
広がり: 広がる
樹高: 0.5〜1.5m
適地目安
別名: －

楽しみ方
- 開花期 4〜11月
- 花 色 紫
- 観賞期 周年

タイプ			生け垣	シンボルツリー
和風	洋風	自然風		
	○	○		○

注意 とくになし。

紫色の花が枝先に房状に垂れて咲く

デュランタの中でも、花が美しい品種で、広く親しまれています。関東以南の地域では、大株に育つこともあります。紫色で、白く縁取られた花は、房状につきます。寒さが厳しい地域では冬は鉢に植えて、室内や温室へ。

花●数花ずつ咲く。
葉●つやがある。 
花●房になり、垂れる。

環境	広がり	
日なた	広がる	樹高 0.5〜1m

適地目安

ランタナ

別名シチヘンゲ

クマツヅラ科

花の色が変化するので七変化と呼ばれる

もともとは熱帯性の植物ですが、関東以南の地域では、庭木として親しまれています。小花が集まって、手まり状に咲きます。

花は、咲き始めは黄色が強く、咲き進むと朱色に変化するため、「七変化」の和名があります。ほかに、白い花や桃色の花があります。

寒さで葉を落とすことがあります。花が終わった後には、黒く熟す球形の実がつきます。

楽しみ方

| 開花期 5〜11月 花 色 赤、桃、白、黄、橙 | 観賞期 周年 | 結実期 5〜11月 実 色 黒 |

タイプ			生け垣	シンボルツリー
和風	洋風	自然風		
	○	○		

注意 とくになし。

花●咲き始めは黄色が入り、咲き進むと、全体が朱色に。別の色もある。

樹形●横に大きく張り出して育つ。

葉●濃緑色でつやがあるが、表面に毛もあり、やや白みがかる。

常緑樹／低木

グミ

環境	広がり	樹高	適地目安	
日なた	広がる	2〜3m		

別名 －　　　　　　　　　　　　　　　グミ科

楽しみ方

- 開花期 4〜5月　花 色淡黄
- 観賞期 周年
- 結実期 6〜11月　実 色赤

タイプ			生け垣	シンボルツリー
和風	洋風	自然風		
○	○	○		○

注意 とくになし。

手間がかからない赤色の実がなる庭木

グミには、常緑性のものと落葉性のものがあります。とくに常緑性のものは、赤色の実がなる庭木として、暖かい地域で多く利用されています。

よく実をならせるには、他種と混植(こんしょく)します。

樹形●枝が広がる。

花●筒形。

実●だ円形の実がなる。

ナワシログミ'ギルドエッジ'

環境	広がり	樹高	適地目安	
日なた	広がる	2〜3m		

別名 －　　　　　　　　　　　　　　　グミ科

楽しみ方

- 開花期 10月　花 色白
- 観賞期 周年
- 結実期 5月　実 色赤

タイプ			生け垣	シンボルツリー
和風	洋風	自然風		
	○	○		○

注意 とくになし。

葉を観賞するグミで塩害に強い

濃緑色の葉は、黄色い斑(ふ)で、大きく縁取られます。印象が鮮やかで目を引きます。秋に咲き、春に実がなるタイプの仲間です。大変丈夫で、塩害にも強いので、潮風が強い地域でも活用できます。

葉●黄色い斑で大きく縁取られる。新緑の斑は黄緑色。

樹形●刈り込んで整える。

環境	広がり		適地目安
日なた	広がらない	樹高 1m	

セアノサス・レペンス

別名カリフォルニアライラック　　クロウメモドキ科

青紫色のフワフワした花が印象的

美しいブルーの花が咲きます。小花が集まって、雄しべが突き出ているので、ポンポンのようにフワフワとした印象です。

葉は厚みがあります。光沢がありますが、表面が細かい毛で覆われているので、銀色がかって見えます。

暑さ、寒さには弱い傾向があります。夏の強い日差しが避けられる場所に植えつけます。

楽しみ方

- 開花期 5月
- 花色 青紫
- 観賞期 周年

タイプ			生け垣	シンボルツリー
和風	洋風	自然風		
	○	○		

注意 夏の直射日光を避ける。また、霜に当てないようにする。

花●小花が枝の先端に集まって咲く。

樹形●刈り込むことで丸い形にも仕立てることができる。

葉●厚みがあり、小型。

常緑樹／低木

111

ウエストリンギア

別名オーストラリアンローズマリー

シソ科

環境 日なた
広がり 広がる
樹高 1～1.5m
適地目安

ローズマリー似だがやわらかい印象

葉の形や枝ぶりなどが、ローズマリーに似ていますが、ローズマリーに比べて、枝も葉もやわらかく、ふんわりとした印象です。花壇の縁や植栽スペースなどに植えると、株の姿が活きます。摘心（てきしん）すると、こんもりと茂ります。

薄紫色の花を咲かせます。桃色の品種もあります。寒さには弱いので、関東以南の地域での栽培に向いています。

楽しみ方

開花期	周年	観賞期	周年
花 色	薄紫		

タイプ			生け垣	シンボルツリー
和風	洋風	自然風		
	○	○		

注意 とくになし。

葉●ローズマリーに似るがやわらかい。

樹形●草むら状に育つ。

樹形●こまめに刈り込むことで、密に茂った姿にすることもできる。

テウクリウム・フリティカンス
別名ツリージャーマンダー　　シソ科

環境	広がり		適地目安
日なた	広がる	樹高 0.3〜1m	

花壇の脇役として各場面で活躍

銀色がかる葉が美しく、庭の脇役として利用されることが多い低木です。
側枝がたくさん発生して、それぞれが長く伸びるので、自然風な演出に向きます。
一方、刈り込むこともできます。刈り込むことで、和風の庭に取り入れることもできます。
おもに葉を楽しみますが、花もユニークな姿で愛らしいです。

楽しみ方

- 開花期 7〜9月
- 花色 薄紫
- 観賞期 周年

タイプ			生け垣	シンボルツリー
和風	洋風	自然風		
	○	○		○

注意●夏の蒸れに注意する。

常緑樹／低木

葉●銀色がかる。

花●雄しべが触角のよう。

樹形●枝を奔放に伸ばす。

113

樹形●こんもりとした形に育つ。

花●白花種。

環境	広がり		適地目安
日なた	広がる	樹高 1m	

チェリーセージ

別名サルビア・ミクロフィラ

シソ科

香りのよい葉と愛らしい花が魅力

ハーブの1種で、葉にはさわやかな香りがあります。

春から秋まで花が咲きます。花は、唇弁花と呼ばれる形です。赤色や白色の他、2色咲きの品種もあります。

丈夫で育てやすいですが、夏の高温多湿の環境は苦手です。水はけのよい場所に植え、夏は込み合う部分をすいて、風通しよくします。

寒さが厳しい地域では、根元を防寒します。

楽しみ方

開花期	5～11月	観賞期	周年
花色	赤、桃、白		

タイプ			生け垣	シンボルツリー
和風	洋風	自然風		
	○	○		

注意 とくになし。

葉●香りがある。

花●赤と白の2色咲きの品種。

花●赤花種。下弁が大きく張り出す。

ラベンダー・グロッソ

別名 —　　　シソ科

環境 日なた／広がり 広がる／樹高 0.5m／適地目安

楽しみ方
- 開花期 6月　花色 紫
- 観賞期 周年

タイプ			生け垣	シンボルツリー
和風	洋風	自然風		
	○	○		

注意 夏の蒸れに注意。

銀色がかった青色の枝葉が庭を演出する

ハーブの1種で、リラックス効果があるといわれています。白みが強い銀色がかった青い葉が特徴です。
初夏には、花が咲きます。花穂が長く、強い香りがあるので、クラフトに向きます。暑さに弱いので注意します。

樹形●横に広く広がる。花壇の縁やアプローチに向く。

葉●白みが強い。

サントリナ

別名 コットンラベンダー　　　シソ科

環境 日なた／広がり 広がる／樹高 0.3m／適地目安

楽しみ方
- 開花期 6月　花色 黄
- 観賞期 周年

タイプ			生け垣	シンボルツリー
和風	洋風	自然風		
	○	○		

注意 夏の蒸れに注意。

グラウンドカバーに最適

横にはって広がるように育ちます。枝葉が銀灰色で、庭に色合いを添えます。花壇やアプローチの縁取りなどに向いています。花も咲きますが、あまり目立ちません。風通しのよい場所で、水はけよく管理します。

樹形●遠くから見ると綿のようにふんわりとした形に見える。

樹形●こんもりとした形に育つ。枝や葉は堅く、しっかりとしている。

ローズマリー・カプリ

別名－　　　シソ科

環境	広がり	樹高	適地目安
日なた	広がる	1〜1.5m	

楽しみ方

開花期　周年
花　色　薄青
観賞期　周年

タイプ			生け垣	シンボルツリー
和風	洋風	自然風		
	○	○		

注意　夏の蒸れに注意。

こんもりとした形に茂り、薄青の花が咲く

ローズマリーには、はうように育つ匍匐性タイプ、やや はうように育つ半匍匐性タイプ、立ち上がる直立性タイプがありますが、「カプリ」は、半匍匐性です。枝はやや横に伸び、全体がこんもりと半球形になります。

花はおもに春に咲きますが、1年中ちらほらと咲きます。水はけのよい場所で、風通しよく管理します。

葉●新枝は銀色がかり、葉は濃緑色。

花●薄い青色の花が咲く。

ローズマリー・レックス

シソ科

別名 —

直立して育つ丈夫な品種

枝がまっすぐ上に向かって育つタイプです。根元から枝分かれしますが、上に向かって、まとまった形になります。横に広がらないので、ボーダーガーデン（※1）やウォールガーデン（※2）にも活かすことができます。込み合う部分は、枝をすくようにして、風通しをよくします。水はけのよい場所に植えれば、あまり手間をかけずに管理できます。

環境 日なた
広がり 広がらない
樹高 1～2m
適地目安

楽しみ方
- 開花期 周年
- 花色 薄紫
- 観賞期 周年

タイプ			生け垣	シンボルツリー
和風	洋風	自然風		
	○	○		

注意 とくになし。

花●薄紫色の花が咲く。

葉●銀色がかる。

樹形●枝が上に向かって育つ。

樹形●壁際に植えることもできる。

常緑樹／低木

※1 ボーダーガーデン…生け垣や壁などに沿って帯状に伸びる花壇に、立体的に植栽したもの。
※2 ウォールガーデン…壁面を利用した植栽。

環境	広がり		適地目安	# ジンチョウゲ	
日なた	広がらない	樹高 1～1.5m		別名 －	ジンチョウゲ科

春の訪れを告げる甘い香りの花

中国原産で、室町時代に渡来して以来、庭木として親しまれています。早春に、強く甘い香りのする花を咲かせ、春の訪れを告げます。

冬に根が凍らないような場所を選んで植えつけます。根を傷めると枯れてしまうので、植えつけ場所は慎重に選び、根を傷めないように植えつけます。

とくに手入れをしなくても形よく楽しめます。

楽しみ方

- 開花期 2～3月
- 花 色 赤、白
- 観賞期 周年

タイプ			生け垣	シンボルツリー
和風	洋風	自然風		
	○	○		○

注意 根を傷めるとすぐに枯れてしまう。移植は厳禁。

花●白花種。

葉●車輪状につく。

樹皮●灰褐色。

花●株いっぱいに、香りのよい花を咲かせる。

樹形●根元から多く枝分かれする。

樹形●丸い形にまとまる。

環境	広がり		適地目安	## フイリジンチョウゲ	
日なた	広がらない	樹高 0.5〜1m		別名 －	ジンチョウゲ科

葉に覆輪が入り小型にまとまる

葉の縁に白い斑が入ります。そのため「フクリンジンチョウゲ」とも呼ばれます。花がない季節にも、葉が庭を彩ります。

コンパクトにまとまるので、高木の根元などの演出に利用できます。大きく育たないので、比較的管理が簡単です。

6〜9月に、白色で小さい花を咲かせる'サマーアイス'などの品種もあります。

楽しみ方

- **開花期** 6〜9月
- **花 色** 桃、白
- **観賞期** 周年

タイプ			生け垣	シンボルツリー
和風	洋風	自然風		
	○	○		○

注意 根を傷めるとすぐに枯れてしまう。移植は厳禁。

花●手まり状に咲く。

葉●白い斑で縁取られる。

常緑樹／低木

119

ソテツ

別名 ―　　ソテツ科

環境	広がり	樹高	適地目安
日なた	広がる	2〜3m	

楽しみ方
観賞期 周年

注意 とくになし。

タイプ			生け垣	シンボルツリー
和風	洋風	自然風		
	○			

大きく広がる葉で存在感抜群

鳥の羽のような形の葉を、大きく広げることから、存在感があります。裸子植物で、雌雄異株（しゆういしゆ）です。寒さにはやや弱いので、11〜12月には、ワラやコモを巻いて防寒します。古い葉を取り除いておきましょう。それ以外は整枝作業はありません。

葉●鳥の羽のような形。
樹形●扇のように広がる。 

サルココッカ・パープルステム

別名 ―　　ツゲ科

環境		広がり	樹高	適地目安
半日陰	日陰	広がらない	0.3〜0.5m	

楽しみ方
開花期 8〜10月　花色 白
観賞期 周年
結実期 12月　実色 黒紫

タイプ			生け垣	シンボルツリー
和風	洋風	自然風		
	○	○		

注意 根を傷めないようにする

日陰に耐える樹として注目される

日陰がちな場所で育てられる常緑低木。葉は革質で光沢があります。葉のつけ根に小さい白色の花を咲かせます。実は赤色から黒紫色に熟します。日陰に強く、刈り込むこともできます。水はけがよい場所に植えます。

花●葉のつけ根に咲く。
葉●細長く、革質。 
樹形●上に向かって育つ。

キンメツゲ

別名 －　　モチノキ科

環境：日なた
広がり：広がる
樹高：0.5～1.5m
適地目安

楽しみ方
観賞期　周年

注意　とくになし。

タイプ			生け垣	シンボルツリー
和風	洋風	自然風		
○	○		○	

新芽が黄金色に見える

新緑が黄金色に見えることから「キンメツゲ」の名があります。刈り込んで形を整えます。一度に強く刈り込まないように、こまめに、少しずつ刈り込むと、密に茂ります。生け垣に向いています。

葉●新緑は黄金色。

樹形●こまめに刈って整える。

マメツゲ

別名 －　　モチノキ科

環境：日なた
広がり：広がらない
樹高：0.5～1m
適地目安

楽しみ方
開花期 5～6月　花 色白
観賞期　周年
結実期 10月　実 色赤

タイプ			生け垣	シンボルツリー
和風	洋風	自然風		
○	○		○	○

注意　とくになし。

トピアリー仕立てに利用される

小さめの葉が密に茂ることから、動物などを刈り込んで楽しまれることが多い樹です。樹形をつくるには、6～7月が最適です。その後は、こまめに刈り込んで密に茂らせます。肥沃（ひよく）な土を好みます。

常緑樹／低木

樹形●刈り込みに強いので、好みの形に整えられる。

葉●つややかな小葉。裏側に反る。

樹形●すっとした形の葉と伸びやかな枝のバランスがよい。

セイヨウイワナンテン・フォンタネシアナ'レインボー'

別名 アメリカイワナンテン・フォンタネシアナ'レインボー'　　ツツジ科

環境：日なた／半日陰
広がり：広がる
樹高：0.5〜1m

ひときわ華やかに庭を覆う

日陰がちな場所でも育ち、地面を覆うように育つので、高木の根元などを彩るのによく利用されています。

緑地に、黄色、白色、桃色、赤紫色など多彩な色の斑が入り、セイヨウイワナンテンの中でも、ひときわ華やかな雰囲気を持つ品種で、広く好まれています。

丈夫で、手入れは簡単です。とくに枝を整えるなどの手間もかかりません。

楽しみ方

開花期6月　花色白
観賞期周年
結実期10月　実色茶

タイプ			生け垣	シンボルツリー
和風	洋風	自然風		
	○	○		

注意●とくになし。

葉●ほんのりと紅がかる新葉。

葉●斑の入り方のバリエーションが多い。

花●房状にツボ形の花が咲く。

葉●多彩な色が入る。

セイヨウイワナンテン・アキシラリス

別名アメリカイワナンテン・アキシラリス　　ツツジ科

環境：日なた／半日陰
広がり：広がる
樹高：0.5～1m
適地目安

楽しみ方
- 開花期6月　花　色白
- 観賞期　周年
- 結実期10月　実　色茶

| タイプ | | | 生け垣 | シンボルツリー |
和風	洋風	自然風		
	○	○		

注意：とくになし。

カラフルな植物と相性がよい

緑色の葉と赤色の葉が美しく、スッとした葉形がさわやかです。斑入り植物や華やかな色彩の植物と組み合わせると、よりよく楽しめます。春には、房状に花が咲きます。樹高は低く、グラウンドカバーに向きます。

樹形●低く広がる。

セイヨウイワナンテン・アキシラリス'トリカラー'

別名アメリカイワナンテン・アキシラリス'トリカラー'　　ツツジ科

環境：日なた／半日陰
広がり：広がる
樹高：0.5m
適地目安

楽しみ方
- 開花期6月　花　色白
- 観賞期　周年
- 結実期10月　実　色茶

| タイプ | | | 生け垣 | シンボルツリー |
和風	洋風	自然風		
	○	○		

注意：とくになし。

日本で作られた品種　覆輪で新芽は紅色

緑色の葉が白色で縁取られる覆輪です。新芽は紅色に色づき、3色になります。形のよい葉と、美しい発色が好まれます。基本種に比べてコンパクトで、繊細な印象。花壇の縁取りなどにも向きます。

樹形●コンパクトな株。はうように育つ。

葉●覆輪で、新芽が紅色。

常緑樹／低木

花●枝先に房なりにたくさんの花が垂れ下がる。

アセビ

別名－　　ツツジ科

環境	広がり	樹高	適地目安
日なた／半日陰	広がる	0.5〜1m	

早春に鈴形の小花が房なりに咲く

枝の先に、鈴のような形の小花が房なりに、連なって咲きます。

風通しのよい場所で育てることが大切です。半日陰の場所でも育ちますが、日当たりが十分でないと、花がよく咲きません。夏は明るい日陰、冬は日当たりのよい場所が適しています。高温多湿の環境は苦手です。開花期が終わったらすぐにせん定して形を整えます。枝が折れやすいので注意します。

楽しみ方

- 開花期 2〜4月　花　色白、桃
- 観賞期 周年
- 結実期 9〜10月　実　色茶褐色

タイプ			生け垣	シンボルツリー
和風	洋風	自然風		
○	○	○		

注意　有毒　葉に有毒成分が含まれるので、葉を口にしない。

樹形●刈り込んでコンパクトに保つ。

葉●車輪状につく。

花●つぼみは赤色がかる。

アセビ・アカバナ

別名－　　ツツジ科

環境：日なた／半日陰
広がり：広がる
樹高：0.5〜1m
適地目安

楽しみ方

- 開花期 3〜4月　花　色桃
- 観賞期　周年

タイプ			生け垣	シンボルツリー
和風	洋風	自然風		
○	○	○		

注意　有毒　葉に有毒成分が含まれるので、葉を口にしない。

花●桃色は先端が濃い。
葉●光沢ある革質。
樹形●根元近くから枝分かれして丸い形になる。

桃色の花が房になって垂れ下がる

花が赤色がかる品種です。愛らしい花で、好まれています。アセビは実もなりますが、実をならせると翌年の花つきが悪くなるので、開花期が終わったらせん定して咲き終わった花を取り、翌年に備えます。

アカバアセビ

別名－　　ツツジ科

環境：日なた／半日陰
広がり：広がる
樹高：0.5〜1m
適地目安

楽しみ方

- 開花期 3〜4月　花　色白
- 観賞期　周年

タイプ			生け垣	シンボルツリー
和風	洋風	自然風		
○	○	○		

注意　有毒　葉に有毒成分が含まれるので、葉を口にしない。

葉●新葉は鮮やかな赤色。

新緑が赤色に色づき庭が活気づく

花が終わると、その新芽が鮮やかな赤色に染まる品種です。花だけでなく、葉の観賞価値が高いことから、人気が高まっています。夏の直射日光で葉を傷めないように注意します。

リュウキュウアセビ

別名オキナワアセビ

ツツジ科

環境：日なた／半日陰
広がり：広がる
樹高：0.5～1m
適地目安

楽しみ方

- 開花期 2～4月　花 色白
- 観賞期 周年

タイプ			生け垣	シンボルツリー
和風	洋風	自然風		
○	○	○		○

注意　有毒　葉に有毒成分が含まれるので、葉を口にしない。

野生種は絶滅危惧種とされる

沖縄や奄美諸島などに自生しているアセビですが、野生のものは、ほどんど姿が見られなくなり、絶滅危惧種に指定されています。

株は小型で、枝の先端から房状に花を垂れ下げて咲きます。葉は剣のような形です。

酸性土壌を好みます。

風通しがよい場所で育てますが、乾燥させ過ぎないように注意します。

花● 下向きに多数咲く。長さ8～10mm。

樹形と葉● 小型でコンパクト。葉は剣のような形で、つけ根が細い。

樹形● 基本種に比べて繊細。

イチゴノキ

別名 －　　ツツジ科

赤色に色づく実は食用にもできる

ツボ形の清楚な花と、黄色から赤色に色づく果実が楽しめます。見た目にもかわいらしく、食用にもなります。

樹形は、やや横広がりになりますが、美しく整います。葉は厚く、光沢があります。幹は、明るい茶色で、樹皮がはがれ落ちます。

実は、花の翌年の秋に熟すので、気長に待ちます。春先、芽吹く前にせん定して整えます。

環境 日なた
広がり 広がる
樹高 3m
適地目安

楽しみ方
- 開花期 10～5月　花　色白、桃
- 観賞期 周年
- 結実期 10月　実　色黄～赤

タイプ			生け垣	シンボルツリー
和風	洋風	自然風		
○	○	○		

注意 幼木は寒さに弱いので、北風を避ける。

花●ツボ形で房なりに咲く。

葉●光沢があり、厚い。

実●翌年の秋に熟す。

樹形●美しく整う。

常緑樹／低木

環境	広がり	樹高	適地目安	# ヒメイチゴノキ	
日なた	広がる	2～3m		別名－	ツツジ科

花と色づく実が同時に楽しめる

イチゴノキの矮性種で、枝が密に出ます。花が咲いてから実が熟すまで1年以上かかるため、花と果実が同時に楽しめます。

花は、ツボ形で、薄く桃色がかります。

葉は、車輪状につき、葉の茎も紅色になります。

樹形も美しく整うので、あまり手間がかかりません。日なたを好みますが、日陰がちの場所でも育ちます。

楽しみ方

開花期 12月	観賞期 周年	結実期 10月
花 色 白、桃		実 色 黄～赤

タイプ			生け垣	シンボルツリー
和風	洋風	自然風		
	○	○		○

注意 とくになし。

花●ツボ形で房なりに咲く。

葉●葉の茎も赤く色づく。

実●表面がブツブツしている。

樹形●幹はまっすぐに伸び、形よくまとまる。樹皮がはがれる。

カルミア

別名 アメリカシャクナゲ

ツツジ科

環境 日なた
広がり 広がる
樹高 2m

金平糖のようなつぼみもユニーク

とても華やかな印象の花です。つぼみは、コンペイトウのような形ですが、花が開くとパラソルのようです。桃色から赤色までいくつかの園芸品種があります。
整った形になりますが、刈り込むこともできます。華やかですが、たたずまいは和風にも似合います。
日当たりと水はけがよい、適度な湿り気がある場所が適しています。

楽しみ方

- 開花期 5〜6月
- 花色 赤、桃、白
- 観賞期 周年

タイプ			生け垣	シンボルツリー
和風	洋風	自然風		
○	○			○

注意 植え替えは苦手。

樹形●根元近くから枝分かれするが、整った形になる。

花●内側に赤色の斑点が入るなど、全体に華やか。

樹形●コンパクトな形。

葉●葉は小型で光沢がある。

常緑樹／低木

ジャノメエリカ

ツツジ科

別名 －

環境	広がり	樹高	適地目安
日なた	広がる	0.5～1m	

満開になると桃色の小花が株全体を覆う

ほうき状に育ちます。針葉樹のように細い葉がごく特徴です。鈴のような形のごく小さな花を、株いっぱいに咲かせます。咲き終わりになると、花はポロポロと落ちます。やせた土地でも育ち、乾燥にもとても強い性質がありますが、高温多湿の環境は苦手です。その分、深く根が張るまでに時間がかかるので、よく耕してから植えます。

楽しみ方

- 開花期 11～4月
- 花色 桃、白
- 観賞期 周年

タイプ			生け垣	シンボルツリー
和風	洋風	自然風		
○	○	○		

注意 植え替えは苦手。

花● 小さな鈴形の花が咲く。

樹形● ほうき状の形に育つ。

葉● 針のような形。

樹形●よく枝分かれして、枝が密になる。

エリカ'ウインターファイヤー'

別名 ―　　ツツジ科

環境	広がり	樹高	適地目安
日なた	広がる	0.5〜1m	

筒形の鮮やかな赤色の花が冬を彩る

細長く筒状の形をした花を、株いっぱいに咲かせます。まさに、燃えているような鮮やかさです。

エリカには、このほかにも白色の花を咲かせる'クリスマスパレード'などの品種があります。

水はけのよい場所に植えます。移植には強いですが、庭で根を深く張るまでには時間がかかりますので、むやみに植え替えないようにします。

楽しみ方

- 開花期 11〜4月
- 花色 赤
- 観賞期 周年

タイプ			生け垣	シンボルツリー
和風	洋風	自然風		
	○	○		○

注意 むやみに植え替えない。

常緑樹／低木

葉●針状をしている。

花●筒状をしている。

131

オオムラサキツツジ

別名 ―　　ツツジ科

江戸時代から盛んに栽培された

常緑性のツツジの仲間は、江戸時代から盛んに栽培されれ、品種改良がなされてきています。オオムラサキツツジは、その流れの中で誕生した品種で、現在でも庭園の材料として広く用いられています。大きめの花は、赤紫色で、多数咲きます。

また、刈り込みに強く、生け垣や植え込み素材として活用されます。

樹形● 刈り込むことで、形よく整う。

- 環境：日なた
- 広がり：広がる
- 樹高：1m
- 適地目安

楽しみ方

- 開花期 5月
- 花色 赤紫
- 観賞期 周年

タイプ			生け垣	シンボルツリー
和風	洋風	自然風		
○			○	

注意 ハダニやグンバイムシに注意。

葉● 明るい緑色。

樹形● 植え込み素材に活用。

花● 日当たりがよいと、株いっぱいに咲く。

花● 赤紫色の大きめの花。

花●赤みが強い紫。

サツキ・オオサカヅキ

別名－

ツツジ科

環境	広がり	樹高	適地目安
日なた	広がる	0.5～1m	

こまめに刈ることで密に枝を茂らせる

生け垣や植栽スペースの植え込みなどに利用されます。刈り込むことで、密に、形よく茂ります。

株の表面を覆うように、鮮やかな花が咲きます。開花期が終わったら、せん定して形を整えます。夏以降に、あまり枝先を刈り込んでしまうと、翌年の花芽を刈り取ってしまうので、花を楽しむには、夏以降のせん定を避けます。

楽しみ方

開花期 5月
花 色 赤紫
観賞期 周年

タイプ			生け垣	シンボルツリー
和風	洋風	自然風		
○			○	

注意 ハダニやグンバイムシに注意。

常緑樹／低木

葉●葉の長さは短い。

樹形●刈り込んで、形を整える。形よく楽しむことを主にするなら、少しずつ、こまめに刈って整えるとよい。

133

環境	広がり	
日なた	広がる	樹高 0.5〜1m

適地目安

クルメツツジ

別名 −　　　　　　　　　　　　ツツジ科

楽しみ方

| 開花期 5月 | 花色 赤、桃、白、赤紫 | 観賞期 周年 |

タイプ			生け垣	シンボルツリー
和風	洋風	自然風		
○			○	

注意 ハダニやグンバイムシに注意。

小型の花がたくさんに咲く

ヤマツツジやサタツツジを元に改良されて生まれた品種。さらに改良された園芸品種が多数あり、花色もとても豊富です。

ツツジの中では小型なので、庭に取り入れるには手頃です。

樹形●ツツジの仲間としては小型。

環境	広がり	
日なた	広がる	樹高 1〜1.5m

適地目安

キリシマツツジ

別名 −　　　　　　　　　　　　ツツジ科

楽しみ方

| 開花期 4〜5月 | 花色 赤、桃、白、赤紫 | 観賞期 周年 |

タイプ			生け垣	シンボルツリー
和風	洋風	自然風		
○			○	

注意 ハダニやグンバイムシに注意。

小型の花が株一面を覆うように咲く

古くから親しまれているツツジの園芸種です。庭園などの素材として好まれ、現在でも広く利用され、多数の園芸品種があります。

花は小型で、株いっぱいに咲きます。葉も小型で、光沢があります。

花●小型の花が株いっぱいに咲く。

134

樹形●街路樹にもよく使われる。

ヒラドツツジ

別名ー　　　ツツジ科

刈り込みに強く　よく芽吹く

ケラマツツジとモチツツジ、キシツツジが自然交雑によってできた品種のことを指します。長崎県の平戸市で栽培されてきたことから「ヒラドツツジ」の名で呼ばれます。多数の品種が誕生しています。

花は大型です。刈り込みに強く、芽吹きがよいことから、植栽スペースの植え込みとして活用されることが多くあります。

環境	広がり		適地目安
日なた	広がる	樹高 1m	

楽しみ方

| 開花期 | 5月 | | 観賞期 | 周年 |
| 花 色 | 赤、桃、白、赤紫 | | | |

タイプ			生け垣	シンボルツリー
和風	洋風	自然風		
○			○	

注意●ハダニやグンバイムシに注意。

常緑樹／低木

花●大型で華やか。

葉●芽吹く力が強い。

樹形●刈り込みに強い。

シャクナゲ

ツツジ科

別名 ―

環境：日なた、半日陰
広がり：広がる
樹高：1〜2m
適地目安

野生種でも十分に観賞価値が高い

日本原産のシャクナゲには、ハクサンシャクナゲ、ツクシシャクナゲ、ホンシャクナゲ、アズマシャクナゲ、ホソバシャクナゲ、ヤクシマシャクナゲなどがあります。野生種でも十分に観賞価値が高く、日本では近年まで品種改良がなされてきませんでした。これらはセイヨウシャクナゲに比べてやや育てるのが難しいですが、自然な趣が楽しめます。

楽しみ方

- 開花期 5月
- 花色 赤、白、桃、紫
- 観賞期 周年

タイプ			生け垣	シンボルツリー
和風	洋風	自然風		
○	○	○		

注意：浅く根が張るので、深く植えない。乾燥に注意。

樹形●根元から枝分かれして茂る。

葉●光沢がある。細長く、大きめ。

花●つぼみ。茎の頂点に咲く。

花●こんもりとした大株に育てると、華やか。

花●茎の先端に、数花がまとまって咲く。品種が多様なので、スペースに合わせて選べる。

セイヨウシャクナゲ

別名 —　　ツツジ科

環境：日なた／半日陰
広がり：広がる
樹高：1〜3m

園芸品種がとても豊富 派手な花色が多い

おもに欧米で品種改良されたものを「セイヨウシャクナゲ」と呼びます。花色が多彩で多くの品種がつくられています。なかには、樹高3m以上になる'太陽'などの品種もあります。家庭の庭でも育てやすいので、シャクナゲよりも多く用いられます。込み合う部分や、株の内側の枝を整理して、風通しよくします。

楽しみ方

- 開花期　5月
- 花色　赤、桃、白、杏、橙、赤紫
- 観賞期　周年

タイプ			生け垣	シンボルツリー
和風	洋風	自然風		
○	○	○		○

注意●浅く根が張るので、深く植えない。乾燥に注意。

葉●長いだ円形。

花●球形になる。

樹形●自然に樹形がまとまるので、せん定はとくに必要ない。

常緑樹／低木

フイリセイヨウシャクナゲ

別名 −　　　ツツジ科

環境：日なた／半日陰
広がり：広がる
樹高：1〜2m
適地目安

楽しみ方

- 開花期 5月　花色 赤、白、桃
- 観賞期 周年

タイプ			生け垣	シンボルツリー
和風	洋風	自然風		
○	○	○		○

注意 浅く根が張るので、深く植えない。乾燥に注意。

赤花と斑入り葉が庭を華やかにする

緑色の内側に、明るい黄色の斑が入ります。また、春に咲く花は存在感たっぷりに、庭を華やかにしてくれます。

とくにせん定作業などをしなくても、株がまとまった形に育ちます。咲き終わった花は、早めに摘み取ります。

葉● 枝に車輪状につく。

葉● 中央あたりに黄斑が入る。

樹形● 自然にまとまる。品種は'プレジデント・ルーズベルト'

クランベリー

別名 オオミノツルコケモモ　　　ツツジ科

環境：日なた
広がり：広がる
樹高：0.2m
適地目安

楽しみ方

- 開花期 6〜7月　花色 桃
- 観賞期 周年
- 結実期 9〜11月　実色 赤

タイプ			生け垣	シンボルツリー
和風	洋風	自然風		
○	○	○		

注意 乾燥に注意。

グラウンドカバーに向く魅力的なベリー

枝が地面をはうように育つ匍匐性(ほふくせい)の樹木です。葉は、ごく小さく、革質で光沢があります。花も実も愛らしく楽しめます。赤色に熟す実はジャムなどにできます。水はけ、水もちがともによい場所で育てます。

花● 花びらが反り返り、下向きに咲く。

樹形● つる状に伸びる枝に大きな実がなる。

チェッカーベリー

別名ゴーテリア、ヒメコウジ　　　ツツジ科

環境：日なた／半日陰
広がり：広がる
樹高：0.2m
適地目安

秋から春先にかけて赤色の実が楽しめる

寒さに強い低木です。秋口から春先までの長い期間、赤色の実が楽しめ、クリスマスなどの演出にはぴったり。夏に直射日光が避けられるような場所を選んで植えつけます。

楽しみ方
- 開花期6〜8月　花色白
- 観賞期　周年
- 結実期9〜3月　実色赤

タイプ			生け垣	シンボルツリー
和風	洋風	自然風		
○	○	○		

注意 乾燥に注意。

樹形●はうように育つ。

葉と実●だ円形で光沢がある葉。実は赤色。

ペルネチア・ヘルメス

別名—　　　ツツジ科

桃色の実がかわいい

ペルネチアの仲間は、桃色や赤色の実があり、いずれも光沢のある実が冬の期間中楽しめます。

楽しみ方
- 開花期6〜8月　花色白
- 観賞期　周年
- 結実期9〜3月　実色赤、桃

タイプ			生け垣	シンボルツリー
和風	洋風	自然風		
	○	○		

環境：日なた／半日陰
適地目安
樹高：0.3m

シンジュノキ

別名ペルネチア　　　ツツジ科

白色の実がたわわになる

ペルネチアの1種で、光沢のある白色の実が楽しめるタイプ。花は、スズランのようなツボ形で、こちらも愛らしい姿です。

楽しみ方
- 開花期6〜8月　花色白
- 観賞期　周年
- 結実期9〜3月　実色白

タイプ			生け垣	シンボルツリー
和風	洋風	自然風		
	○	○		

環境：日なた／半日陰
適地目安
樹高：0.3m

常緑樹／低木

カメリア・エリナ

ツバキ科

環境	広がり		適地目安	
日なた 半日陰	広がる	樹高 2m		別名 －

しなやかな姿のコンパクトなツバキ

ツバキの仲間ですが、繊細な小葉と、しなやかに枝を伸ばす姿で、和風、洋風どちらの庭にも似合います。「エリナ・カスケード」は、枝が垂れ下がるタイプの品種です。新緑が赤色に染まることも魅力のひとつです。

春には愛らしい小さな花を咲かせます。

夏の西日が避けられる場所に植えます。あまり手間をかけなくても丈夫に育ちます。

楽しみ方

- 開花期 3～4月　花 色 薄桃、白
- 観賞期 周年
- 結実期 10月　実 色 紅紫

タイプ			生け垣	シンボルツリー
和風	洋風	自然風		
○	○	○		○

注意 とくになし。

葉● 光沢があるダイヤ形。

葉● 新緑は赤色。

実● シックな紅紫色。

樹形● 枝がしなやかに伸びる。

樹形●樹高は高くならない。

環境	広がり		適地目安	## カンツバキ		ツバキ科
日なた 半日陰	広がる	樹高 0.5m		別名 －		

香りのよい八重咲きの花が咲く

日本固有のツバキの仲間で、サザンカの変種ともいわれています。公害などにも耐えることから、街路樹としてよく利用されるほど、丈夫です。

冬に咲く花は、一重咲きと八重咲きがあります。

葉は、濃緑色で大きく、つややかです。

株は、根元近くからよく枝分かれして、広がるように育ちます。

楽しみ方

	開花期 11〜1月 花 色 赤 桃 白	観賞期 周年	結実期 6月 実 色 紅紫

タイプ			生け垣	シンボルツリー
和風	洋風	自然風		
	○	○		

注意●とくになし。

花●濃い紅色で八重咲き。

葉●縁は、鋭くとがる。

樹形●低く育つ。

常緑樹／低木

141

サザンカ '丁字車'

別名 －

ツバキ科

環境：日なた／半日陰
広がり：広がらない
樹高：2m
適地目安

楽しみ方
- 開花期 10〜12月
- 花色 桃
- 観賞期 周年

タイプ			生け垣	シンボルツリー
和風	洋風	自然風		
	○	○		○

注意　夏の西日を避ける。

中心に花びらが密集　小型のサザンカ

ツバキやサザンカは、花の中心に雄しべがまとまる姿が特徴ですが、'丁字車'は、雄しべが花びらに変化した丁字咲きです。

株はあまり大きくならないので、高木の根元近くなどに植えるとよいでしょう。

夏の西日を避けた水はけがよい場所を選んで植え、根元が乾燥しないようにします。寒さには強いですが、北風が当たらないようにします。

花●中心に花びらが密集する。

葉●葉の縁に細かくギザギザがある。

樹形●幹はまっすぐに伸びる。

環境	広がり		適地目安	ヒサカキ	
日なた 半日陰	広がる	樹高 1～2m		別名 －	サカキ科

つややかな美しい葉を1年中保つ

光沢がある、形の整った美しい葉が好まれます。枝葉を神棚に供える樹木として知られます。葉の縁には、ゆるやかなギザギザがあります。葉に、黄色い斑点状の斑が入るものや、3色になる品種（145ページ参照）なども作出されています。

雌雄異株（しゆういしゆ）で、雄花（おばな）は白色、雌花（めばな）は紫色がかります。花も実も、枝にまとわりつくように、密集します。

手間をかけずに育ちます。

楽しみ方

開花期 3～4月 花 色白、紫	観賞期 周年	結実期 10～12月 実 色黒紫

タイプ			生け垣	シンボルツリー
和風	洋風	自然風		
○			○	

注意 とくになし。

葉●光沢がある。

花●直径5mmと小さい。

実●黒紫色に熟す。

樹形●幹はまっすぐに育つが、根元から多く枝が出る。

常緑樹／低木

ハマヒサカキ

別名 －

サカキ科

葉の先端が丸い形になるのが特徴

ヒサカキの仲間ですが、葉の先端がとがらずに、丸くなるのが特徴です。また、縁が裏側に巻き込むような形になります。

葉は、枝に左右交互につく互生ですが、左右整った形に育ちます。

丈夫で、土を選ばず育ちますが、湿り気のある土の方がより適しています。日当たりのよい場所で、風通しよくします。

環境	広がり	樹高
日なた	広がる	1～1.5m

適地目安

楽しみ方

| 開花期 10～2月 花 色白 | 観賞期 周年 | 結実期 10月 実 色黒紫 |

タイプ			生け垣	シンボルツリー
和風	洋風	自然風		
○			○	

注意 とくになし。

花●下向きに咲く。

葉●先端が丸い。

実●球形で、黒紫色に熟す。

樹形●根元から多数枝が出る。

フイリヒサカキ'トリカラー'

環境：日なた／半日陰
広がり：広がる
樹高：1m
別名：ー
サカキ科

楽しみ方
- 開花期 3〜4月　花 色白
- 観賞期 周年
- 結実期 10月　実 色黒

タイプ
和風	洋風	自然風	生け垣	シンボルツリー
○	○	○	○	

注意 とくになし。

実●葉のつけ根に密集。
葉●美しく白色に縁取られる。
樹形●根元から枝分かれして、育つ。

緑が白色に縁取られ新芽が赤色になる

端正な形の葉は、地が緑色で、白色の斑で縁取られています。新葉は赤色に色づくため、'トリカラー'の名があります。

日陰がちな場所でも育てられ、華やかに演出してくれます。

ユーフォルビア・カラキアス

環境：日なた
広がり：広がる
樹高：0.4m
別名：ー
サカキ科

楽しみ方
- 開花期 5〜7月　花 色黄
- 観賞期 周年

タイプ
和風	洋風	自然風	生け垣	シンボルツリー
	○	○		

注意 霜に当てない。

樹形●ややはうように育つ。
葉●細い葉で銀色がかる。

ユニークな樹形で庭に変化をつける

やや横にはうように育つ半匍匐性です。青みが強い銀色がかる葉は、細長く、枝に放射線状につきます。冬には茎が真紅に色づく姿も魅力的です。ユニークな存在感があり、庭を楽しくしてくれます。特徴的な花も咲きます。

常緑樹／低木

エレモフィラ・ニヴェア

別名 －　　　ゴマノハグサ科

環境：日なた　広がり：広がる　樹高 1～1.5m　適地目安

楽しみ方

開花期 12～3月
花色 薄紫
観賞期 周年

| タイプ | | | 生け垣 | シンボルツリー |
和風	洋風	自然風		
	○	○		

注意 とくになし。

株全体が銀色になり枝を広げて育つ

オーストラリア原産です。茎も葉も、銀色がかります。冬に薄い紫色の花を、茎の先端に穂状に咲かせます。枝は、暴れた姿になり、大きく広がりますので、支柱でまとめるとよいでしょう。多湿に注意します。

花●枝の先に穂状に咲く。
葉●針のような細い葉。 
樹形●暴れた姿になる。 

ハシカンボク

別名 ブレディア　　　ノボタン科

環境：半日陰　広がり：広がる　樹高 0.3～1m　適地目安

楽しみ方

開花期 7～8月
花色 桃
観賞期 周年

| タイプ | | | 生け垣 | シンボルツリー |
和風	洋風	自然風		
	○	○		

注意 夏の直射日光に注意。

半日陰の環境を好むノボタンの仲間

やさしい紅がかる花色と、ユニークな形の雄しべが楽しい低木です。丈夫ですが、暖かい地域の日陰などに自生しているので、夏の直射日光と寒さが苦手です。水はけがよい場所に植えましょう。

花●雄しべの形がユニーク。
葉●光沢がある明るい緑色。 
樹形●低く育つ。

樹形●自由に枝を伸ばして、やや広がって育つ。

シコンノボタン

別名 －　　ノボタン科

環境 日なた
広がり 広がる
樹高 1～2m
適地目安

大輪の花が毎日次々と咲く

7～12cmと大輪の花が咲きます。花は、1日しか持ちませんが、次々と開花して、長い期間楽しめます。花びらは厚みがあります。葉は、縦にくっきりと入る葉脈が特徴で、色は黄みがかる明るい緑で、こまかい毛があります。寒さには弱いので、関東以南での栽培に適しています。開花期間が終わったら、新芽を残して枝を切り詰めます。

楽しみ方

- 開花期 6～10月
- 花 色 紫
- 観賞期 周年

タイプ			生け垣	シンボルツリー
和風	洋風	自然風		
○	○	○		○

注意 とくになし。

常緑樹／低木

花●大輪。

葉●はっきりとした葉脈が特徴。

ノボタン・コートダジュール

ノボタン科
別名 −

環境：日なた
広がり：広がる
樹高：1〜2m
適地目安：15℃

上品な雰囲気の花が楽しめる

ノボタンには、いくつかの園芸品種があります。「コートダジュール」は、花がやさしい紫色で、シコンノボタンに比べて小さな花が咲く、中型の大きさの品種です。花の中央が白みがかります。

自然樹形で楽しむほか、開花期が終わったらすぐに切り詰めて、刈り込んだ形に仕立てることもできます。夏以降のせん定は花芽を落とすので、枝を切らないようにします。

楽しみ方

- 開花期 6〜10月
- 花色 紫
- 観賞期 周年

タイプ			生け垣	シンボルツリー
和風	洋風	自然風		
○	○	○		○

注意 とくになし。

花●上品な花色。

葉●光沢がある濃い緑色。

樹形●枝先を刈り込んで仕立てることもできる。

ノボタン・リトルエンジェル

ノボタン科

別名 —

環境 日なた
広がり 広がる
樹高 1～2m
適地目安

咲き進むにつれて花色が変化する

ノボタンの仲間としては、小型の品種で花も葉も小さめなので、コンパクトで愛らしい印象になります。

花は、直径3cmほどの大きさで、咲き始めは、花びらの元近くが白色ですが、咲き進むにつれて、全体が紫色がかります。

寒さには弱いので、関東地域以南での栽培に適しています。北風が当たらない場所で育てましょう。

楽しみ方

- 開花期 6～10月
- 花色 紫
- 観賞期 周年

タイプ			生け垣	シンボルツリー
和風	洋風	自然風		
○	○	○		○

注意 北風に当てない。

花● 咲くにつれて花色が変化する。

花● 花径は3cmほど。

葉● 葉脈が目立つ。

樹形● 全体に小ぶりな姿となる。

常緑樹／低木

149

ノボタン・スプラッシュ

ノボタン科

環境	広がり	樹高	適地目安	別名
日なた／半日陰	広がる	0.3m		ー

楽しみ方

- 開花期 12月
- 花色 紅紫
- 観賞期 周年

タイプ			生け垣	シンボルツリー
和風	洋風	自然風		
	○	○		

注意 とくになし。

葉の模様がユニークな超小型種

葉に、白色の斑点模様が入り、とても個性的です。また、茎や葉脈に紅色がかるのも特徴です。

樹高が低いので、多年草のような扱いができます。水はけがよい場所に植えつけ、風通しよくします。

花●とがった形のつぼみ。
葉●斑点模様は個性的。 
樹形●樹高は低い。 

シャリンバイ

バラ科

環境	広がり	樹高	適地目安	別名
日なた	広がる	1～3m		ー

楽しみ方

- 開花期 5月
- 花色 白、桃
- 観賞期 周年
- 結実期 10月
- 実色 黒

タイプ			生け垣	シンボルツリー
和風	洋風	自然風		
	○	○	○	

注意 とくになし。

根元が赤色に色づく5弁花が固まって咲く

刈り込みに強く、丈夫なので生け垣などによく利用されます。花は白色で、つけ根部分が赤色になります。葉は、濃い緑色で、光沢があります。夏以降に刈り込むと花が咲かないので、かならず開花期が終わったらすぐに行います。

品種●桃花種。
花●花心が紅がかる。 
樹形●刈り込みに強い。

バクチノキ

環境	広がり	樹高	適地目安	別名 —	バラ科
日なた／半日陰	広がる	1～3m			

楽しみ方

- 開花期 9月　花 色白
- 観賞期 周年
- 結実期 5月　実 色黒紫

タイプ			生け垣	シンボルツリー
和風	洋風	自然風		
○	○		○	

注意 とくになし。

樹皮がはがれたあとが赤色や黄色になる

個性的な名前は、樹皮がはがれると木肌があらわれて、赤色や黄色になるさまが、博打に負けて衣類をはがされる姿を連想させるからといわれています。葉には光沢があります。生け垣などとして利用します。

葉●長いだ円形で、縁にするどいギザギザがある。

セイヨウバクチノキ

環境	広がり	樹高	適地目安	別名 —	バラ科
日なた／半日陰	広がる	1～3m			

楽しみ方

- 開花期 9月　花 色白
- 観賞期 周年
- 結実期 5月　実 色黒紫

タイプ			生け垣	シンボルツリー
和風	洋風	自然風		
○	○		○	

注意 とくになし。

バクチノキに比べて葉が細い

バクチノキと同じ仲間で、性質や使い方はよく似ています。大きく異なるのは、葉の形です。バクチノキに比べて葉が細長く、スッとしています。密に茂るので、生け垣などに便利です。

葉●バクチノキより細長い。

樹形●密に茂った形になる。

常緑樹／低木

アカシア・モニカ

別名アカシア・ドルモンディ

マメ科

環境	広がり	樹高	適地目安
日なた	広がる	0.5m	

楽しみ方

- 開花期 2〜4月
- 花色 黄
- 観賞期 周年

タイプ			生け垣	シンボルツリー
和風	洋風	自然風		
	○	○		

注意 霜が降りる地域では、冬は室内へ。

ブラシ状の黄花が咲くコンパクト種

オーストラリア原産です。矮性種のアカシアで、コンパクトに育ちます。

2〜4月にブラシ状の花が、枝の先端に咲きます。常緑ですが、寒風や強い冷え込みに当たると、葉を落とすことがあります。寒さには耐えますが、霜が降りる地域では、冬は室内に取り込むとよいでしょう。

また、梅雨の長雨にも注意します。

花●フワフワとしたブラシ状。

樹形●小型種で、コンパクトに育つ。

葉●葉も小型。常緑だが、強い寒さで落葉することもある。

ピラカンサ・赤実

バラ科

別名 —

環境 日なた／半日陰
広がり 広がる
樹高 3m
適地目安

楽しみ方

- 開花期 5〜6月　花 色白
- 観賞期 周年
- 結実期 10〜1月　実 色赤

タイプ			生け垣	シンボルツリー
和風	洋風	自然風		
○	○	○	○	

注意 とくになし。

たわわに実る真っ赤な実が特徴

枝からこぼれ落ちそうなほどに実る真っ赤な実は、花や葉が少なくなる秋から冬の季節に、ひときわ目立つ存在です。

葉は小型です。表面はつやのある革質で、厚みがあります。

実が目立つのであまり注目されませんが、春に枝いっぱいに咲く花は1花がかわいらしく、株全体は雪をかぶったように白く覆われます。

実● たわわに実る。

葉● 小型で革質。

花● 白色の小花が密に咲く。

樹形● つるのように枝を伸ばす。

常緑樹／低木

ピラカンサ・黄実

バラ科

別名 −

環境：日なた／半日陰
広がり：広がる
樹高：3m
適地目安

楽しみ方

開花期 5〜6月　花 色白
観賞期 周年
結実期 10〜1月　実 色黄

タイプ			生け垣	シンボルツリー
和風	洋風	自然風		
○	○	○	○	

注意：とくになし。

濃い黄色の実が長く枝に残る

ピラカンサの1種で、黄色い実がなる品種です。実は、長く枝にとどまるので、冬の期間に鳥たちの食料となり、鳥を呼ぶ樹となります。仕立て方によっては、自然な雰囲気で楽しむことができます。

実●濃い黄色。
花●小花が球状になる。 
樹形●枝がよく伸びる。 

ギョリュウバイ

フトモモ科

別名 レプトスペルナム

環境：日なた
広がり：広がる
樹高：2〜3m
適地目安

楽しみ方

開花期 11〜6月　花 色赤、桃、白
観賞期 周年

タイプ			生け垣	シンボルツリー
和風	洋風	自然風		
	○	○	○	

注意：とくなし。

乾いたような質感が楽しめる

オーストラリア原産で、暖かい地域での栽培に適しています。春咲きで樹高が高くならないタイプと、秋咲きで高く育つタイプがあります。多くは春咲きが出回ります。花が咲き終わったら、3分の1ほど切り詰めます。

花●花びらはやや乾いた感じ。
葉●葉は細い。 
樹形●根元からたくさん枝が出る。

メラリュウカ

別名ティーツリー

フトモモ科

環境：日なた／半日陰
広がり：広がる
樹高：1〜3m
適地目安

楽しみ方
観賞期：周年

注意：'レモンティーツリー'以外はハーブティーとして利用しない。

タイプ			生け垣	シンボルツリー
和風	洋風	自然風		
	○	○		

ふんわりとした樹形が楽しめる

枝がしなやかで、ふんわりとした雰囲気になります。緑色の葉のものと、赤色の葉のものがあります。緑色の葉のものも、茎が赤紫色になり、微妙な色合いが庭をおしゃれにしてくれます。

水はけと風通しのよい場所に植えつけます。夏の高温多湿と、土の乾燥に注意します。夏の直射日光は避けましょう。寒い地域では、冬は鉢に植え替えます。

葉●細く、小さい。

樹形●繊細な姿で、涼しげ。

品種●赤葉種。

樹形●まっすぐに育つが、小枝が広がる。

常緑樹／低木

ギンバイカ

別名 ミルタス、マートル

フトモモ科

環境 日なた
広がり 広がる
樹高 2～3m
適地目安

清楚な白色の花は長い雄しべが印象的

光沢がある小型の葉は、厚みがあって堅く、ダイヤ形です。左右対称に枝に並び、美しい姿になります。

春に咲く花は、白色です。長い雄しべが特徴的で、愛らしい印象があります。

暖かい気候を好むので、冬に日だまりとなる、水はけのよい場所に植えつけます。

とくに手入れをしなくても形よく育ち、環境が適せば病害虫の心配もありません。

楽しみ方

- 開花期 5～6月　花 色白
- 観賞期 周年
- 結実期 11月　実 色黒

タイプ			生け垣	シンボルツリー
和風	洋風	自然風		
○	○	○	○	

注意 移植は苦手なので、植えつけ場所をよく吟味してから植える。

花● 長い雄しべが印象的な白花。

葉● 美しい葉が左右対称に並ぶ。

樹皮● 赤みが強い茶褐色。

樹形● 全体にすっきりとスマート。

樹形●刈り込んで形を整えることもできる。

フイリギンバイカ

別名フイリマートル

フトモモ科

環境	広がり	樹高
日なた	広がる	2〜3m

適地目安

明るい斑入りの葉と白花で庭を明るく

明るめの緑色が白色で縁取られる葉は、基本種にくらべてやわらかく、全体的に優しい印象があります。

花は、雄しべが長く、先端の黄色がよく映えます。

暖かい気候を好むので、関東以南の地域での栽培に適しています。冬に、北風が当たらない場所に植えれば、よく育ちます。刈り込みにも強いので、好みの形に仕立てることができます。

楽しみ方

開花期 5月 花 色 白	観賞期 周年	結実期 11月 実 色 黒

タイプ			生け垣	シンボルツリー
和風	洋風	自然風		
○	○	○	○	

注意●移植は苦手なので、植えつけ場所をよく吟味してから植える。

常緑樹／低木

実●灰がかる黒色。

葉●明るい緑色で、白色に縁取られる。

花●長い雄しべと先端の黄色が印象的。

157

樹形●自由に枝を伸ばして、広がって育つ。

ブッドレア

別名 バタフライブッシュ、フサフジウツギ　ゴマノハグサ科

環境	広がり		適地目安
日なた	広がる	樹高 1〜3m	

チョウが集まる花 とても丈夫

茎の先端に、花穂（かすい）をつけ、風になびく姿が風情があります。花は香りがよく、小花が集まって咲くので、チョウが好んで集まります。初夏から秋まで長期間花が楽しめ、園芸品種も豊富にあります。

日当たりと風通しのよい場所を好みます。養分が豊富な水はけのよい場所を選んで植えれば、よく育ちます。開花期が終わったらすぐに切り戻して形を整えます。

楽しみ方

開花期 5〜11月
花色 赤、桃、白、黄、赤紫、薄紫
観賞期 周年

タイプ			生け垣	シンボルツリー
和風	洋風	自然風		
○	○	○		

注意 成長が早いので、毎年切り戻す。夏に乾燥させないようにする。

品種●ピンクパール

花●茎の先端に穂状に咲く。

樹形●根元から多数の枝が出て、草むら状に茂る。

サザンクロス

別名 クロウエア・エクサラタ

ミカン科

環境	広がり	樹高	適地目安
日なた	広がる	2〜3m	

名前によく合う星形の花で愛される

細い枝が根元から多数上に向かって伸び、細長く、小さな葉が枝を取り囲み、繊細な印象です。葉のつけ根に、紫色で、星形をした花を咲かせます。

春に枝の先端を摘み取ると、枝数がふえて、より多くの花が咲きます。

暖かい気候を好みます。北風が当たるような場所を避けて植えつけます。夏の高温多湿にも注意しましょう。

楽しみ方

開花期 4〜10月
花 色 桃、白、薄紫
観賞期 周年

タイプ			生け垣	シンボルツリー
和風	洋風	自然風		
	○	○		

注意 寒い地域では冬は室内や温室に。

常緑樹／低木

花●星形の花が咲く。

葉●細い葉。光沢がある濃い緑色。もむとミカンの香りがする。

樹形●根元近くから枝分かれして育つ。全体にかっちりとした堅い印象。品種は'ルベア'。

ミヤマシキミ

別名 －　　　ミカン科

環境	広がり	樹高	適地目安
日なた／半日陰	広がらない	0.5～1.5m	

日陰がちな場所でも花と実が楽しめる

もともと、暖かい地域の山野で樹木の下に自生している常緑低木です。日陰がちな場所でも育てられるので、庭木として用いられ、多くの園芸品種が作られています。

葉は革質で光沢があります。枝先に集まることが特徴です。

花は表面が紅色で、開くと白色です。実はフラワーアレンジメントの素材としてもよく用いられます。

楽しみ方

- 開花期 3～6月　花 色 桃、白
- 観賞期 周年
- 結実期 10～11月　実 色 赤

タイプ			生け垣	シンボルツリー
和風	洋風	自然風		
○	○	○		

注意 有毒　実には毒がある。

葉●革質で光沢がある。

花●つぼみは紅色がかる。

環境	広がり		適地目安	# ウンシュウミカン	
日なた	広がる	樹高 2〜3m	15℃	別名 −	ミカン科

甘酸っぱい果実と食べやすさで人気

日本で「ミカン」といえば、まずこのウンシュウミカンです。暖かい気候を好み、関東南部以南の地域での栽培に向いています。

葉は光沢があり、水分が少なめです。

日当たりと風通しがよい場所を選んで植えつけます。品種には、実がなるまでの期間が早いものと遅いものがあります。1果をよい実にするには、成長に合わせて摘果します。

楽しみ方

開花期 5〜6月 花 色白	観賞期 周年	結実期 10〜12月 実 色黄

タイプ			生け垣	シンボルツリー
和風	洋風	自然風		
○	○	○		

注意 とくになし。

常緑樹／低木

実● 冬に甘く熟す。

実● 成長に合わせて摘果するとよい。

樹形● こんもりとした形に茂る

苗● 病気のないものを選ぶ。

葉● 光沢がある、薄い葉。

環境	広がり		適地目安	# キンカン	
日なた	広がる	樹高 1〜1.5m		別名 −	ミカン科

柑橘類の中で小型 狭めの庭に向く

楽しみ方		
開花期 5〜11月 花 色白	観賞期 周年	結実期 9〜3月 実 色黄

タイプ			生け垣	シンボルツリー
和風	洋風	自然風		
○	○	○		

注意 とくになし。

柑橘類のなかでは、もっとも小型で、比較的寒さにも耐えます。株も大きくならないので、狭めの庭でも育てやすいです。年に3回開花結実するので、ほぼ1年中観賞できます。数が多くつくので、よい実を残して摘果するとよいでしょう。

枝が込み合うと、株の内部の日当たりと風通しが悪くなるので、込み合う部分ははさみで剪定します。

花●花と実が同時に楽しめることも。

樹形●上に向かって育ち、よく枝分かれする。

葉と実●枝先に多くつく。開花の早いものが大きく育つので、大きさが不揃いになりやすい。人工授粉しなくても、よく実る。

オオミキンカン

別名 －　　ミカン科

環境 日なた　**広がり** 広がる　**樹高** 1～1.5m　**適地目安**

楽しみ方
- 開花期 7月　花　色 白
- 観賞期 周年
- 結実期 11月　実　色 黄橙

タイプ			生け垣	シンボルツリー
和風	洋風	自然風		
	○	○		

注意 とくになし。

家庭での栽培向きの手頃な大きさ

樹高が1m程度で、家庭での栽培に適しています。実は、自家受粉で実るので、1本あれば実を楽しむことができます。比較的寒さにも強いですが、あまり寒いと葉を落とすことがあります。

樹形●幹はまっすぐに育つ。実の重みで枝がしなう。

葉●黄みがかる緑色。

実●基本種のキンカンの2倍の大きさ。品種は'プチマル'。

デコポン

別名 －　　ミカン科

環境 日なた　**広がり** 広がる　**樹高** 2～3m　**適地目安**

楽しみ方
- 開花期 5月　花　色 白
- 観賞期 周年
- 結実期 1月　実　色 橙

タイプ			生け垣	シンボルツリー
和風	洋風	自然風		
○	○	○		

注意 とくになし。

頭がポコッととび出る形がユニーク

暖かい地域で栽培される柑橘類です。関東南部より暖かい地域での栽培に適しています。

たくさん実をならせると樹に負担がかかるので、9月頃、摘果して調整します。とくに若木のうちは少なくします。

実●頭頂部が出っ張った特有の形。

樹形●葉と実が大きい。

常緑樹／低木

シマダイダイ
別名チキュウカン　　　　ミカン科

環境	広がり	樹高	適地目安
日なた	広がる	2〜3m	

楽しみ方
- 開花期 7月　花 色白
- 観賞期 周年
- 結実期 11〜1月　実 色黄

タイプ			生け垣	シンボルツリー
和風	洋風	自然風		
○	○	○		

注意 とくになし。

縦に縞(しま)が入る模様が楽しい

実が熟すと、黄色地に緑色の縦縞が入るユニークな柑橘類です。模様の入り方が地球に見立てられ「チキュウカン」の別名があります。葉も斑入(ふ)りで、年間を通じて楽しむことができます。できるだけ日当たりよく育てます。

実●縞が特徴。

葉●黄色に縁取られる。

樹形●幹はまっすぐに、よく枝分かれしてやや横に広がる形に育つ。

ブッシュカン
別名 ―　　　　ミカン科

指のような形の果実

一度見たら忘れられないインパクトを持った柑橘類です。実は少なく、皮を砂糖漬けなどにします。関東南部以南の地域での栽培に適しています。

楽しみ方
- 開花期 3〜5月　花 色白
- 観賞期 周年
- 結実期 9〜12月　実 色黄

環境 日なた

タイプ			生け垣	シンボルツリー
和風	洋風	自然風		
○	○	○		

樹高 2m　適地目安

チョイシア・テルナータ
別名 ―　　　　ミカン科

明るい黄緑色の葉が鮮やか

晩秋から初夏まで、明るい黄緑色の葉が鮮やかに楽しめます。関東南部以南に適しています。

楽しみ方
- 開花期 5月　花 色白
- 観賞期 10〜6月

環境 日なた　半日陰

タイプ			生け垣	シンボルツリー
和風	洋風	自然風		
	○	○		○

樹高 1m　適地目安

ナガミキンカン

別名 － ／ ミカン科

環境 日なた　**広がり** 広がる　**樹高** 2m

楽しみ方
- 開花期 5～7月　花 色白
- 観賞期 周年
- 結実期 11～3月　実 色黄

| タイプ | | | 生け垣 | シンボルツリー |
和風	洋風	自然風		
○	○	○		

注意 とくになし。

キンカンの仲間で卵の形になる

卵のような形をしています。柑橘類の仲間としては、実の表面がなめらかになるのが特徴です。

暑さには強いですが、寒さはやや苦手です。寒い地域では、冬は掘り上げて鉢に植え、温室などで管理します。

実●卵形。表面は比較的なめらか。

樹形●枝が横に張る。

シシユズ

別名 － ／ ミカン科

環境 日なた　**広がり** 広がる　**樹高** 2～3m

楽しみ方
- 開花期 5～7月　花 色白
- 観賞期 周年
- 結実期 11月　実 色黄

| タイプ | | | 生け垣 | シンボルツリー |
和風	洋風	自然風		
○	○	○		○

注意 とくになし。

表面がでこぼことした大きな実がなる

実は、直径20cm、重さが1kgと、とても大きく育ちます。表面は、ギュッと縮めたようなでこぼこがあります。実がなると存在感がぐっと増します。

込み合う部分は整理して、風通しをよくします。

実●直径20cmにもなる。

葉●大きめ。

樹形●せん定してコンパクトにする。

常緑樹／低木

165

ライム

環境：日なた　広がり：広がる　樹高：2〜3m　適地目安

別名 － 　　　ミカン科

楽しみ方
- 開花期 5〜10月　花 色白
- 観賞期 周年
- 結実期 11〜3月　実 色黄緑

タイプ			生け垣	シンボルツリー
和風	洋風	自然風		
○	○	○		

注意　寒さに注意。

夏以降にできる実は摘み取る

温暖な気候を好みます。関東南部よりも暖かい地域での栽培に適しています。春から秋まで花を咲かせますが、実は、1株に5〜6個におさえて株を弱らせないようにするため、秋以降のものは摘み取ります。

樹形●成木になると、こんもりと茂る。

実●ややだ円形。さわやかな黄緑色。

レモン

別名 －　　　ミカン科

白色と紫色の2色の花が咲く

1果の重さは約130gです。花は、白色と薄い紫色の2色が咲き、年3回開花します。関東南部以南の暖かい地域での栽培に適しています。

楽しみ方
- 開花期 5〜10月　花 色白、紫
- 観賞期 周年
- 結実期 11〜3月　実 色黄

環境：日なた　適地目安　樹高 2〜3m

タイプ			生け垣	シンボルツリー
和風	洋風	自然風		
○	○	○		

カボス

別名 －　　　ミカン科

大分県特産の香りのよい果実

実は約150gです。芳醇な香りで酸味が強い柑橘類です。黄色に熟す前に収穫したものを使います。

楽しみ方
- 開花期 5月　花 色白
- 観賞期 周年
- 結実期 9月　実 色黄

環境：日なた　適地目安　樹高 2〜4m

タイプ			生け垣	シンボルツリー
和風	洋風	自然風		
○	○	○		

イヌツゲ・キフジン

環境	広がり	樹高
日なた	広がらない	0.5m

適地目安

別名－　　　モチノキ科

楽しみ方
- 開花期 5月　花 色白
- 観賞期 周年
- 結実期 10月　実 色黒紫

タイプ			生け垣	シンボルツリー
和風	洋風	自然風		
○	○			

注意 とくになし。

刈り込んで好みの形に仕立てる

緑色よりも黄色の斑の部分が多く、黄金色に輝いて見えます。樹高50㎝とごく小型です。刈り込みに強く、小枝を多く出して密に茂るので、好みの形に刈り込んで楽しむことができます。

樹形●こんもりと低く育つ。

葉●新芽は黄色の斑が明るい。

イヌツゲ・ゴールデンジェム

環境	広がり	樹高
日なた	広がらない	1m

適地目安

別名－　　　モチノキ科

楽しみ方
- 開花期 5〜6月　花 色白
- 観賞期 周年
- 結実期 10月　実 色黒紫

タイプ			生け垣	シンボルツリー
和風	洋風	自然風		
	○	○		

注意 とくになし。

新葉は黄金色に輝く小型の品種

新葉は、全体が黄色になるので、黄金色に輝き、庭のアクセントとなります。こまめに刈り込んで形を整え、小枝を密に茂らせます。イヌツゲは「ツゲ」の名がありますが、ツゲ科ではなく、モチノキの仲間です。

常緑樹／低木

樹形●刈り込むと、枝が密に茂る。

葉●長さは1〜3cm。

環境	広がり		適地目安	# ナンテン	
半日陰	広がらない	樹高 1〜2m		別名 −	メギ科

楽しみ方

- 開花期 6月 花 色白
- 観賞期 周年
- 結実期 11〜12月 実 色赤

タイプ				シンボルツリー
和風	洋風	自然風	生け垣	
○	○	○	○	

注意 とくになし。

難を転ず縁起木として古くから親しまれる

根元からたくさんの枝が発生して、それぞれ直立した姿に育ちます。

冬に色づく赤色の実を主に観賞しますが、初夏に咲く花も白色に紅がかかり、黄色が加わって愛らしい姿です。

日陰の場所でも育ちますが、実を楽しむには、半日程度の日照があったほうがよいでしょう。苗木のうちは放任して育て、込み合うようになったら枝を抜くようにせん定します。

花● 小花が円すい形に咲く。

葉● 美しく、料理の飾りにされる。

実● 鮮やかに色づく。

樹形● 根元から多く枝が発生し、それぞれ直立する。

オタフクナンテン

別名オカメナンテン　　メギ科

環境：日なた／半日陰
広がり：広がる
樹高：0.3〜0.5m

楽しみ方
観賞期　周年

注意　とくになし。

タイプ			生け垣	シンボルツリー
和風	洋風	自然風		
○	○	○		

とくに冬の期間に赤色に染まる葉が美しい

葉を観賞するタイプのナンテンです。春から秋までは緑葉と新葉の赤色の2色の葉が、冬になると、寒さで全体が紅葉し、赤色の葉が美しく庭を彩ります。

日陰の場所でも育ちますが、美しい紅葉を楽しむには、半日程度の日照が必要です。

葉●丸みがある幅広。

樹形●こんもりと小さくまとまる。

ナンテン・白実

別名—　　メギ科

環境：半日陰
広がり：広がらない
樹高：1〜1.5m

楽しみ方
開花期6月　花　色白
観賞期　周年
結実期11〜12月　実　色黄緑

タイプ			生け垣	シンボルツリー
和風	洋風	自然風		
○	○	○		

注意　とくになし。

日陰がちな場所を彩る明るい黄緑色の葉と実

株全体が、明るい黄緑色です。日陰がちな場所でも育つので、庭の暗くなりがちな場所を、パッと明るくするのに重宝します。実の色は、白色というよりも黄緑色ですが、赤実にはない風情を楽しむことができます。

実●明るい黄緑色。

葉●端正な形。

樹形●よく茂る。

常緑樹／低木

マホニア・コンフューサ

別名ナリヒラヒイラギナンテン、ヤナギバヒイラギナンテン　メギ科

環境：半日陰
広がり：広がる
樹高　1〜1.5m
適地目安

細い葉がエレガントな小型ヒイラギナンテン

ヤシの葉のような形で、すっと伸びる細葉です。ヒイラギナンテンの仲間としては、スマートでエレガントな雰囲気を持つため、人気があります。

冬には、黄色い小花が穂状（じょう）になって咲きます。

和風、洋風、アジア風といろいろなタイプの庭で楽しむことができます。

楽しみ方
- 開花期 11〜12月　花 色黄
- 観賞期 周年
- 結実期 4〜5月　実 色青紫

タイプ			生け垣	シンボルツリー
和風	洋風	自然風		
○	○	○		○

注意　とくになし。

花●黄色い小花が穂状に咲く。

葉●繊細な印象の細い葉。葉の縁にとげがない。

実●だ円形。

樹形●細い葉を広げる。

樹形●株に対して、花穂が大きい。葉は横に広がる。

マホニア・メディア'チャリティ'

メギ科

別名―

環境	広がり	樹高	適地目安
日なた／半日陰	広がる	2～3m	

楽しみ方

- 開花期 12～1月
- 花色 黄
- 観賞期 周年
- 結実期 4～5月
- 実色 濃青

タイプ			生け垣	シンボルツリー
和風	洋風	自然風		
	○	○		○

注意 葉のトゲに注意する。

常緑樹／低木

長く豪華な花穂が冬を明るく彩る

大型で、冬に咲く花は、花穂が長く、存在感があります。どのようなタイプの庭にも似合います。

やや湿り気がある場所が適しています。樹は大きくならないうちにせん定して枝を出させると、樹形がよくなります。開花期が終わったらすぐに切ります。

花●花穂は長さ30cmに達するものもある。明るい黄色で、花が少なくなる冬に、豪華に咲く。

葉●葉の縁に鋭いトゲがある。

クフェア

別名メキシコハコヤナギ

ミソハギ科

濃い桃色の5弁花が枝に多数咲く

グラウンドカバーにも向く、極小型の常緑樹です。枝は、斜め上に、低く育ちます。枝の節々に、かわいい5弁の花を咲かせます。

とても丈夫で育てやすく、管理は簡単ですが、寒さにはやや弱いので、寒い地域では、冬は室内か温室へ。

挿し木で簡単にふやすこともできます。7月下旬ころに、根元近くまで切り戻すと、形よく整います。

樹形●斜め上に低く枝を伸ばす。

環境	環境	広がり	樹高	適地目安
日なた	半日陰	広がる	0.3m	

楽しみ方

- 開花期 5〜8月
- 花色 濃桃、桃、白
- 観賞期 周年

タイプ			生け垣	シンボルツリー
和風	洋風	自然風		
	○	○		

注意 とくになし。

品種●ベニチョウジ

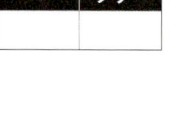

葉●'タイニーマイズ'

葉●小さい。

花●かわいい5弁の花。

シルバープリペット

別名 ー　　　　　　　　　　モクセイ科

環境 日なた
広がり 広がる
樹高 2m
適地目安

1年中美しい葉で人気のカラーリーフ

葉は、白色に縁取られ、株全体が遠目にも白く美しく映えることから、おしゃれに庭を演出する素材として好まれています。庭のタイプを問わず、どの庭にも似合うのも魅力です。

また、よく芽吹くので、美しい葉を1年中保ちます。刈り込みにも強いので、生け垣としても利用できます。

自然樹形にするには、込み合う枝を元から切ります。

楽しみ方

- 開花期 5～6月
- 花 色 白
- 観賞期 周年

タイプ			生け垣	シンボルツリー
和風	洋風	自然風		
○	○	○	○	

注意 とくになし。

葉●灰緑色に白色の覆輪。

葉●よく芽吹く。

樹形●丸い形に仕立てても楽しい。

樹形●自然樹形にすると、枝が伸びやかに育つ。

樹形●刈り込みに強いので、生け垣にも向く。

常緑樹／低木

環境	広がり	
日なた	広がる	樹高 2〜3m

適地目安

クロソヨゴ

別名ウシカバ

モチノキ科

ソヨゴの仲間でコンパクトなタイプ

ソヨゴの仲間で、樹皮が黒色がかることから「クロソヨゴ」と呼ばれます。ソヨゴに比べてコンパクトで、成長も緩やかです。

秋には、赤色に色づく実がぶら下がってなります。夏の西日を避けられる場所に植えつけます。北海道など寒い地域の栽培には向きませんが、それ以外の地域では広く植えることができます。

楽しみ方

開花期 7月 花 色白	観賞期 周年	結実期 10〜11月 実 色赤

タイプ			生け垣	シンボルツリー
和風	洋風	自然風		
○	○	○		

注意 とくになし。

実●茎が長く、赤い実が下がる。

葉●上半分にギザギザがある。

樹皮●黒色がかる灰褐色。

樹形●根元から多数の枝が発生する。

174

チャイニーズホーリー

別名 クリスマスホーリー、ヒイラギモチ　　モチノキ科

環境：日なた／半日陰
広がり：広がらない
樹高：1〜3m
適地目安

常緑樹／低木

赤色の実が冬の庭の主役

「クリスマスホーリー」の名前で出回りますが、アジア地域原産です。

濃い緑色の葉は、かなり厚くて堅く、縁にはトゲがあります。葉の形は六角形なので、やや亀の甲羅の形に似ています。

実は冬に赤色に色づき、濃い緑色と赤色のコントラストが鮮やかです。

とくに手間をかけずに楽しむことができます。

楽しみ方

- 開花期 4月　花　色白
- 観賞期 周年
- 結実期 12〜1月　実　色赤

タイプ			生け垣	シンボルツリー
和風	洋風	自然風		
○	○	○	○	

注意 葉のトゲに注意。

実● 赤色の実がなる。

葉● 亀の甲羅のような形にやや似る。切れ込まない葉もある。

実● 若い実。冬には赤色に色づく。

樹形● 枝はまっすぐに育ち、全体に堅い印象。

チャイニーズホーリー 'オースプリング'

別名 ―　　　　　　　　　　　　　　モチノキ科

鋭くとがる斑入りの葉 斑が大きく明るい

チャイニーズホーリーの斑入り種です。斑は、明るい黄色で、斑の部分が大きく、明るい印象です。この斑は、冬に淡い赤色になります。葉は少し裏側に巻き込んだ形です。

単体で植えるほか、生け垣に仕立てることもできます。半日陰でも育ちますが、実を楽しむには、日当たりよくします。

雌雄異株なので、実を楽しむには、雌株を植えます。

樹形● 刈り込むことで、よく枝分かれして育つ。自然樹形ではだ円形に育つ。

- 環境：日なた／半日陰
- 広がり：広がる
- 樹高：1～3m
- 適地目安

楽しみ方
- 開花期 3～5月　花色 薄黄
- 観賞期 周年
- 結実期 12～1月　実色 赤

タイプ

和風	洋風	自然風	生け垣	シンボルツリー
	○	○		○

注意 とくになし。

実● 赤色で大きな実がなる。

葉● 明るい斑が特徴。

イレックス'サニーフォスタ'

環境	広がり		適地目安	
日なた / 半日陰	広がらない	樹高 1〜3m		別名 − モチノキ科

楽しみ方
- 開花期 4月　花 色白
- 観賞期 周年
- 結実期 12〜1月　実 色赤

タイプ			生け垣	シンボルツリー
和風	洋風	自然風		
	○	○		○

注意 葉のトゲに注意。

新葉は明るい黄色で緑葉との対照がきれい

新葉が輝くような黄色になります。葉の形はだ円形で、縁は大きく鋭いギザギザがあり、先端は針のように鋭くとがります。
冬には、新葉の黄色、葉の緑、実の赤と3色が楽しめます。雌雄異株です。

樹形●幹はまっすぐに育ち、だ円形になる。

実●赤色。

葉●新葉は輝く黄色。

セイヨウヒイラギ

別名 クリスマスホーリー　モチノキ科

春先に株を覆うように花が咲く

西洋ではこれが「クリスマスホーリー」。イレックス・アキフォリィウム。東洋のヒイラギに比べて、葉が細長い。

楽しみ方
- 開花期 4月　花 色白
- 観賞期 周年
- 結実期 12〜1月　実 色赤

タイプ			生け垣	シンボルツリー
和風	洋風	自然風		
○	○	○		○

環境 日なた　適地目安 樹高 1〜3m

イレックス'ブルーエンジェル'

別名 −　モチノキ科

濃い緑色の葉のブルーホーリー種

斑が入らないブルーホーリーの代表的な品種です。美しい葉の色と、赤い実とのコントラストが鮮やか。

楽しみ方
- 開花期 4月　花 色白
- 観賞期 周年
- 結実期 12〜1月　実 色赤

タイプ			生け垣	シンボルツリー
和風	洋風	自然風		
○	○	○		○

環境 日なた　適地目安 樹高 1〜3m

常緑樹／低木

環境	広がり		適地目安	
半日陰	広がらない	樹高 0.5～0.8m		

センリョウ

別名 −

センリョウ科

明るい日陰に適した小型の樹木

楽しみ方

開花期 5～7月 花 色白	観賞期 周年	結実期 12～2月 実 色赤、黄

タイプ			生け垣	シンボルツリー
和風	洋風	自然風		
○				

注意 とくになし。

大きな樹木の根元に植えて楽しむのに適した樹木です。センリョウは、花や実が茎の頂上につきます。赤色の実をつける基本種のほか、黄色い実がなる品種もあります。

夏に乾燥しにくい場所を選び、腐葉土（ふようど）などをよく混ぜ込んでから植えつけます。

とくにせん定する必要はありませんが、込み合ったら、花が咲いていない細い枝をつけ根から切ります。

樹形● 小さくまとまる。

葉● 先端がすっと細くなる。

実● 赤色と黄色がある。

マンリョウ

別名 −　　サクラソウ科

環境：半日陰　広がり：広がらない　樹高 0.5〜0.8m

楽しみ方

開花期 7月 花 色白	観賞期 周年	結実期 12〜2月 実 色赤

タイプ			生け垣	シンボルツリー
和風	洋風	自然風		
○	○			

注意 とくになし。

葉の下につり下がるように実がなる

冬に赤色に色づく実が縁起物とされます。センリョウは上向きに実がなりますが、マンリョウは葉の下につり下がって実がなります。

基本的には、せん定の必要がありません。放任すると姿が乱れて来るので、梅雨の時期に幹を切り、新しく枝を出させます。

夏の強い日差しに当たると葉が焼けます。また、日陰では花付きが悪くなります。

花●赤色の実が葉の下になる。

葉●赤と緑のコントラストが鮮やか。

樹形●自然の形を楽しむ。

常緑樹／低木

ヤブコウジ

別名ジュウリョウ　　サクラソウ科

日陰がちな場所でもよく育つ

日陰がちな場所のグラウンドカバーに向きます。輪生する葉に赤色の実が鮮やかです。

楽しみ方					環境
開花期7月 花　色白	観賞期 周年	結実期12〜2月 実　色赤			半日陰

タイプ			生け垣	シンボル ツリー	適地目安
和風	洋風	自然風			
○	○	○		○	

樹高　0.2m

マンリョウ・白実

別名―　　サクラソウ科

黄色がかる白実がなる

マンリョウの白実種です。基本種と同様に楽しむことができます。

楽しみ方					環境
開花期7月 花　色白	観賞期 周年	結実期12〜2月 実　色白			半日陰

タイプ			生け垣	シンボル ツリー	適地目安
和風	洋風	自然風			
○	○	○			

樹高　0.5m

環境　半日陰　　広がり　広がらない　　樹高　0.5m　　適地目安

カラタチバナ

別名ヒャクリョウ　　サクラソウ科

楽しみ方		
開花期5〜6月 花　色白	観賞期 周年	結実期9〜12月 実　色赤

タイプ			生け垣	シンボル ツリー
和風	洋風	自然風		
○	○	○		○

注意 とくになし。

実がなる形がユニーク　実の数は少なめ

花の形が、タチバナに似ることから、カラタチバナの名で呼ばれます。マンリョウと同じように、縁起木とされます。葉は長く、全体のバランスに対して大きめです。実の茎が長いですが、垂れ下がる形にはなりません。

実●まばらな感じに実る。

葉●厚みがあり濃い緑色。

樹形●葉が長い。

ドラセナ

別名－

キジカクシ科

環境：日なた
広がり：広がらない
樹高：1〜3m
適地目安

楽しみ方
観賞期 周年

注意 とくになし。

タイプ			生け垣	シンボルツリー
和風	洋風	自然風		
	○	○		○

個性的なフォルムを楽しむ

観葉植物としてよく知られています。非常に種類が豊富で、耐寒性の強いものは、庭木として楽しむことができます。

ほかにはない個性的な姿で、庭のアクセントになります。アジアや地中海をイメージした庭などにぴったりです。樹形や葉の美しさを活かすようにします。

日当たりと水はけがよい場所に植えつけます。

樹形● 1本立ちが多いが、2〜3本立ちに仕立ててもおもしろい。

葉● 微妙な模様がきれい。

常緑樹／低木

樹形●刈り込んでも、自然樹形のままでも、庭のタイプに合わせて仕立てられる。

アベリア'フランシスメイソン'

別名 ハナゾノツクバネウツギ　　スイカズラ科

環境 日なた／半日陰
広がり 広がる
樹高 1〜1.5m
適地目安

アベリアの基本種 丈夫で育てやすい

たくさんの園芸品種があるアベリアの基本種となる青葉の種類。いろいろな環境に適して、よく育ちます。花は釣り鐘形で先端が開きます。長期間よく咲きます。

枝は自由に枝を伸ばします。生け垣にする場合は、刈り込んで整った形に、自然風の庭で楽しむには、伸びやかに育つ枝を活かして、込み合う部分の枝をつけ根から切って整理します。

楽しみ方

開花期 5〜9月
花色 桃、白
観賞期 周年

タイプ				シンボルツリー
和風	洋風	自然風	生け垣	
○	○	○	○	

注意 とくになし。

樹形●刈り込まないと、奔放に枝を伸ばして、暴れた形になる。

花●先端が5つに開く釣り鐘形。

アベリア 'ホープレイズ'

環境 日なた／半日陰
広がり 広がる
樹高 1m
適地目安
別名 ―　　スイカズラ科

明るい黄斑で葉が縁取られる

アベリアの斑入りの品種です。斑の色は、明るい黄色で、緑色も明るめなので、全体的に軽やかな印象です。シルエットが美しく決まる品種で、洋風や自然風の庭などに適しています。

楽しみ方
- 開花期 5〜9月
- 花色 桃、白
- 観賞期 周年

タイプ			生け垣	シンボルツリー
和風	洋風	自然風		
○	○	○	○	

注意 とくになし。

花●白花。桃花もある。

樹形●高めの花壇から枝を垂らすとよい。

アベリア・コンフェッティ

別名 ―　　スイカズラ科

ほんのりと紅がかる覆輪種（ふくりんしゅ）

明るい緑色に、白色で縁取られる覆輪種です。新芽や枝が赤色がかり、趣があります。花は薄い桃色です。

楽しみ方
- 開花期 5〜9月
- 花色 桃
- 観賞期 周年

環境 日なた／半日陰
適地目安

タイプ			生け垣	シンボルツリー
和風	洋風	自然風		
○	○	○	○	

樹高 1m

アベリア 'エドワードゴーチャー'

別名 ―　　スイカズラ科

全体が紅に染まる赤花種

樹高を低く保つので、グラウンドカバーや数本まとめて植えるのに適しています。全体がほんのりと紅色に染まります。

楽しみ方
- 開花期 5〜9月
- 花色 紅
- 観賞期 周年

環境 日なた／半日陰
適地目安

タイプ			生け垣	シンボルツリー
和風	洋風	自然風		
○	○	○	○	

樹高 0.8m

常緑樹／低木

樹形●低く、広がるように育つ。

環境	広がり		適地目安	ビバーナム　'ダビディ'	
日なた	広がる	樹高 0.5m		別名 ー	レンプクソウ科

存在感のある濃い緑色の葉が低く育つ

だ円形で、縦にはっきりとした葉脈が3本入る葉は、その個性的な存在感で、目をひきます。茎は赤みがかります。低く育つので、大きな樹木の根元や植栽スペースへの植え込みに適しています。花は白花で、小花が集まります。秋には、濃い青色の実がなります。

個性的で存在感がありながら、どんなタイプの庭にも似合います。

楽しみ方

- 開花期 5月　花 色白
- 観賞期 周年
- 結実期 10月　実 色濃青

タイプ			生け垣	シンボルツリー
和風	洋風	自然風		
○	○	○		

注意 とくになし。

葉●葉の茎が赤色に色づく。

葉●くっきりと入る葉脈が特徴。

環境	広がり		適地目安	ビバーナム'ティヌス'
日なた	広がる	樹高 2m	別名 ―	レンプクソウ科

つぼみが桃色でこんもり茂る

こんもりとした姿に、やや大きめに育ちます。

葉は白色がかり、茎の赤色とのコントラストがはっきりとしています。

5月に咲く花は白色ですが、つぼみが桃色です。小花が集まって、手まり状に咲きます。

秋には球形の実がなります。金属的な光沢がある濃い青色です。

楽しみ方

開花期 5月	観賞期 周年	結実期 10月
花 色 白		実 色 濃青

タイプ			生け垣	シンボルツリー
和風	洋風	自然風		
○	○	○		

注意 とくになし。

花●小花が集まる。つぼみはほんのり桃色。

樹形●よく茂る。葉と葉の茎とのコントラストも鮮やか。

樹形●こんもりとした姿に育つ。

実●濃い青色。

葉●白色がかり、独特な葉色。

常緑樹／低木

樹形●グラウンドカバーに向く。

環境	広がり		適地目安
日なた	広がる	樹高 0.5m	

ロータス・ブリムストーン
別名 －　　　マメ科

楽しみ方

開花期 5〜8月
花　色 白、薄黄
観賞期 周年

タイプ			生け垣	シンボルツリー
和風	洋風	自然風		
	○	○		

注意 とくになし

グラウンドカバーに人気上昇中

青みがかる銀色の葉で、新芽が薄い黄色になる姿が好まれます。花壇の縁取りや、アプローチに植えると、おしゃれな雰囲気で楽しむことができます。ハーブのタイムに似た面持ちです。

初夏には花も楽しめます。暑さ、寒さにもよく耐えますが、夏の高温多湿の環境が苦手なので、蒸れないように、風通しよくして管理します。冬は乾燥気味にします。

葉●新緑は黄色がかる。

葉●基本は青みがかる銀色。

樹形●こんもりと低く育つ。

落葉樹 中高木

新緑、開花、紅葉……。庭に季節感を添えるのが落葉樹の中高木です。

スモークツリー

別名ハグマノキ　　ウルシ科

環境：日なた　広がり：広がる　樹高：4m

楽しみ方
- 開花期 5〜7月　花 色 赤紫
- 観賞期 5〜10月

タイプ			生け垣	シンボルツリー
和風	洋風	自然風		
	○	○		○

注意　強風で枝が折れやすい。

花●花が咲き終わると花の茎が伸びる。

花と葉●葉はうちわのような形。

樹形●カシワバアジサイと組み合わせて。

スモークツリー　カシワバアジサイ

花が咲き終わった姿が煙のように見える

花が咲き終わって落下した後、花の茎が伸び、それが煙のようにふわふわと見えます。雌雄異株で、煙のように見えるのは雌株の方です。雄株の花は、すぐに散ってしまいます。

'ロイヤルパープル'は、全体が赤紫色になる品種で、庭をシックに彩り、葉だけでも十分に観賞価値があります。生育旺盛で、土質を選ばずに、よく育ちます。

ハゼノキ

別名ハゼ　　ウルシ科

環境：日なた　広がり：広がる　樹高：5m

楽しみ方
- 開花期 5〜6月　花 色 黄緑
- 観賞期 11月
- 結実期 9〜11月　実 色 黄褐色

タイプ			生け垣	シンボルツリー
和風	洋風	自然風		
○	○	○		

注意　樹液でかぶれるので注意。

秋に美しく色づく葉が山野の雰囲気を出す

とくに、秋に真っ赤に染まった葉が好まれます。紅葉は朝夕の寒暖差がある方が、より美しくなります。

できるだけ、自然な樹形を壊さないようにします。葉は、鳥の羽のように小葉が連なる複葉です。

樹形●定まった形にならない。

品種●スモークツリー 'ロイヤルパープル'

花●枝いっぱいに、下向きに咲く。

エゴノキ

エゴノキ科

別名 ―

環境 日なた
広がり 広がる
樹高 5m
適地目安

枝いっぱいに下向きに花を咲かせる

花が下向きに、長い花茎（かけい）の先端にベル状に下がって咲くので、大きく育てても、花を楽しむことができます。

樹形も美しく整い、なめらかな樹皮、秋に大きくなる実も楽しめます。

粘土質や砂質にかたよる場所は避けて植えつけると、自然な美しい樹形を楽しむことができます。落葉期に、形を損なわないように不要な枝はつけ根から切ります。

楽しみ方

開花期	5月	観賞期	5～11月	結実期	10月
花 色	桃、白			実 色	白

タイプ			生け垣	シンボルツリー
和風	洋風	自然風		
	○	○		○

注意 咲き終わった花は、ポトポト落ちるので、やや処理が面倒。

樹形●自然のままで美しい姿になる。品種はアカバナエゴノキ。

実●吊り下がる。

葉●形のよい葉。

カツラ

別名 －　　カツラ科

環境	広がり	
日なた / 半日陰	広がる	樹高 10m

適地目安

ハート形の葉が枝に連なる

日本や中国の山野や谷間に自生する落葉高木です。ハート形の葉は、秋に黄色に色づきます。花は春に咲き、その後果実がなりますが、いずれもあまり観賞価値はないとされます。

開花期が終わった時と落葉期にせん定して、樹高の調整と、張り出す枝を整理しますが、自然樹形になるように、枝を抜くようにせん定します。

楽しみ方

開花期 4月　花色 赤	観賞期 10〜11月
結実期 10〜11月　実色 黒紫	

タイプ			生け垣	シンボルツリー
和風	洋風	自然風		
○	○	○		○

注意　とくになし。

樹形●枝が多く出て、伸びやかに育つ。

葉●ハート形で、枝に連なる。

葉●秋には緑から黄色に色づく。

樹皮●老木の樹皮。

樹皮●茶褐色の点々がある。

落葉樹／中高木

シラカバ'ジャクモンティ'

カバノキ科

別名 －

環境	広がり	樹高
日なた	広がる	5m

適地目安

家庭でも育てやすい丈夫な品種

若木のうちから、樹皮が白くなり、シラカバ独特のよさを楽しむことができる品種です。シラカバは、高原の樹木の象徴で、涼しい気候を好みますが、この品種は、暖かい地域でも育てられる、丈夫な種類です。

この樹木がもつ素朴(そぼく)な雰囲気を壊さないように、自然樹形を保つように手入れします。並べて植えると、さらに雰囲気が出ます。

楽しみ方

- 開花期 4月
- 花 色 紅黄、紅緑
- 樹皮観賞期 周年

タイプ			生け垣	シンボルツリー
和風	洋風	自然風		
	○	○		○

注意 移植は苦手。テッポウムシに注意。

葉●葉は、長いハート形で縁にギザギザがある。

樹皮●若木から樹皮が白い。

樹皮●成木になると、真っ白に。

樹形●根元から多くの枝が出て、それぞれ上に向かって育つ。

環境	広がり	
日なた	広がる	樹高 3m

ギョリュウ

適地目安

別名 －

ギョリュウ科

ごく細い葉がカスミのように見える

細かく発生した枝に、さらに糸のような小枝と細い葉がつきます。葉の色も白みがかるので、遠くから見ると、フワフワとカスミや羽毛のようです。

春には、やはりフワフワとした花を咲かせます。

日当たりと風通しのよい場所で育てます。夏の西日には注意します。株の内部が蒸れて葉が枯れないように、枝を抜き取るようにせん定して整えます。

楽しみ方

🌸 開花期 5〜6月、8〜9月　花色 桃
🍃 観賞期 5〜10月

タイプ			生け垣	シンボルツリー
和風	洋風	自然風		
○	○	○		○

注意 とくになし。

花● 小花が穂になって咲き、それがさらに穂状につく。

葉● 糸のように細い。

樹形● 木にカスミがかかったように見える。

樹形● 枝葉が糸のように細く、フワフワとしている。

落葉樹／中高木

カキノキ

別名カキ　　カキノキ科

環境	広がり	樹高	適地目安
日なた	広がる	5m	

楽しみ方
- 開花期 6〜7月　花 色白
- 観賞期 11月
- 結実期 10〜11月　実 色橙

タイプ			生け垣	シンボルツリー
和風	洋風	自然風		
○		○		○

注意 とくになし。

晩秋の青空に橙色の実が映える

晩秋に熟す果樹で、甘柿と渋柿があります。日当たりのよい場所で、葉によく日を当てて育てます。実を楽しむには、地域の気候に適した品種を選び、人工授粉をします。葉もビタミンCが豊富です。

葉●秋に紅葉する。乾燥させてお茶にする。

実●橙色に熟す。園芸品種は甘柿が多い。

クロモジ

別名 −　　クスノキ科

環境		広がり	樹高	適地目安
日なた	半日陰	広がる	2〜5m	

楽しみ方
- 開花期 3〜4月　花 色薄黄
- 観賞期 11月
- 結実期 9〜10月　実 色黒

タイプ			生け垣	シンボルツリー
和風	洋風	自然風		
○	○	○		

注意 とくになし。

楽しみどころいっぱいの庭木

自然の姿そのままで味わいがある樹木です。春には、開花と芽吹きが同時に楽しめ、秋には黄色に紅葉する姿が美しく、冬にはユニークな形の冬芽が見所です。日陰がちな場所でも育ちます。枝葉からよい香りがします。

葉●形がよい葉は、秋に黄色に色づく。

冬芽●とがっているのが葉芽、球状が花芽。

樹形●自然樹形を活かすとよい。

ダンコウバイ

クスノキ科

別名－

環境	広がり	樹高	適地目安
日なた	広がる	3～5m	

楽しみ方

開花期3～4月 花 色黄	観賞期 5～10月	結実期9～10月 実 色赤～黒紫

タイプ			生け垣	シンボルツリー
和風	洋風	自然風		
○	○	○		○

注意 とくになし。

花●花びらのない花が丸く咲く。

実●色が変化していく。

秋には鮮やかな黄色に色づく

先端が3つに裂けた独特の形の葉がユニークで、秋には鮮やかな黄色に色づきます。花は芳香があり、花びらのない不思議な咲き方をします。秋には、実が白色から赤色、黒紫色になります。

樹形●自然な広がりを生かす。

ナツメ

クロウメモドキ科

別名－

環境	広がり	樹高	適地目安
日なた	広がる	2～5m	

楽しみ方

開花期6～7月 花 色黄	観賞期 5～11月	結実期10月 実 色黄褐色

タイプ			生け垣	シンボルツリー
和風	洋風	自然風		
○	○	○		○

注意 枝にトゲがある。

樹皮●裂け目が多数入る。

実●直径2～3cm。

実はビタミン、ミネラルが豊富

ビタミン、ミネラルが豊富な実が好まれ、鈴なりになる実も愛らしいので、庭木として植えられ、利用されてきました。葉は光沢があって美しく、手間がかからず、全国各地で簡単に栽培できます。

樹形●形よくまとまる。

花●目立たない。

落葉樹／中高木

スズランノキ

別名 オキシデンドルム・アーボレウム

ツツジ科

環境 日なた / **広がり** 広がる / **樹高** 4m

秋に赤紫に色づき、存在感がある

夏に、アセビ（124ページ）の花に似た花が、穂になって咲きます。長さ20cmにもなる大型の葉は、秋には深い赤紫色になり、見事です。縁には細かいギザギザがありますが、あまり目立ちません。北米原産で、寒さに強く、丈夫です。現地では20mになる高木です。

ゼノビア属にも「スズランノキ」があるので混同しないようにしましょう。

楽しみ方

- 開花期 7月
- 花色 白
- 観賞期 10〜11月

タイプ			生け垣	シンボルツリー
和風	洋風	自然風		
	○	○		○

注意 とくになし。

葉●深い赤紫色に色づく。

花●穂は長さ25cmくらい。

花●釣り鐘形で、アセビの花に似る。

樹形●幹はまっすぐに育つ。

ナツハゼ

別名 —

ツツジ科

環境	広がり	樹高
日なた	広がる	3m

適地目安

楽しみ方

- 開花期 5〜6月　花 色 黄褐色
- 観賞期 5〜11月
- 結実期 10月　実 色 黒紫

タイプ			生け垣	シンボルツリー
和風	洋風	自然風		
○	○	○		

注意 とくになし。

風情ある姿が四季を通じて楽しめる

春には花、秋には美しい紅葉と黒紫色に熟す実が楽しめます。実は、ブルーベリーの仲間で、食べることができ、甘酸っぱい味がします。

花は釣り鐘形で、長さ6cmの穂に連なり、多数咲きます。葉は、夏は緑ですが、初夏に新葉が赤色に色づきます。日当たりのよい場所で育てます。自然な樹形を活かすようにします。

樹形●根元近くから枝分かれする。

葉●赤褐色に色づく。

実●食べるとおいしい。

落葉樹／中高木

環境	広がり		適地目安	ネジキ	
日なた	広がる	樹高 2〜5m		別名 −	ツツジ科

幹の裂け目がねじれたように斜めになる

樹皮に入る裂け目が、斜めになり、まるで樹がねじれているように見えることから、「ネジキ」の名があります。

花は、ブルーベリーの花に似て、釣り鐘形で、枝に吊り下がって咲きます。

実は、形こそブルーベリーのようですが、褐色で食用にはなりません。

素朴な雰囲気があり、自然風の庭にぴったりです。

楽しみ方

開花期 5〜7月 花 色 白	観賞期 11月	結実期 10月 実 色 茶褐色

タイプ			生け垣	シンボルツリー
和風	洋風	自然風		
	○	○		○

注意 とくになし。

葉●明るい緑色。

実●茶褐色。上を向く

樹形●根元から多く枝が発生。定まった形にならない。

198

シャラノキ

別名 ナツツバキ、シャラ　　ツバキ科

環境 日なた　**広がり** 広がる　**樹高** 5m　**適地目安**

初夏に清楚な白い花を咲かせる

ツバキに似た形の、乳白色の花が、枝のあちこちで咲きます。清楚で清涼感のある花が、庭を涼しげに演出してくれます。シンボルツリーにも適しています。

本来、冷涼な気候を好むので、コンクリートの照り返しが強い場所では、葉が焼けてしまうことがあります。根元をグラウンドカバー植物で覆って、涼しく、湿度を保ってやります。

楽しみ方

開花期	6月	観賞期	11月	結実期	11月
花 色	白			実 色	茶

タイプ			生け垣	シンボルツリー
和風	洋風	自然風		
○	○	○		○

注意 夏の西日を避ける。

花● ツバキに似た白花。

葉● 赤色に紅葉する。

樹皮● 灰褐色。

実● 熟すと裂ける。

樹形● 根元から数本枝が発生するが、スマートな形にまとまる。

落葉樹／中高木

199

環境	広がり		適地目安	# ヒメシャラ	
日なた	広がる	樹高 5m		別名－	ツバキ科

春先に株を覆うように花が咲く

シャラノキ（前ページ）に比べて、花も葉も小ぶりで、より繊細でやさしい印象です。和風、洋風のどちらの庭にもよく似合います。成長が緩やかで、樹形も自然に整います。

幹は、樹皮がはげて紅色がかる褐色の木肌は観賞価値が高いものです。

暑さがやや苦手なので、夏の西日が当たる場所は避けて植えましょう。

楽しみ方

開花期 6月 花 色 白	観賞期 11月	結実期 11月 実 色 茶

タイプ			生け垣	シンボルツリー
和風	洋風	自然風		
○	○	○		○

注意 夏の西日を避ける。

花●やや小ぶりのツバキに似た白い花。

葉●小ぶりで整った形。

実●熟すと裂ける。

樹皮●幼木はなめらか。樹皮がはげて、光沢のある木肌が美しい。

樹形●自然に美しい樹形にまとまる。

200

マルベリー

別名 クワ、クワノキ　　　　　クワ科

環境：日なた
広がり：広がる
樹高：2～3m
適地目安

楽しみ方
- 開花期 4月　花 色 薄黄緑、白
- 観賞期 5～11月
- 結実期 7～8月　実 色 赤～黒

タイプ			生け垣	シンボルツリー
和風	洋風	自然風		
	○	○		

注意 とくになし。

樹形● 大きく広がる。

実● 小さい粒が多数集まる集合果。

赤色から黒色に熟す　実は食用になる

夏に、小さな球形の実が集合してひとつになった実（集合果）ができます。赤色から黒色に熟し、甘酸っぱい味がします。かつては蚕の食用として各地で栽培されていました。園芸品種も多数あります。葉の形は様々です。

イチジク

別名 －　　　　　クワ科

環境：日なた
広がり：広がる
樹高：2～3m
適地目安

楽しみ方
- 開花期 6～9月　花 色 －
- 観賞期 5～11月
- 結実期 8～10月　実 色 暗紫

タイプ			生け垣	シンボルツリー
和風	洋風	自然風		
○	○	○		

注意 茎や葉を傷つけると乳状の汁が出てくる。害はないが、汚れるので注意。

実● 花が見えないまま熟す。

花と実● 若い実のようなものが花にあたる。

実の内側に花が咲き　そのまま熟す

袋状になった「花のう」の中で花が開花し、そのまま、袋のなかで実が熟します。花が咲かないように見えることから「無花果」の名があります。多く実を楽しむには、枝を広げて、できるだけ日に当てるようにします。

落葉樹／中高木

環境	広がり		適地目安	# シラキ	
日なた	広がる	樹高 3〜6m		別名 −	トウダイグサ科

紅葉する姿が特徴的で人目をひく

樹皮は灰白色をしています。中の材が白いことから「シラキ」と呼ばれています。

秋に、紅葉する姿がとても特徴があります。葉脈にそった部分は紅葉が遅れるので、葉の縁や葉脈の間から赤紫色になります。やがて、葉脈周辺も色が抜けて、赤色と黄色のコントラストが鮮やかです。黄色い雄花（おばな）が穂状（すいじょう）に咲きます。

楽しみ方

開花期 5〜7月 花 色黄	観賞期 11月	結実期 10〜11月 実 色黒

タイプ			生け垣	シンボルツリー
和風	洋風	自然風		
	○	○		○

注意 とくになし。

葉●秋に紅葉する様子が美しい。

樹形●自然な樹形を楽しむとよい。

実●直径7㎜ほど。黒色に熟す。

ナンキンハゼ 'メトロキャンドル'

トウダイグサ科

別名 —

環境 日なた
広がり 広がる
樹高 5〜10m
適地目安

楽しみ方
- 開花期 6〜7月　花 色黄
- 観賞期 11月
- 結実期 10〜11月　実 色茶褐色

タイプ			生け垣	シンボルツリー
和風	洋風	自然風		
	○	○		○

注意 とくになし。

うちわのような幅広の葉は先端がとがる

ナンキンハゼは、真っ赤に染まる紅葉が美しく、庭木としても好まれています。「メトロキャンドル」は、その斑入りの品種で、1枚ごとに異なる斑の入り方に特徴があります。葉の形も特徴があります。

花は、黄色で穂になって咲きます。穂の部分が雄花(おばな)で、穂のつけ根に雌花(めばな)があります。秋には、雌花から熟した実がなり、3つに裂けます。

樹形● 定まった形にならない。

葉● 1枚ごとに斑の入り方が違う。

実● 茶褐色に熟して、3つに裂ける。

落葉樹／中高木

| 樹形 | ●枝を広げる。 |

環境	広がり	樹高	適地目安
日なた 半日陰	広がる	2〜3m	

マユミ

別名 —

ニシキギ科

実が裂けて、タネが顔を出した姿を観賞

実は、晩秋になると淡い赤色に色づきます。さらに熟すと、皮が裂けて、中から橙色のタネが現れ、愛らしい風情になります。雌雄異株なので、実を楽しむには、雌株を植えます。両株あったほうが、実つきはよくなります。

枝が広がりがちなので、狭い庭には不向きですが、ほとんど手をかけずに育てることができます。

楽しみ方

| 開花期5〜6月 花 色黄緑 | 観賞期 11月 | 結実期10〜11月 実 色淡赤 |

タイプ			生け垣	シンボルツリー
和風	洋風	自然風		
○	○	○		

注意 とくになし。

実●熟すと裂ける。

実●若い実。

葉●縁には細かいギザギザがある。

環境	広がり		適地目安	ツリバナ	
日なた 半日陰	広がる	樹高 4m		別名 −	ニシキギ科

吊り下がる花や実が美しく人気

2〜4cmの茎の先に、小さな花を吊り下げます。秋には、赤色の実がなり、熟すと裂けて、中からタネが顔を出します。タネも赤色で、葉も赤色に紅葉するため、秋には木全体が赤色に染まります。

自然な風情に趣があるので、自然樹形を活かします。基本的にはせん定などをしない方がよいですが、庭のスペースに合わせて大きさを調整します。

楽しみ方

開花期 5〜6月 花 色薄紫、薄緑	観賞期 11月	結実期 10月 実 色赤

タイプ			生け垣	シンボルツリー
和風	洋風	自然風		
	○	○		○

注意 とくになし。

樹形●根元から多数枝が出る。自然な雰囲気をそのまま活かしたい。

花●目立たない。

実●赤色になり、熟すと裂ける。円内は、夏の若い実。

葉●葉の縁は細かくギザギザが入る。

葉●赤色になる。

落葉樹／中高木

ネムノキ'サマーチョコレード'

環境	広がり		適地目安	
日なた／半日陰	広がる	樹高 5m		

別名 －　　　マメ科

楽しみ方

開花期 6～8月	観賞期 5～11月
花 色 濃桃	

タイプ			生け垣	シンボルツリー
和風	洋風	自然風		
	○	○		○

注意 とくになし。

チョコレートブラウンの葉

鳥の羽のように小葉が連なる葉は、やや紫色がかるチョコレートブラウンです。花は濃い桃色で、葉とのバランスが絶妙です。根元が乾燥しないように、グラウンドカバーの植物などで覆って保湿します。

葉●美しい葉色がおしゃれ。

樹形●定まった形にならない。

マルメロ

別名 －　　　バラ科

カリンとよく似た果樹

花も実もカリンとよく似ていますが、実の表面に毛があるので、区別がつきます。果実は生食できないので、ジャムや砂糖漬けにします。

楽しみ方

開花期 5月	観賞期 5～11月	結実期 10～11月	環境
花 色 桃		実 色 黄	日なた

タイプ			生け垣	シンボルツリー	
和風	洋風	自然風			樹高 5m
○	○	○		○	

適地目安

カリン

別名 －　　　バラ科

家庭果樹として親しまれる

狭い場所でも育てやすい樹形です。冷涼な気候を好みます。暖かい地域では、樹勢が強くなりすぎて、実がよくつかないことがあります。

楽しみ方

開花期 5月	観賞期 5～11月	結実期 10～11月	環境
花 色 桃		実 色 黄	日なた

タイプ			生け垣	シンボルツリー	
和風	洋風	自然風			樹高 5m
○	○	○		○	

適地目安

花●色が濃いのが特徴。

環境	広がり	樹高	適地目安
日なた	広がる	2〜3m	

オカメザクラ

別名－　　　　　　　　バラ科

楽しみ方

開花期 3〜4月
花　色 赤紫

樹皮観賞期 周年

タイプ			生け垣	シンボルツリー
和風	洋風	自然風		
○	○	○		○

注意●植え替えが難しいので、植える場所は、事前に十分吟味する。

幹●つややか。

赤紫色の小型の花は秀麗な姿

イギリスで育成された品種です。カンヒザクラとマメザクラの掛け合わせなので、やや色の濃い小さめの花が特徴です。

少し、垂れるように咲きます。

つややかな樹皮も、ほんのりと紅がかる茶褐色で、上品な美しさがあります。

庭でも育てやすい品種です。

落葉樹／中高木

樹形●枝が広がる。

コヒガンザクラ

別名 －　　　　　　　　　　バラ科

春のサクラとしては早く咲く

よく枝分かれして、たくさんの花を咲かせます。淡い桃色の花が横向きにつきます。

楽しみ方					環境
開花期 3〜4月　花 色 桃	観賞期 5〜11月	結実期 7〜8月　実 色 紫黒			日なた
タイプ			生け垣	シンボルツリー	適地目安
和風	洋風	自然風			
○	○	○		○	樹高 5m

サクラ・ソメイヨシノ

別名 －　　　　　　　　　　バラ科

サクラの代表

もっとも親しまれているサクラですが、大きく枝を張り出して育ち、害虫も発生しやすく、管理は大変です。

楽しみ方					環境
開花期 3〜4月　花 色 桃	観賞期 5〜11月	結実期 5〜6月　実 色 紅〜黒紫			日なた
タイプ			生け垣	シンボルツリー	適地目安
和風	洋風	自然風			
○	○	○		○	樹高 5〜10m

モモ

別名 －　　　　　　　　　　バラ科

夏に大きな甘い実がなる

サクラより一足早く、桃色の花を咲かせます。夏に、大きく、甘い実が熟します。品種が多いので、好みの品種をよく吟味します。

楽しみ方					環境
開花期 3〜4月　花 色 桃	観賞期 5〜11月	結実期 6〜8月　実 色 桃			日なた
タイプ			生け垣	シンボルツリー	適地目安
和風	洋風	自然風			
○	○	○			樹高 2〜3m

シダレザクラ

別名 －　　　　　　　　　　バラ科

枝が垂れるように下に伸びる

枝が枝垂れて育つタイプです。流れるような姿は風情があります。いくつかの品種があります。

楽しみ方					環境
開花期 4月　花 色 桃、白	観賞期 5〜11月				日なた
タイプ			生け垣	シンボルツリー	適地目安
和風	洋風	自然風			
○	○	○		○	樹高 5m

環境	広がり		適地目安
日なた	広がらない	樹高 3〜5m	

ハナモモ

別名 −　　　　　　　　バラ科

枝いっぱいに桃色の花を咲かせる

ひなまつりの花として、古くから親しまれています。枝いっぱいに咲く花を楽しみます。花は濃い桃色で、雄しべが紅色です。

品種によって差がありますが、多くは樹形がまとまりません。上に向かって育つ品種が庭に向きます。

園芸品種が多く、八重咲きのもの、赤花や白花、枝垂れるタイプなどあります。

楽しみ方
- 開花期 3〜4月
- 花色 赤、白

注意 とくになし。

タイプ			生け垣	シンボルツリー
和風	洋風	自然風		
○	○	○		○

花●葉が出る前に咲く。

樹形●縦に長いだ円形にまとまる品種が扱いやすい。

葉●少し長めのだ円形で先がとがる。

品種●ゲンペイモモ。1本に赤花と白花が咲く。

落葉樹／中高木

環境	広がり		適地目安	
日なた	広がる	樹高 2〜3m		別名 —

ウメ

バラ科

丸い花びらと雄しべのバランスがよい

ウメが庭に観賞用として植えられた歴史は、サクラよりも古く、園芸品種が多数あります。

花を楽しむ花梅と、実を収穫する実梅があります。

花は、1枚が円形で、基本は5弁です。八重咲きの品種も多くあります。

実梅は5〜6月に熟します。品種によって、大きさは様々です。梅干しや果実酒にも利用します。

楽しみ方

- 開花期 5〜7月　花 色赤、白
- 観賞期 5〜11月
- 結実期 5〜7月　実 色赤、白

タイプ			生け垣	シンボルツリー
和風	洋風	自然風		
	○	○		○

注意 やや毒 未熟果や葉は口にしない。

花● 円形の花弁と雄しべが目立つ。

樹形● 定まった形にならない。よく枝を広げる。

樹形● 花を楽しむにはせん定して、短い枝を多数出させる。

樹皮● 灰褐色でザラザラする。

葉● 先に向かって幅が広くなり、先端は急に細くとがる。

実● 品種によって大きさはいろいろ。

ジューンベリー

別名 アメリカザイフリボク

バラ科

環境 日なた
広がり 広がる
樹高 5m

紅色の実が人気 どんな庭にも似合う

いろいろなタイプの庭にも似合います。新芽、花、実、紅葉のいずれも美しく、人気が高まっています。

「ジューンベリー」の名で最初に出回った「アメリカザイフリボク」のほかにも、たくさんの仲間があります。

幹が1本の単木（39ページ参照）にも、根元から多数の枝を出す株立ちにも両方仕立てられますので、庭のタイプに合わせて選び、仕立てるとよいでしょう。

楽しみ方

開花期 4月 花 色 白	観賞期 5〜10月	結実期 6月 実 色 紅

タイプ			生け垣	シンボルツリー
和風	洋風	自然風		
	○	○		○

注意 とくになし。

葉●だ円形で、縁にギザギザがある。

樹形●単木にも株立ちにもどちらでも楽しめる。写真は株立ち。

実●紅色の実が垂れる。

落葉樹／中高木

環境	広がり	樹高
日なた	広がる	2〜10m

適地目安

ナナカマド

別名 —

バラ科

秋の紅葉と色づく実が美しい

秋になると、いち早く紅葉して、鮮やかに彩ります。種類によっては大きく育ちますが、成長が緩やかです。幹もまっすぐに伸びて、葉もあまり密に茂りません。

実は、紅葉よりも早く赤色に色づき、葉が落ちたあとも長く枝にとどまります。

葉は、鳥の羽のような形に小葉（しょうよう）が連なる複葉です。暖かい地域では、紅葉の色が出にくくなります。

楽しみ方

- 開花期5月 花 色白
- 観賞期 5〜11月
- 結実期10月 実 色朱

タイプ			生け垣	シンボルツリー
和風	洋風	自然風		
○	○	○		○

注意 とくになし。

実●びっしりと実り、早くから色づき、長く残る。

葉●形が整った複葉。秋に紅葉する。

樹形●密にならないので、全体にすっきりとした印象。

ニワナナカマド

別名チンシバイ　　バラ科

環境：日なた　広がり：広がる　樹高：2m

楽しみ方
- 開花期5月　花　色白
- 観賞期　5〜11月
- 結実期10月　実　色赤

タイプ			生け垣	シンボルツリー
和風	洋風	自然風		
○	○	○		

注意 とくになし。

葉●複葉。薄い黄緑色。

小型のナナカマドで枝が弓なりになる

コンパクトなホザキナナカマドの仲間です。枝は弓なりに広がって、形のそろった小葉が鳥の羽のように並ぶ複葉（ふくよう）がつきます。秋には美しく紅葉します。花は、純白です。

樹形●枝は弓なりになる。

ベニスモモ・ヴァージニアナ・ベイリーズセレクト

別名－　　バラ科

環境：日なた　広がり：広がらない　樹高：5m

楽しみ方
- 開花期4月　花　色白
- 観賞期　6〜11月

タイプ			生け垣	シンボルツリー
和風	洋風	自然風		
	○	○		○

注意 とくになし。

葉●葉の形もおもしろい。

濃い赤紫色の葉が庭の風景に深みを添える

新芽は緑色ですが、晩春から濃い赤紫色になり、秋の落葉まで、ずっと美しい葉を楽しむことができます。成長すると、ピラミッド形に、美しく樹形がまとまります。これから注目される樹木のひとつです。

樹形●密には茂らない。

落葉樹／中高木

環境	広がり	
日なた	広がる	樹高 5m

適地目安

クラブアップル 'ゴージャス'

別名 —　　　　　　　　　　バラ科

直径3〜4cmの実が数個ずつぶらさがる

クラブアップルは、おもにヨーロッパや北アメリカで改良された園芸品種です。たくさんの種類があります。

'ゴージャス' は、やや小ぶりの実ですが、美しい紅色で、長い茎にぶら下がる様子は愛嬌があります。

落葉期に、余分な枝を切って形を整え、込み合う箇所を整理します。

リンゴ類は、毛虫が発生しやすいので、注意します。

楽しみ方

| 開花期 5月 花 色 白 | 観賞期 5〜10月 | 結実期 10月 実 色 紅 |

タイプ			生け垣	シンボルツリー
和風	洋風	自然風		
	○	○		○

注意 毛虫の発生には早期に対応。

実●直径は3〜4cm。

樹形●小枝が多く出る。

葉●ヘラ形で先端が緩やかにとがる。

マルバノキ

別名ベニマンサク　　マンサク科

環境：日なた／半日陰
広がり：広がる
樹高：2〜3m
適地目安

楽しみ方
- 開花期 10〜11月　花 色 紅
- 観賞期 5〜11月
- 結実期 9〜10月　実 色 暗褐色

タイプ			生け垣	シンボルツリー
和風	洋風	自然風		
○	○	○		

注意 とくになし。

丸いハート形の葉。低く仕立てるとよい

葉は秋に真っ赤に色づきます。まっすぐに育つ樹形に仕立てられることが多いですが、根元からたくさんの枝が発生する性質を活かして、自然風に低く仕立てると味わい深くなります。花はひも形で目立ちません。

葉●丸いハート形。

樹形●根元からたくさんの枝が発生する。

マンサク

別名―　　マンサク科

環境：日なた／半日陰
広がり：広がる
樹高：2〜5m
適地目安

楽しみ方
- 開花期 2〜3月　花 色 黄、桃、白
- 観賞期 5〜11月
- 結実期 10月　実 色 黄褐色

タイプ			生け垣	シンボルツリー
和風	洋風	自然風		
○	○	○		○

注意 とくになし。

ひも状の花びらの花が何ともユニーク

春に、新芽が芽吹く前に花が咲きます。花は、ひも状の花びらが特徴です。基本の黄花種のほか、桃花種（ももばなしゅ）やシダレマンサクなどもあります。開花期が終わったらすぐにせん定して、好みの大きさに仕立てます。

花●花びらは細長く、ねじれる。

品種●桃花種。

落葉樹／中高木

ポポー

バンレイシ科

別名 −

環境	広がり	樹高	適地目安
日なた	広がる	5〜10m	

楽しみ方

- 開花期 4〜5月 花 色緑〜褐色
- 観賞期 5〜11月
- 結実期 9月 実 色緑〜黄

タイプ			生け垣	シンボルツリー
和風	洋風	自然風		
	○	○		○

注意 とくになし。

大きな果実はビタミン豊富な栄養の宝庫

秋に、大きな果実がなります。果実は、ビタミンや不飽和脂肪酸(わふぼうさん)が豊富ですが、においに癖があります。

花は、緑〜褐色の大輪で、木の幹に直接つき、下向きに咲きます。熱帯性ですが、日本では広く栽培可能です。

実●重さ100〜500gになる。

葉●やわらかい。

樹形●葉が大きい。

ハリエンジュ

マメ科

別名 ニセアカシア

丸みのあるだ円形の小葉(しょうよう)の複葉(ふくよう)

丸みのある葉が鳥の羽のように連なった姿と、マメ科特有の花の形が楽しめます。葉のつけ根にトゲがあることから「ハリエンジュ」の名があります。

楽しみ方

- 開花期 5〜6月 花 色白、桃
- 観賞期 5〜11月
- 結実期 10月 実 色褐色

タイプ			生け垣	シンボルツリー
和風	洋風	自然風		
	○	○		○

環境	適地目安	樹高
日なた		10m

アメリカデイゴ

マメ科

別名 −

夏に真っ赤な花を咲かせる

アメリカデイゴは比較的寒さに強いですが、冬は根元を防寒します。夏に真っ赤な花を咲かせます。せん定はあまり必要ありません。

楽しみ方

- 開花期 6〜10月 花 色赤
- 観賞期 5〜11月

タイプ			生け垣	シンボルツリー
和風	洋風	自然風		
	○	○		

環境	適地目安	樹高
日なた		2m

ニセアカシア'フリーシア'

マメ科

別名 —

環境 日なた
広がり 広がる
樹高 6〜10m
適地目安

楽しみ方
- 開花期 5〜6月 花 色白
- 観賞期 5〜11月

タイプ			生け垣	シンボルツリー
和風	洋風	自然風		
	○	○		○

注意 葉のつけ根にあるトゲに注意。

黄緑色の葉が黄金色に輝く

日差しを浴びて、黄金色に輝く葉が、ひときわ目を引きます。明るく、さわやかな美しい葉が人気があります。春にはフジの花に似た花が房状に咲きます。
生育旺盛で、根を広く張るので、根を囲うなどの処理をして植えます。成長が早いので、庭では、樹高を低く抑え、樹勢も抑えてやります。

葉●新緑は、ひときわ鮮やか。落葉前の紅葉はまさに黄金色になる。

葉●明るい黄緑色。

樹形●まっすぐに、大きく育つ。根を広げてふえる。

樹皮●灰褐色。

落葉樹／中高木

ハナズオウ

マメ科

別名 —

環境	広がり	樹高	適地目安
日なた／半日陰	広がる	2〜5m	

赤紫色の花が咲くと枝全体が紫色に染まる

早春に、赤紫色の花を枝にまとうように咲かせます。花が終わると、ハート形の葉が芽吹きます。

秋になると実のサヤが垂れ下がり、秋の深まりとともに、サヤが赤色に色づきます。

やせた土でもよく育ちます。株立ち（かぶだち）（39ページ参照）にも単木にも仕立てることができます。単木にする場合は、苗を植えつけた後、根元から出る新しい梢を元から切ります。

楽しみ方

- 開花期 4月　花 色 赤紫、白
- 観賞期 5〜11月
- 結実期 10月　実 色 褐色

タイプ			生け垣	シンボルツリー
和風	洋風	自然風		
○	○	○		○

注意 とくになし。

花●チョウのような花。

葉●表面は光沢がある。葉脈が目立つ。

樹形●枝は上に広がる。

樹形●上に向かって広がり、逆円すい形になる。

樹形●伸びやかに枝を伸ばして、存在感がある。

アメリカハナズオウ
'フォレストパンシー'

別名 ―　　　　マメ科

環境：日なた／半日陰
広がり：広がる
樹高：3〜5m
適地目安

楽しみ方
- 開花期 4月
- 花　色 桃
- 観賞期 5〜7月

タイプ			生け垣	シンボルツリー
和風	洋風	自然風		
	○	○		○

注意 カミキリムシの幼虫に注意。

ハート形の葉に桃色の花が咲く

暗めの紫色の葉がとてもシック。葉の裏は桃色です。春に咲く花は桃色で、葉の色とのバランスがよく、人気が高い樹木です。枝を横に張り出すように伸ばします。洋風の庭に似合います。

張り出し過ぎた枝は、つけ根から切って、自然な樹形を保つようにします。カミキリムシの幼虫の被害に注意します。

樹皮●灰褐色。

葉●ハート形をしている。

葉●葉の色は日陰がちな場所でも発色する。

落葉樹／中高木

環境	広がり	樹高	適地目安	# キングサリ	
日なた	広がる	2〜4m		別名キバナフジ	マメ科

楽しみ方

開花期 5〜7月 花 色黄	観賞期 4〜10月	結実期 8〜9月 実 色褐色

タイプ			生け垣	シンボルツリー
和風	洋風	自然風		
	○	○		○

注意 有毒 葉・枝・実に毒がある。
成木になってからの移植はできない。

多数の黄色い花が20〜30cmの房に咲く

ヨーロッパの中〜南部原産。庭に植えると、大きく育ちます。黄色いフジのような花を咲かせます。黄色い花も黄色なので、庭を明るくしてくれます。

広めの庭で1本で植えて花や樹形を楽しむのに適しています。こまめにせん定することで、狭い庭でも楽しむことができます。開花期が終わったらせん定します。

葉●明るい緑色。

樹形●大きく育てるとよい。

花●黄色い花が、房になって垂れる。

樹皮●緑がかった褐色。

ミズナラ

環境：日なた
広がり：広がる
樹高：15〜20m
適地目安
別名：—
ブナ科

楽しみ方
- 開花期：5月　花　色黄
- 観賞期：4〜11月
- 結実期：10月　実　色茶

タイプ			生け垣	シンボルツリー
和風	洋風	自然風		
○	○	○		○

注意：とくになし。

葉の縁に大きなギザギザがある

日本全国に自生している、日本を代表する樹木です。内部に多くの水を含むことから「ミズナラ」の名があります。

5月に咲く花は、長さ4〜5cmで垂れ下がり、雌花は葉のつけ根近くに1〜3個つきます。

葉●縁に大きなギザギザがあるのが特徴。写真の品種は'長台寺'。斑が入る品種。

樹皮●灰褐色。

樹形●枝を斜め上に向けて広げる。

ゴンズイ

環境：日なた
広がり：広がる
樹高：3〜6m
適地目安
別名：—
ミツバウツギ科

楽しみ方
- 開花期：5〜6月　花　色薄黄緑
- 観賞期：4〜11月
- 結実期：10月　実　色赤

タイプ			生け垣	シンボルツリー
和風	洋風	自然風		
○	○	○		○

注意：とくになし。

熟すと裂ける実は鮮やかな赤色

熟した実が裂け、赤色と黒色のコントラストが鮮やかです。葉は、鳥の羽のように小葉が連なる複葉で、濃い緑色で光沢があります。花は目立ちませんが、花を楽しむ園芸品種も登場しています。

実●赤色と黒色のコントラストが鮮やか。

葉●光沢がある。

樹形●枝葉が大きく広がった形に育つ。

落葉樹／中高木

コナラ

別名 －　　ブナ科

環境	広がり	樹高	適地目安
日なた	広がる	10m	

楽しみ方
- 開花期 4〜5月　花 色薄黄
- 観賞期 4〜11月
- 結実期 10月　実 色茶

タイプ			生け垣	シンボルツリー
和風	洋風	自然風		
	○	○		○

注意 とくになし。

新芽から樹皮の姿まで見所が多い

雑木林を代表する樹木のひとつで、自然風の庭に取り入れるとよいでしょう。芽吹きと同時に花が咲きます。光沢のある葉は、とくに新緑の頃が美しく、秋には紅葉します。細長い形のドングリが実ります。

葉● 光沢がある。縁のギザギザが鋭いので注意。

樹皮● 深く裂ける。

樹形● 幹をまっすぐに伸ばした単木（39ページ参照）。株立ちにもできる。

オウゴンカシワ

別名 －　　ブナ科

環境	広がり	樹高	適地目安
日なた	広がる	5m	

楽しみ方
- 開花期 5月　花 色黄
- 観賞期 5、11月
- 結実期 10月　実 色薄茶

タイプ			生け垣	シンボルツリー
和風	洋風	自然風		
○	○	○		○

注意 カミキリムシの幼虫に注意。

縁起がよいとされる樹木

春の新芽と花の色は、黄金のように輝く黄色になります。葉は、カシワ特有の葉の縁が大きく波打つ形が特徴で、夏には緑色になります。秋には、再び黄色に色づきます。実もやや黄みがかっています。

葉● つやのある葉は、新芽と秋の紅葉で黄金色に。

樹形● ずんぐりした形に育つ。

ザクロ

別名 —

ミソハギ科

環境	広がり	樹高	適地目安
日なた	広がる	5〜6m	

楽しみ方

- 開花期 5〜8月　花 色赤
- 観賞期 5〜10月
- 結実期 10月　実 色赤

タイプ			生け垣	シンボルツリー
和風	洋風	自然風		
○	○	○		○

注意 とくになし。

熟した実が裂ける姿が独特な雰囲気を持つ

花の少ない時期に赤色の花を咲かせます。

熟すと裂ける実には、タネがたくさんあることから、子宝の象徴とされる縁起木です。

あまり整った形にまとまりませんが、育てるほどに味わいが出てきます。基本的にはせん定をせずに育てますが、根元から出る新しい梢（こずえ）や弱々しい枝などをつけ根から取り除きます。

花●赤色。

葉●大きな球形で、下が裂ける。

樹形●定まった形にならない。

実●熟すと裂けて、たくさんのタネが現れる。

樹形●大きな実をつける姿が独特。

落葉樹／中高木

サルスベリ

別名 －

ミソハギ科

環境：日なた／半日陰
広がり：広がる
樹高：5m
適地目安

つるつるした幹とフレア状の花が特徴

夏の期間に咲く花木の代表として、親しまれてきました。漢字名「百日紅」の通り、花を長期間にわたって咲かせます。花は、フリル状で、愛らしい雰囲気があります。

幹がつるつるとしているのが特徴、まっすぐに育たず、歳を経るごとに味わい深い樹になります。

落葉期に、花を咲かせた枝を短く切り詰めてやると、来期の花つきがよくなります。

楽しみ方
- 開花期 7～10月
- 花 色 赤、桃、赤紫、白
- 観賞期 5～10月

タイプ
和風	洋風	自然風	生け垣	シンボルツリー
○	○	○		○

注意 とくになし。

花● フリル状になる。

葉● 光沢があり、左右対称に並ぶ。

樹皮● 樹皮がはげる。

樹形● 幹は曲がって育つことも多い。

サンシュユ

別名－　　ミズキ科

環境 日なた
広がり 広がる
樹高 3〜5m
適地目安

秋に鮮やかな赤色の長い円形の実がなる

早春に黄色い花がかたまって咲く姿が、秋には長い円形の赤色の実がなることで、庭木として、古くから親しまれています。

せん定してしまうと、花数が少なくなるので、できるだけせん定せずに育てます。大きく育ったら、4〜5年に1度短めにせん定して樹形を整えます。込んだ部分を間引くようにします。うどんこ病に注意します。

楽しみ方

| 開花期 3月 花 色黄 | 観賞期 5〜11月 | 結実期 10月 実 色赤 |

タイプ			生け垣	シンボルツリー
和風	洋風	自然風		
○	○	○		

注意 とくになし。

落葉樹／中高木

花●小花がかたまって咲く。

実●長い円形が特徴。

樹皮●灰褐色でざらつく。

樹形●小枝がほうき状に伸びる。

葉●幅広のだ円形で、先端に向かって形よくとがる。

環境	広がり		適地目安	# ヤマボウシ	
日なた	広がる	樹高 5m		別名 －	ミズキ科

楽しみ方

- 開花期 4〜6月　花 色 桃、白
- 観賞期 10〜11月
- 結実期 10月　実 色 赤

タイプ			生け垣	シンボルツリー
和風	洋風	自然風		
	○	○		○

注意 植え替えが難しいので、植える場所は、事前に十分吟味する。

美しい苞を楽しむ大型の樹木

花びらのように見える部分は苞で、実際の花は中央にある目立たない部分です。ハナミズキと似ていますが、苞の先端がとがっています。葉はやわらかく、光沢があって緑が波打ちます。秋には深みのある赤紫色になります。赤色に実る実も、特有な形です。

移植は苦手なので、植えつけ位置はよく吟味してから植えます。

花● 白色の苞が特徴。

葉● 葉脈の入り方が特徴的。

実● 小さな実が集まって球形になる集合果。

樹形● 株立ち樹形で自然風に。主幹が1本の単木にもなる。

ヤマボウシ・ロゼア

ミズキ科

別名 －

環境	広がり	樹高	適地目安
日なた	広がる	3〜5m	

楽しみ方

開花期 4〜6月	観賞期 10〜11月	結実期 10月
花 色 桃、白		実 色 赤

タイプ			生け垣	シンボルツリー
和風	洋風	自然風		
○	○	○		○

注意 植え替えが難しいので、植える場所は、事前に十分吟味する。

苞が桃色に縁取られ庭木におすすめ

苞の縁が桃色に縁取られる姿は、おしゃれな雰囲気があります。

葉の色も、明るめなので、重たい雰囲気になりません。葉は、円に近い丸い形で、くっきりと入る葉脈の模様もおもしろいです。

庭のシンボルツリーにおすすめです。まっすぐ1本に仕立てることも、根元から数本出させる株立ちに仕立てることもできます。

樹形●根元から多く枝分かれし、小枝も多数出る。

花●桃色に縁取られる。

葉●円に近く、先端が少しとがる。

樹皮●灰褐色。

落葉樹／中高木

花● 枝がしなやかで、枝いっぱいに花を咲かせる。花びらのように見えるのは苞。

環境	広がり		適地目安	ハナミズキ	
日なた	広がる	樹高 5m		別名 －	ミズキ科

しなやかな枝ぶりと華やかな雰囲気

花はヤマボウシに似ていますが、よりたくさんの花が咲きます。葉色や花色もたくさんあります。枝はしなやかに伸び、とても華やかに花が咲くことから、シンボルツリーに適しています。和風、洋風どちらの庭にも似合います。秋の紅葉もとても美しく、赤色の実もなります。

真夏に根元が乾燥しないように、グラウンドカバープランツを植えましょう。

楽しみ方

| 開花期 4～5月 花 色 赤、桃、白、杏 | 観賞期 11月 | 結実期 10～11月 実 色 赤 |

タイプ			生け垣	シンボルツリー
和風	洋風	自然風		
○	○	○		○

注意● 日照不足になった枝は枯れてしまうので、込み合う枝は取り除く。

実● 先端がとがる丸形。

葉● 赤色に色づく。太陽の光に透してみると、とてもきれい。

樹皮● 細かい裂け目が入る。

花● 白花種。

樹形● 幹はまっすぐに伸びる。

イロハモミジ

別名 ―

ムクロジ科

環境 日なた／半日陰
広がり 広がる
樹高 5〜10m
適地目安

楽しみ方
- 開花期 4月　花 色 濃紅
- 観賞期 11月
- 結実期 5〜8月　実 色 赤褐色

タイプ			生け垣	シンボルツリー
和風	洋風	自然風		
○	○	○		○

注意 とくになし。

洋風の庭にも似合う やわらかな印象の樹木

モミジは和風の庭のイメージが強いですが、全体的にやわらかな印象があって、和風、洋風、その他のいずれのタイプの庭にもよく似合います。春の新緑、秋の紅葉がとりわけ見事です。

シンボルツリーとして利用するのはもちろん、美しい葉の形は、灯籠と組み合わせるなど和風の景色作りに活かすこともでき、幅広く利用できます。

葉●秋には燃えるような赤色に色づく。

葉●深く切れ込み、手のひらのような形。

花●濃い紅色のとても小さな花が吊り下がる。

樹形●幹は直立しない。自然な樹形を活かす。

落葉樹／中高木

ハウチワカエデ

別名メイゲツカエデ　　ムクロジ科

環境：日なた／半日陰
広がり：広がる
樹高　2〜5m
適地目安

楽しみ方
- 開花期 4〜5月　花　色 赤紫
- 観賞期 5〜11月
- 結実期 10月　実　色 黄褐色

| タイプ | | | 生け垣 | シンボルツリー |
和風	洋風	自然風		
○		○		○

注意　とくになし。

うちわの形に似る、ふっくらとした形の葉

イロハモミジの葉をふくよかにしたような葉です。葉が大きいので、紅葉したときにより見事な景観となります。紅葉は、黄色から赤色の濃淡です。花は目立ちませんが、赤紫色の小花が垂れるように咲き、素敵です。

葉●鳥の羽を集めてつくったうちわの形に似る。

樹形●スペースに合わせて仕立てる。

オオモミジ

別名－　　ムクロジ科

環境：日なた／半日陰
広がり：広がる
樹高　10〜15m
適地目安

楽しみ方
- 開花期 4月　花　色 濃赤
- 観賞期 5〜11月
- 結実期 5〜8月　実　色 赤褐色

| タイプ | | | 生け垣 | シンボルツリー |
和風	洋風	自然風		
○	○	○		○

注意　とくになし。

深く切れ込む葉が繊細な印象

イロハモミジよりも、より深く切れ込みます。夏も濃い紫色を保つ品種など、多数の園芸品種があり、庭木や盆栽に利用されます。葉色などそれぞれ異なるので、庭に適した品種を選びましょう。

葉●深く切れ込む。

樹形●好きな形に仕立てる。

オオモミジ'オオサカズキ'

別名 －　　ムクロジ科

環境：日なた／半日陰
広がり：広がる
樹高：2～5m
適地目安

楽しみ方
- 開花期 4～5月　花 色 赤紫
- 観賞期 5～11月
- 結実期 10月　実 色 黄褐色

タイプ			生け垣	シンボルツリー
和風	洋風	自然風		
	○	○		○

注意 とくになし。

秋の紅葉がとりわけ見事な品種

オオモミジの園芸品種です。百年以上前に作られました。葉は大型です。秋には、葉や葉の茎が深い真紅に染まり、見事な景色を作ります。

葉●他にはない発色が見事。

樹形●まっすぐには育たない。

アオシダレモミジ

別名 －　　ムクロジ科

環境：日なた／半日陰
広がり：広がる
樹高：2～5m
適地目安

楽しみ方
- 開花期 4～5月　花 色 赤紫
- 観賞期 5～11月
- 結実期 10月　実 色 黄褐色

タイプ			生け垣	シンボルツリー
和風	洋風	自然風		
○	○	○		○

注意 夏の直射日光や乾燥で葉が焼けるので注意。

涼しげな雰囲気を作る繊細な葉

深く切れ込んだ繊細な葉が枝垂れ、風が吹くと、そよよと涼しげです。全体的にやさしく、やわらかな印象となります。秋には、紅葉します。似たような姿で、葉色が赤色のベニシダレモミジもあります。

実●翼がある。

葉●深く、細かく切れ込む。

樹形●枝が枝垂れる。

落葉樹／中高木

ユリノキ

別名ハンテンボク　　モクレン科

まっすぐに育つ大型の樹木

街路樹などによく用いられる樹木です。大きく育つので存在感があります。葉の形が半纏に似ていることから別名がつけられました。

楽しみ方
- 開花期 5〜6月　花　色 黄緑
- 観賞期 5〜11月
- 結実期 10〜12月　実　色 褐色

タイプ			生け垣	シンボルツリー
和風	洋風	自然風		
	○	○		○

環境：日なた
樹高：15〜20m
適地目安

環境：日なた
広がり：広がる
樹高：10m
適地目安

ネグンドカエデ 'フラミンゴ'

別名 ―　　ムクロジ科

明るい緑の葉が白に縁取られる

斑入りの葉は、新緑が紅色がかり、3色の美しい葉が魅力です。成長も早く、シンボルツリーに向きます。カミキリムシの幼虫の被害に注意します。

楽しみ方
- 開花期 5〜7月　花　色 赤、白
- 観賞期 5〜10月

タイプ			生け垣	シンボルツリー
和風	洋風	自然風		
	○	○		○

環境：日なた
樹高：5m
適地目安

トチノキ

別名 ―　　ムクロジ科

大きな葉が印象的 実は食用にできる

小葉が集まって、大きなちわのような形になる複葉が特徴です。花は、穂になって咲きます。実は、種子をすりつぶして、渋を抜き、トチ餅をつくる原料となります。大きく育つので、せん定して調整します。

楽しみ方
- 開花期 5〜6月　花　色 白
- 観賞期 5〜11月
- 結実期 10月　実　色 茶

タイプ			生け垣	シンボルツリー
和風	洋風	自然風		
○	○	○		○

注意 とくになし。

葉●手のひら形の複葉。

樹皮●灰褐色。若木はなめらかで、老木になると裂け目が入る。

樹形●幹はまっすぐに育つ。

232

ベニバナトチノキ 'ブリオッティー'

別名マロニエ　　　　ムクロジ科

環境	広がり	樹高
日なた	広がる	10m

適地目安

どこからでも目立つ桃色の花が咲く

街路樹としてもよく利用されます。

樹高は高く育ちます。ベニバナトチノキの代表的な園芸品種で、大きな房になって咲く花は、よく目立ちます。葉は、小葉が集まってうちわ形になる複葉です。くっきりと入る葉脈が特徴です。広い庭でシンボルツリーなどに向いています。他の樹木とのバランスを考えて植えます。

楽しみ方

開花期 5〜6月	観賞期 5〜11月	結実期 10月
花 色桃		実 色茶

タイプ			生け垣	シンボルツリー
和風	洋風	自然風		
○	○	○		○

注意 とくになし。

花●大型で豪華な房に咲く。

樹形●幹はまっすぐに、大型に育つ。

葉●大型で、波打つ。

樹皮●灰褐色。

落葉樹／中高木

環境	広がり		適地目安	# アメリカハナノキ
日なた	広がる	樹高 5m		別名ベニカエデ　　　　　　ムクロジ科

葉の色が変化する様子が楽しめる

アメリカハナノキは、秋に、鮮やかな赤色に色づくことから、「ベニカエデ」の別名がある種類です。幹がまっすぐに伸び、すっきりと育つ姿は、シンボルツリーに向きます。

大型の葉が緑色から深い赤色へと変化していく様子が楽しめます。

アメリカハナノキの仲間には、他にもいくつかの品種がありますが、いずれも鮮やかに色づきます。

楽しみ方

- 開花期 3〜4月　花 色 赤
- 観賞期 10〜11月
- 結実期 9〜10月　実 色 赤褐色

タイプ			生け垣	シンボルツリー
和風	洋風	自然風		
	○	○		○

注意 とくになし。

樹形●枝はまっすぐに育つ。品種は'アーサールブラム'

葉●緑色と紅色のコントラスト。品種は'サマーレッド'

葉●秋の深まりとともに、赤色も濃くなる。

メグスリノキ

別名 －　　　　　　　　　　　　　　　　ムクロジ科

環境：日なた／半日陰
広がり：広がる
樹高：10m
適地目安

楽しみ方
- 開花期 5月　花 色白
- 観賞期 11月
- 結実期 7〜9月　実 色褐色

タイプ			生け垣	シンボルツリー
和風	洋風	自然風		
○	○	○		

注意 とくになし。

3枚の大型の小葉が集まる複葉

樹皮を煎じたものを点眼液にしたことからこの名があります が、カエデの仲間です。秋には、素晴らしい紅色に色づきます。大きく育ちますが、日陰がちな場所でも育ちます。

葉● 3枚の小葉が集まる。

樹形● よく枝を広げた姿になる。

アメリカヒトツバタゴ

別名 －　　　　　　　　　　　　モクセイ科

より繊細な花が咲く

ヒトツバタゴよりも、さらに細長いひも状の花が咲き、より繊細な印象です。ライラック（238ページ）の香りがします。

楽しみ方
- 開花期 5月　花 色白
- 観賞期 11月
- 結実期 10月　実 色褐色

環境：日なた
適地目安
樹高：5〜10m

タイプ			生け垣	シンボルツリー
和風	洋風	自然風		
○	○	○		

ヒトツバタゴ

別名 ナンジャモンジャノキ　　　　　　モクセイ科

ひも状の花びらがひらひら咲く

開花すると、株一面を白い花が覆って、雪をかぶったようになります。ひも状の花びらが特徴です。雌雄異株です。

楽しみ方
- 開花期 5月　花 色白
- 観賞期 11月
- 結実期 10月　実 色褐色

環境：日なた
適地目安
樹高：10m

タイプ			生け垣	シンボルツリー
和風	洋風	自然風		
○	○	○		

落葉樹／中高木

アオダモ

別名コバノトネリコ

モクセイ科

- 環境：日なた
- 広がり：広がる
- 樹高：5〜15m
- 適地目安

楽しみ方

- 開花期4月　花　色白
- 観賞期5〜11月
- 結実期9月　実　色紫褐色

| タイプ | | | 生け垣 | シンボルツリー |
和風	洋風	自然風		
	○	○		○

樹形●小枝が多い。

樹皮●緑色がかる。

野趣に富んだ味わいが魅力

やわらかい印象の枝ぶりや、白色の花が咲く風情は、野趣に富み、自然風の庭には欠かせない存在です。落葉期に、絡んだ枝や徒長枝をつけ根から取り除く程度で手入れは簡単です。

樹形●枝ぶりはやわらかい。

マルバアオダモ

別名－

モクセイ科

- 環境：日なた
- 広がり：広がる
- 樹高：5〜15m
- 適地目安

楽しみ方

- 開花期4月　花　色白
- 観賞期5〜11月
- 結実期9月　実　色紫褐色

| タイプ | | | 生け垣 | シンボルツリー |
和風	洋風	自然風		
	○	○		○

注意　とくになし。

葉●幼木は丸いが成長すると細長くなる。

アオダモよりもやや大型

アオダモとよく似ていますが、葉などはやや大型です。春に咲く繊細な印象の花と樹形の美しさが、自然風の庭によく似合います。込み合う部分を整理するだけで、ほとんど手間はかかりません。

花●フワフワとした白色の花。

樹形●すっとした形に育つ。

環境	広がり		適地目安
日なた 半日陰	広がる	樹高 15m	

トネリコ
別名タモノキ

モクセイ科

伸びやかに育つ姿が心地よい落葉樹

最近では常緑性のシマトネリコの人気が高いですが、日本に自生するトネリコも、庭に取り入れたい樹木です。すっきりと伸びやかに育つ姿が美しく、かつては、刈り取ったイネを干す樹木として田んぼのあぜに植えられていました。

土質を選ばずによく育ちます。落葉期に、込み合う部分をせん定する程度で、管理も簡単です。

楽しみ方

	開花期 4〜5月 花 色白	観賞期 5〜11月	結実期 10月 実 色茶褐色

タイプ			生け垣	シンボルツリー
和風	洋風	自然風		
○	○	○		○

注意 とくになし。

樹皮●灰褐色でなめらか。

葉●小葉5〜9枚が集まる複葉。

落葉樹／中高木

ライラック

別名リラ、ムラサキハシドイ

モクセイ科

環境 日なた
広がり 広がる
樹高 2〜4m
適地目安

開花するとあたりによい香りが漂う

冷涼な気候を好む樹木ですが、品種改良によって、暖かい地域でも育てられる品種が登場してきています。姿が美しく、香りのよい小花が集まって房に咲きます。香りがよいので、シンボルツリーとして、とても魅力的です。暑さが苦手なので、夏の西日を避けられる場所を選び、根元にはグラウンドカバー植物を植えましょう。

楽しみ方

- 開花期 5〜7月
- 花色 薄紫、紅紫、桃、白
- 観賞期 5〜10月

タイプ			生け垣	シンボルツリー
和風	洋風	自然風		
○	○	○		○

注意 夏の西日を避ける。

花●小花が集まる。

品種●複色咲き。

葉●ハート形。

樹形●整いやすい。

コブシ

モクレン科

別名 －

環境	広がり	樹高	適地目安
日なた	広がる	5～10m	

楽しみ方

- 開花期 3～4月　花 色桃、白
- 観賞期 5～10月
- 結実期 10月　実 色緑褐色

タイプ			生け垣	シンボルツリー
和風	洋風	自然風		
○	○	○		○

注意 とくになし。

春を告げる花木 枝いっぱいに咲く

早春に大型の花を咲かせて、春を告げます。

基本のコブシは、大きな白い花で、ハクモクレン（241ページ）と似ています。灰色の樹皮と乳白色の花とのコントラストが楽しめます。

シデコブシと呼ばれる種類は、花びらが細くて株が多いのが特徴です。

放任しても卵形に整い、管理が簡単です。寒風が当たる場所を避けて植えます。

葉● へらのような形。

樹形● 卵形にまとまる。

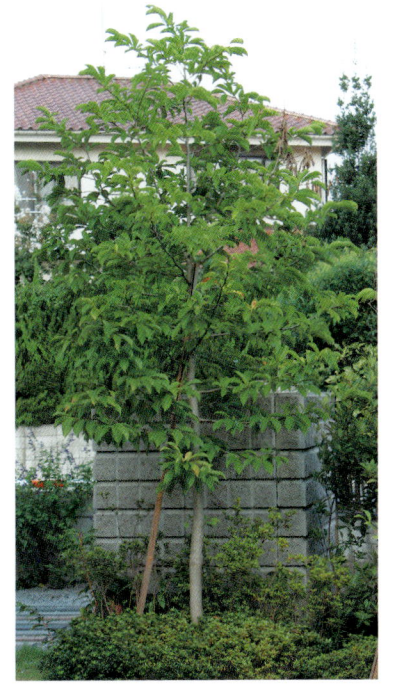

花● 枝いっぱいに咲く。品種は'ベニコブシ'

落葉樹／中高木

モクレン

別名マグノリア

モクレン科

環境	広がり	樹高	適地目安
日なた	広がる	5〜8m	

庭木として全国的に植えられる

原産地は中国で、元々は薬用として日本に持ち込まれました。しかし、庭木として植えられるようになり、多くの園芸品種が作られ、全国的に栽培されています。

開花と同時に若葉が芽吹きます。

葉は、長さ8〜18cmで卵形をしています。

自然に樹形も整うので、管理は比較的簡単です。

楽しみ方

- 開花期 3〜4月　花色 桃、白、黄、橙
- 観賞期 5〜10月
- 結実期 10月　実色 緑褐色

タイプ

和風	洋風	自然風	生け垣	シンボルツリー
○	○	○		○

注意 とくになし。

花● 4月に咲く。品種は'ジョーマクダニエル2号'

葉● 長い卵形。

実● 袋状になる。秋に熟すと、袋が裂けて、赤色のタネが現れる。

樹皮● 灰褐色でなめらか。

樹形● 卵形に整う。

シモクレン

別名－　　　モクレン科

モクレンの基本種

花びらの表が赤紫色で、内側が薄い紅色になります。花の大きさは約10cm程度で、花びらの数は6枚です。花は上向きに咲きます。

楽しみ方
- 開花期 3～4月　花色 赤紫
- 観賞期 5～10月
- 結実期 10月　実色 緑褐色

環境：日なた

タイプ			生け垣	シンボルツリー
和風	洋風	自然風		
○	○	○		

樹高 3～5m
適地目安

モクレン '金寿'

別名－　　　モクレン科

黄色い花が咲く

モクレンのマクミナータ種の実生選抜品種で、黄色い花が咲きます。とても花つきがよく、たくさんの花が楽しめるのが特徴です。

楽しみ方
- 開花期 4～5月　花色 黄
- 観賞期 5～11月

環境：日なた

タイプ			生け垣	シンボルツリー
和風	洋風	自然風		
○	○	○		

樹高 6m
適地目安

イタリアポプラ

別名－　　　ヤナギ科

どっしりとした姿が魅力

まっすぐに育った太い幹に、長い卵形にまとまる樹形が美しい樹木です。大きく育つので、広い庭のシンボルツリーに向きます。

楽しみ方
- 観賞期 5～10月

環境：日なた

タイプ			生け垣	シンボルツリー
和風	洋風	自然風		
	○			○

樹高 15m
適地目安

落葉樹／中高木

ハクモクレン

別名－　　　モクレン科

モクレンの中で最初に咲く

春に、若葉が芽吹く前に咲きます。つぼみは銀色の毛に覆われています。花は、強い香りを放ちます。春に、一斉に開花します。

楽しみ方
- 開花期 3～4月　花色 白
- 観賞期 5～10月
- 結実期 10月　実色 緑褐色

環境：日なた

タイプ			生け垣	シンボルツリー
和風	洋風	自然風		
○	○	○		○

樹高 5～8m
適地目安

環境	広がり	
日なた	広がる	樹高 10m

適地目安

アオハダ

別名 －

モチノキ科

樹皮がはがれやすく内皮の緑が現れる

樹皮は灰褐色ですが、爪でも簡単にはがれてしまうほどです。樹皮の内側には、緑色をした内皮(ないひ)が現れます。この特徴から「アオハダ」の名があります。

できるだけ自然の樹形を活かすとよく、自然風の庭にぴったりです。

花はほとんど目立ちませんが、秋には赤色の実を楽しむこともできます。雌雄異株(しゆういしゆ)なので、注意します。

楽しみ方

開花期 5〜6月 花 色白	観賞期 5〜10月	結実期 9〜10月 実 色赤

タイプ			生け垣	シンボルツリー
和風	洋風	自然風		
○	○	○		○

注意 とくになし。

葉●だ円形。

葉●秋に紅葉する。

樹形●伸びやかに育つ。

ギンドロ

別名ウラジロハコヤナギ　　ヤナギ科

環境 日なた／広がり 広がる／樹高 8m／適地目安

楽しみ方

- 開花期 3〜4月　花 色赤、黄緑
- 観賞期 5〜11月

タイプ			生け垣	シンボルツリー
和風	洋風	自然風		
	○	○		○

注意 とくになし。

葉●裏側が白色。

葉●葉も樹皮も白色がかる。

樹形●上に向かってよく伸びる。

冴えざえとした姿が印象的

ポプラの仲間で、大きく育ちます。株全体が白色がかります。葉は、とくに裏側の白色が強く、風にそよいで葉がひるがえる様子が、冴えざえとした印象です。

秋には、黄色に色づき、銀葉とは異なる美しさです。

ロウバイ '素心'

別名カラウメ　　ロウバイ科

環境 日なた／広がり 広がる／樹高 2〜5m／適地目安

楽しみ方

- 開花期 12〜2月　花 色黄
- 観賞期 5〜10月
- 結実期 7〜8月　実 色茶褐色

タイプ			生け垣	シンボルツリー
和風	洋風	自然風		
	○	○		○

注意 とくになし。

落葉樹／中高木

花●ロウのような質感の花。

葉●先端がすっと細くなる。

樹形●よく枝分かれする。

冬のうちから香りのよい花を咲かせる

冬の間から、花を咲かせます。花は、黄色で、ロウのような、つやのある質感で、造花のようです。花にはよい香りがあります。

乾燥が苦手なので、グラウンドカバー用の植物などを根元に植えるとよいでしょう。

リョウブ

リョウブ科

別名 —

環境: 日なた
広がり: 広がる
樹高: 3～5m
適地目安

楽しみ方
- 開花期 6～8月　花　色白
- 観賞期 5～11月
- 結実期 11月　実　色茶褐色

| タイプ | | | 生け垣 | シンボルツリー |
和風	洋風	自然風		
○	○	○		○

注意 とくになし。

自然樹形で趣のある自然風の空間を演出

和風、洋風、その他いずれのタイプを問わずに似合う庭木です。できるだけ自然な樹形を活かして植えるとよいでしょう。

夏に咲く花、紅葉、実、冬の樹形、新芽と、楽しみどころもたくさんあります。なかでも、木肌が特徴で、樹皮が薄くはがれ、赤褐色になります。この木肌は床材などにも利用されます。

栽培も簡単です。

実● 枝に長く残る。

葉● 赤色に色づく。

樹皮● 薄くはがれやすい。

樹形● ほうきを逆さまにしたような形に育つ。

落葉樹 低木

庭に1年の移り変わりを添えてくれます。他の植物とのバランス、花や葉を楽しめる時期を考えて選びましょう。

樹形●こんもりとした樹形に育つ。

環境	広がり		適地目安
日なた	広がる	樹高 1〜2m	

フヨウ
別名モクフヨウ

アオイ科

ごく薄い花びらの大輪の花が咲く

株は、こんもりとよく育ちます。大輪ながら、上品な面持ちのある花が好まれます。花は、花びらがとても薄いのが特徴で、中心が大きくくぼんだ形です。葉は、大きく3〜5つに裂け、不規則なギザギザがあります。

花は、春以降に伸びた枝に咲くので、花芽を切り落とすことを気にせずに、いつでも好みの高さに枝を切ることができます。

楽しみ方

開花期 5〜8月
花 色 桃、白

観賞期 7〜10月

タイプ			生け垣	シンボルツリー
和風	洋風	自然風		
○	○	○		

注意 とくになし。

花●品種は多数ある。

葉●大きく裂けた形。

花●透けるように薄い。

環境	広がり		適地目安	ムクゲ	
日なた	広がる	樹高 2〜3m		別名 −	アオイ科

楽しみ方

- 開花期 7〜10月
- 花 色 赤、白
- 観賞期 5〜10月

タイプ			生け垣	シンボルツリー
和風	洋風	自然風		
○	○	○		

注意 アブラムシに注意。

生け垣などにも利用される丈夫な花木

寒さに強く、冷涼な地域でも育てることができます。扇形に育つ樹形です。葉の色は濃い緑色で、そこに純白の花がよく映えます。花には、一重咲きから八重咲きまで、花色も白色、濃い桃色などいろいろな品種があります。

放任してもよく花が咲きます。伸び過ぎた枝や込んだ部分は、枝のつけ根から切ります。好みの高さに刈り込むこともできます。

花●花の直径は8〜12cmほど。ハイビスカスと同じ仲間なので、中央のしべを突き出した花形が特徴。

葉●濃い緑色で、浅く切れ込む。

樹形●根元からたくさんの枝を出して茂る。

落葉樹／低木

樹形● 枝を横に広げて、丸い形に育つ。

ビヨウヤナギ

別名 －

オトギリソウ科

環境	広がり		適地目安
日なた	広がる	樹高 0.5～1m	

楽しみ方

開花期 6～7月　花 色黄
観賞期 5～10月

タイプ			生け垣	シンボルツリー
和風	洋風	自然風		
○	○	○		

注意 夏の西日に長く当てない。

長い雄しべが繊細な印象を与える

日本の庭や公園などで、古くから親しまれています。花は黄色で、4～6cmほどの大きさです。とても数が多い雄しべは、花びらよりも存在感があります。暗緑色の葉の上を、チョウが舞うような優雅な姿に咲きます。
枝は、株の外側に枝垂れるように伸びて、こんもりとした姿になります。
やや日陰がちな場所でも花を咲かせます。

葉● 新葉は赤みがかる。

樹形● 枝を外側に張り出す。

葉● 細長いだ円形。

花● 長い雄しべが特徴。

248

環境	広がり	
半日陰	広がる	樹高 1.5〜2m

適地目安

アジサイ

別名 —

アジサイ科

多くの園芸品種がある庭園花木の代表

花のように見えるガクを観賞します。多くの園芸品種がつくられています。

落葉樹の根元など、夏は日陰に、冬は日なたになる場所が適しています。

根元が乾燥しないように、グラウンドカバー植物を植えるとよいでしょう。

花が終わったら、夏までにせん定します。夏以降に切ると、翌年の花芽を切り落とすので、注意します。

楽しみ方

🌸 開花期 6〜7月
花 色 赤、桃、青紫、赤紫、青、白

🍃 観賞期 5〜10月

タイプ			生け垣	シンボルツリー
和風	洋風	自然風		
○	○	○		

⚠ 注意 有毒　葉や花を口にしない。

花● 花びらのように見えるのはガク。

葉● やや縮れたようになる。

樹形● 花が終わったらすぐにせん定して形よくする。

樹形● 根元から多く枝分かれし、こんもりと育つ。

落葉樹／低木

249

花●直径20cm以上にもなる大きな花を咲かせる。淡緑色から白色に変化する。

アメリカアジサイ'アナベル'

環境	広がり		適地目安	
日なた 半日陰	広がる	樹高 1m		別名－

アジサイ科

大輪の花は淡緑色から白色へと変化する

初夏に咲く花は、小花が集まってボール状になり、直径が20cm以上で、とても豪華な雰囲気になります。花色は、淡緑色から白色へと変化します。

葉は、日本種のアジサイに比べてやわらかく、葉色も明るめです。

明るい日陰となる場所でも育ちますが、日当たりのよい場所のほうが、よく花が咲きます。夏の葉焼けに注意します。

楽しみ方

| 開花期 6〜7月 花 色白 | 観賞期 5〜10月 |

タイプ			生け垣	シンボルツリー
和風	洋風	自然風		
	○	○		

注意 有毒 葉や花を口にしない。

葉●ハート形に近く、大きめ。

樹形●株の大きさに対して、花がとても大きい。

オウゴンバアジサイ

アジサイ科

環境：日なた／半日陰
広がり：広がる
樹高：1m
別名：—

明るい黄緑色の葉が日差しに輝く

美しく明るい黄緑色の葉が、暗めの場所を明るくしてくれます。花は薄紫色で微妙な色の変化があり、葉の色とよく合っています。夏の強い日差しで葉が焼けないように、強い直射日光と乾燥に注意します。

楽しみ方

- 開花期 6〜7月
- 花色 薄紫
- 観賞期 5〜7月

タイプ			生け垣	シンボルツリー
和風	洋風	自然風		
	○	○		

注意 有毒　葉や花を口にしない。

花●薄紫色で中心が黄色がかる。
葉●黄緑色。 
樹形●こんもりとした形に育つ。

ヤマアジサイ

アジサイ科

環境：半日陰
広がり：広がる
樹高：0.5〜1m
別名：—

落葉樹／低木

青色と桃色の組み合わせが愛らしい

素朴な雰囲気が好まれるアジサイです。中央に小さな花があり、その周囲を花びらのように見えるガクのある花が囲みます。タイプが異なる2種類の花の微妙な色合いの変化が楽しめます。どのタイプの庭にも似合います。

楽しみ方

- 開花期 6〜7月
- 花色 桃
- 観賞期 5〜10月

タイプ			生け垣	シンボルツリー
和風	洋風	自然風		
○	○	○		

注意 有毒　葉や花を口にしない。

花●花びらのように見えるのはガクが変化したもの。
樹形●素朴な雰囲気。

バイカウツギ

別名－　　　　　　　　　アジサイ科

ウメの花に似る白色の花

花びらは4枚。ウメの花に似るバイカウツギの仲間には、八重咲きのヤエバイカウツギ、中心が紅色になるセイヨウバイカウツギ（写真）などがあります。

楽しみ方
- 開花期 5月
- 花 色 白
- 観賞期 5〜11月

タイプ			生け垣	シンボルツリー
和風	洋風	自然風		
○	○	○		

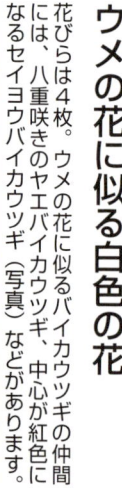

環境 日なた／半日陰
適地目安
樹高 1〜2m

シキザキアジサイ

別名－　　　　　　　　　アジサイ科

秋に花が返り咲く

その年に伸びた枝に花を咲かせるので、初夏の花が終わった後、切り戻してやると、秋に再び開花します。淡い青色〜紫色の花色も美しい。

楽しみ方
- 開花期 6〜7、10月
- 花 色 青〜紫
- 観賞期 5〜10月

タイプ			生け垣	シンボルツリー
和風	洋風	自然風		
○	○	○		

環境 日なた
適地目安
樹高 0.5m

カシワバアジサイ 'スノークィーン'

別名－　　　　　　　　　アジサイ科

ピラミッド形の花が豪華

カシワの葉のような形の大きな葉と、ピラミッド形に咲く花が特徴です。花は、一重咲きで、すき間なく密に咲きます。秋になると、葉の色は深みがある赤紫色になり、味わいが深いです。

環境 日なた／半日陰
広がり 広がる
樹高 1.5m
適地目安

楽しみ方
- 開花期 6〜7月
- 花 色 白
- 観賞期 5〜10月

タイプ			生け垣	シンボルツリー
和風	洋風	自然風		
○	○	○	○	

注意 有毒 葉や花を口にしない。

花●花がすき間なく覆う。

樹形●大きな葉と花が豪華。

花●こんもりとした形で大株に育つ。

カシワバアジサイ 'スノーフレーク'

別名 －　　アジサイ科

環境：日なた／半日陰
広がり：広がる
樹高：2m
適地目安

淡い黄色がかる八重咲きの小花

八重咲きの小花が集まって、ピラミッド形のゴージャスな花を咲かせます。花の色はやや淡黄色を帯びます。カシワの葉に似た葉は、花がない季節にも観賞できます。花の重みで枝が折れてしまうことがあるので、つぼみが大きくなってきたら、支柱を立ててやるとよいでしょう。せん定の必要はなく、開花期が終わったら、咲き終わった花を切り取ります。

楽しみ方
- 開花期 6～7月　花色 白
- 観賞期 5～10月

タイプ			生け垣	シンボルツリー
和風	洋風	自然風		
○	○	○		○

注意 有毒　葉や花を口にしない。

落葉樹／低木

葉●表面がちりめん状。秋に紅葉する。

樹形●葉に対して枝が細い。

樹形●根元からたくさんの枝が出てよく茂り、短い枝を出して花を咲かせる。

サラサウツギ

別名ー　　アジサイ科

環境	広がり		適地目安
日なた／半日陰	広がる	樹高 2m	

よく伸びた枝に桃色の優美な花が咲く

ウツギには、アジサイの仲間と、スイカズラの仲間がありますが、サラサウツギは、アジサイの仲間です。

根元からたくさんの枝を出します。枝は張り出すように育ち、その枝から短い枝を出して、花を咲かせます。

明るい日陰となる場所でも育ちます。

開花期が終わったらせん定します。発生して5年以上の枝は元から切ります。

楽しみ方

- 開花期 5〜6月　花 色 桃
- 観賞期 5〜11月
- 結実期 10月　実 色 灰褐色

タイプ			生け垣	シンボルツリー
和風	洋風	自然風		
○	○	○		

注意　とくになし

樹形●たくさんの枝をよく伸ばす。

実●灰褐色。

葉●細長い形で左右対称に並ぶ。

254

ノリウツギ

別名－　　　アジサイ科

円すい形に清楚な花が咲く

まばらな感じで咲く白い花が清楚なイメージです。花びらのように見えるガクがつく花とガクがない花の両方が混じって咲きます。

楽しみ方				
開花期6〜8月		観賞期 5〜10月		
花 色 白				

タイプ			生け垣	シンボルツリー
和風	洋風	自然風		
	○	○		

環境：日なた／半日陰

樹高　2〜3m

適地目安

ヒメウツギ

別名－　　　アジサイ科

小さい株で、愛らしい花

樹高は30〜50cmとごく小さく、小さなベル形の花を下向きに咲かせます。花壇の縁などに植えて、垂れるように咲かせると自然な雰囲気です。

楽しみ方				
開花期5〜6月		観賞期 5〜10月		
花 色 白				

タイプ			生け垣	シンボルツリー
和風	洋風	自然風		
○		○		

環境：日なた／半日陰

樹高　0.3〜0.5m

適地目安

セイヨウニンジンボク

別名－　　　シソ科

穂になって咲く花が美しい

小花が集まって穂になって咲きます。穂の長さは、10〜15cmです。水はけのよい肥沃な場所であればよく育ちます。落葉期にせん定して形を整えます。

楽しみ方				
開花期7〜8月		観賞期 5〜11月		
花 色 紫				

タイプ			生け垣	シンボルツリー
和風	洋風	自然風		
	○	○		

環境：日なた／半日陰

樹高　1〜3m

適地目安

シロシキブ

別名－　　　シソ科

白色の実が固まってつく

コムラサキ（次ページ）の白実種です。葉のつけ根に、たくさんの実を密につけます。根が浅く張るので、乾燥に注意します。

楽しみ方				
開花期6〜8月		観賞期 5〜10月	結実期 9〜10月	
花 色 白			実 色 白	

タイプ			生け垣	シンボルツリー
和風	洋風	自然風		
○		○		

環境：日なた／半日陰

樹高　1.5〜2m

適地目安

落葉樹／低木

環境	広がり		適地目安	# コムラサキ	
日なた 半日陰	広がる	樹高 1〜3m		別名 −	シソ科

弓なりに伸びた枝に実が鈴なりにつく

春に発生した枝が、長く伸びて、節々に目立たない花を咲かせます。秋になると、実がつき、美しい紫色に色づきます。実は、枝に鈴なりになり、実の重みで枝がアーチ状にたわみます。その姿にはとても風情があります。

全国どこでも栽培しやすい樹木です。根元が乾燥しないように注意します。日陰がちな場所でも育ちますが、花や実が少なめになります。

楽しみ方

- 開花期 7〜8月　花　色白
- 観賞期 5〜11月
- 結実期 9〜10月　実　色紫

タイプ			生け垣	シンボルツリー
和風	洋風	自然風		
○	○	○		

注意 とくになし。

花●目立たないが、愛らしい。

実●びっしりとつく。

実●枝の節という節に実る。

樹形●枝が長く伸び、実の重みでアーチ状になる。

葉●先端が細くとがるだ円形。

ミツマタ

ジンチョウゲ科

別名－

環境：日なた
広がり：広がる
樹高：2〜3m

枝が3本に分かれる姿が特徴

早春に、黄色または朱色の花を枝いっぱいに咲かせます。

花は、筒形で、先端が裂けて開きます。筒型の部分はガクで、綿のような質感で白色です。

枝は、先端が3本に分かれる姿が特徴的で、名前の由来にもなっています。樹皮の繊維はとても強く、枝を手で折り取ることができません。

楽しみ方

開花期 3〜4月	観賞期 5〜11月	結実期 10月
花 色 黄、朱		実 色 茶褐色

タイプ			生け垣	シンボルツリー
和風	洋風	自然風		
	○	○		

注意：とくになし。

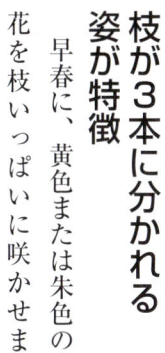

花●筒型で、先端が4つに裂ける。

葉●葉裏が白く、細長い。

樹形●こんもりとした形に育つ。

樹形●枝の先端が3本に分かれる。

落葉樹／低木

コバノズイナ 'ヘンリーズガーネット'

環境：日なた／半日陰
広がり：広がる
樹高：1～3m
適地目安：

別名ヒメリョウブ、アメリカズイナ　　ユキノシタ科

楽しみ方
- 開花期6～7月　花　色白
- 観賞期5～11月
- 結実期10月　実　色緑褐色

タイプ			生け垣	シンボルツリー
和風	洋風	自然風		
○	○	○		

注意　とくになし。

赤紫色の紅葉が美しい

コンパクトなタイプのコバノズイナです。とくに、赤紫色に変化する秋の紅葉が美しく、庭に風情を添えます。とがったサヤが上向きに並ぶ実の形もユニークです。水はけがよく、乾燥しない場所が適しています。

葉●紅葉の発色が美しい。

実●形がユニーク。

樹形●細い枝が多数出て、やさしげ。

コバノズイナ 'メルドウ'

環境：日なた
広がり：広がる
樹高：2～3m
適地目安：

別名－　　ユキノシタ科

楽しみ方
- 開花期6～7月　花　色白
- 観賞期5～11月

タイプ			生け垣	シンボルツリー
和風	洋風	自然風		
○	○	○		

注意　とくになし。

香りのよい穂状花（すいじょうか）など四季の変化が楽しめる

春の新色、初夏に咲く白色の穂状花、秋の紅葉と、四季の変化が楽しめます。花は、花びらよりも雄しべが目立ち、フワフワとした印象で、よい香りがあります。水はけのよい場所に植えます。丈夫で育てやすいです。

葉●縁に細かいギザギザが入る。

葉●秋に紅色に色づく。

樹形●枝が多数出る。

258

ハスカップ

別名クロミノウグイスカグラ　　スイカズラ科

青紫色の実をジャムや果実酒に

夏に扁平形をした青紫色の実が収穫できます。土の乾燥と、夏の暑さに弱いので、注意します。人工授粉した方が実がつきます。弱酸性の場所を好みます。

楽しみ方	開花期5月 花　色白	観賞期5～10月	結実期7月 実　色青紫	環境 日なた

タイプ			生け垣	シンボルツリー
和風	洋風	自然風		
○	○	○		

樹高 1～2m　適地目安

ウグイスカグラ

別名－　　スイカズラ科

ラッパの形をした花が咲く

根元から枝をたくさん出してよく茂ります。花は薄い桃色で先端が5つに裂けます。実は甘くて食べることができます。半日陰ではやや間のびします。

楽しみ方	開花期4～5月 花　色桃	観賞期5～11月	結実期5～6月 実　色赤	環境 日なた 半日陰

タイプ			生け垣	シンボルツリー
和風	洋風	自然風		
○	○	○		

樹高 1～3m　適地目安

オオベニウツギ

別名－　　スイカズラ科

長さ3～4cmある大型の花

タニウツギよりも大きな花が咲きます。長さ3～4cmで濃い紅色をしています。性質は丈夫で育てやすいです。花が終わったら短めに刈り込んで形を整えます。

落葉樹／低木

楽しみ方	開花期5～7月 花　色紅	観賞期5～11月	環境 日なた 半日陰

タイプ			生け垣	シンボルツリー
和風	洋風	自然風		
○	○	○		

樹高 2～3m　適地目安

フサスグリ

別名レッドカーラント　　スグリ科

透き通る赤色の実が房に実る

宝石のルビーのような色の実が房になる様子などが素敵です。夏に涼しい場所が適しています。

楽しみ方	開花期5月 花　色白	観賞期5～10月	結実期7～8月 実　色赤	環境 日なた 半日陰

タイプ			生け垣	シンボルツリー
和風	洋風	自然風		
○	○	○		

樹高 1～2m　適地目安

環境	広がり		適地目安	タニウツギ
日なた 半日陰	広がる	樹高 2m		別名－　　スイカズラ科

楽しみ方

開花期5月 花 色濃桃	観賞期 5〜11月	結実期8〜9月 実 色褐色

タイプ			生け垣	シンボルツリー
和風	洋風	自然風		
○	○	○		

注意 とくになし。

枝が茶褐色になり風情を添える

美しい花を咲かせることはもちろん、枝が赤色がかる茶褐色で、葉も葉脈が赤色がかり、独特な風情を庭に添えます。丈夫で育てやすいことも魅力です。開花期が終わったらせん定して整えますが、自然樹形を活かすときれいです。

花●筒型で先端が開く。

葉●葉脈が赤色がかる。

樹形●根元からたくさん枝を出して茂る。

環境	広がり		適地目安	オオベニウツギ'オーレアバリエガータ'
日なた 半日陰	広がる	樹高 2〜3m		別名－　　スイカズラ科

楽しみ方

開花期5〜7月 花 色赤紫、桃	観賞期 5〜11月

タイプ			生け垣	シンボルツリー
和風	洋風	自然風		
○	○	○		

注意 とくになし。

美しい花木として好まれる

タニウツギの園芸品種です。オオベニウツギの基本種は、花が濃い赤紫色ですが、この品種は、葉に斑が入り、花が桃色です。
開花期が終わったら太い枝を好みの高さで、混み合う枝はつけ根から切って整えます。

樹形●枝を長く伸ばす。

ウェイゲラ・フロリダナム 'バリエガータ'

別名 ―
スイカズラ科

適地目安

環境：日なた／半日陰
広がり：広がる
樹高：1～2m

葉の縁に乳白色の斑が入る人気種

葉は緑色で白色に縁取られます。斑入りの葉の上品な雰囲気から、庭木として好まれています。

花は、咲きはじめが濃い桃色で、次第に白色へと変化しますので、2～3色の花が咲いているようにも見えます。

伸びやかな姿を活かした自然樹形がおすすめですが、刈り込みにも強いので、好みの形に仕立てることもできます。丈夫で育てやすいです。

楽しみ方

- **開花期** 5月
- **花色** 桃
- **観賞期** 5～11月

タイプ			生け垣	シンボルツリー
和風	洋風	自然風		
○	○	○	○	

注意 とくになし。

花●桃色の筒形で先端が開く。

葉●緑色に乳白色の縁取り。

樹形●根元から多く枝分かれし、それぞれ上に向かって勢いよく育つ。

樹形●刈り込むと全体が小ぶりに。

落葉樹／低木

環境	広がり		適地目安	# ミツバツツジ	
日なた	広がる	樹高 2〜3m		別名ー	ツツジ科

楽しみ方

開花期 5月 花 色 赤紫	観賞期 4〜11月	結実期 10月 実 色 褐色

タイプ			生け垣	シンボルツリー
和風	洋風	自然風		
○	○	○		○

注意 とくになし。

花●花径は3〜4cm。

葉●枝先に3枚の葉が出る。

樹皮●灰褐色でなめらか。

樹形●根元から多く枝分かれし、小枝も多数出る。

明るい赤紫色の花が春の陽光に映える

落葉性のツツジで、春先、芽吹く前に開花します。多花性で、株全体が美しい花で覆われます。

花が終わると、枝先に3枚の葉がつきます。若葉の両面には粘液を出す毛が生えているので、触るとべたつきます。

夏に刈り込んで形を整えます。秋以降に刈り込むと、花芽を落としてしまい、翌年花が咲かない原因となります。

ドウダンツツジ

ツツジ科

環境：日なた、半日陰
広がり：広がる
樹高 1.5m
適地目安
別名 —

楽しみ方

開花期 4月　花 色白、桃
観賞期 4〜11月
結実期 10月　実 色赤褐色

タイプ			生け垣	シンボルツリー
和風	洋風	自然風		
○	○	○	○	

注意●とくになし。

庭木としての使い道と楽しみ方がいっぱい

春に、小さなツボ形の花を鈴なりにつけて咲きます。開花とほぼ同時に芽吹く新緑が美しく、秋には美しい赤色に色づきます。

刈り込みに強いので、生け垣によく利用されます。球形に仕立てることもできます。自然樹形に仕立てても素朴な雰囲気で楽しめます。また、熟すと上向きになる実も楽しめます。

実●上向きになる。

花●ツボ形の花がいっぱいに咲く。

樹形●小枝がたくさん発生するので、好みの形に仕立てられる。

葉●長さ2〜4cm。秋に赤色に色づく。

樹形●生け垣に用いるとよい。

落葉樹／低木

263

サラサドウダンツツジ

別名－　　　　　　　　　ツツジ科

紅色の花がとても愛らしい

ドウダンツツジの仲間で、紅色のかわいらしい花がとても魅力的です。ドウダンツツジと同様に楽しめます。

楽しみ方

開花期	4月
花 色	紅
観賞期	5～11月

環境：日なた／半日陰

タイプ			生け垣	シンボルツリー
和風	洋風	自然風		
○	○	○		

樹高 2m

環境：日なた
広がり：広がる
樹高 1m
適地目安

クロフネツツジ

別名－　　　　　　　　　ツツジ科

淡紅色の花がやさしい

中輪の花が咲きます。花色は淡紅色です。葉は枝先に5枚、車輪状につきます。

楽しみ方

開花期	4月
花 色	淡紅
観賞期	5～11月

環境：日なた／半日陰

タイプ			生け垣	シンボルツリー
和風	洋風	自然風		
○	○	○		

樹高 1～2m
適地目安

ビルベリー

別名－　　　　　　　　　ツツジ科

楽しみ方

開花期	4月
花 色	白
観賞期	5～11月
結実期	7～8月
実 色	黒紫

タイプ			生け垣	シンボルツリー
和風	洋風	自然風		
	○	○		

注意 とくになし。

濃厚な甘みと栄養価で注目のベリー

北ヨーロッパや北アメリカ原産の果実です。実は直径6mmほどで、濃厚な甘みがあります。ブルーベリーよりもアントシアニン、抗酸化物質を多く含むので、注目されています。姿もやさしく、ナチュラルな雰囲気です。

葉●長さは2cm程度。

樹形●繊細な雰囲気に育つ。

ブルーベリー

別名 －　　ツツジ科

環境 日なた
広がり 広がる
樹高 2～3m
適地目安

花と実が愛らしく秋には紅葉する果樹

非常にたくさんの種類・品種があります。

大きく分けると、①サザンハイブッシュ系、②ハイブッシュ系、③ラビットアイ系があります。①は、寒い地域から暖かい地域まで育てられ、1本でも多くの実をつけます。②は、寒さに強く、雨が多いのを好みます。③は、暑さに強く、半常緑性です。③は、複数の品種を植えた方が、よく実がなります。

楽しみ方

| 開花期 4月 花 色白 | 観賞期 5～11月 | 結実期 7～8月 実 色黒紫 |

タイプ			生け垣	シンボルツリー
和風	洋風	自然風		
○	○	○		

注意 とくになし。

実●甘酸っぱい。

花●釣り鐘形に下がる。

葉●小型で、秋には美しく紅葉する。

樹形●種類や品種によって異なる。

落葉樹／低木

樹形●幹が直立し、小枝を出して、花が吊り下がるように咲く。

エンゼルトランペット

別名キダチチョウセンアサガオ　　ナス科

環境	広がり		適地目安
日なた	広がる	樹高 3m	

トランペット形の花が下向きに咲く

大きなトランペット形の花が、吊り下がるように咲き、存在感があります。花の先端はスカートをひるがえしたような形で、「エンゼルトランペット」の名前もかわいらしく、人気があります。

しかし、有毒植物ですので、取り扱いには注意します。花が終わったら、新芽を残して、思い切って刈り込みます。寒い地域では、鉢植えにして、温室などで管理します。

楽しみ方

開花期 7～10月　　観賞期 5～10月

花　色 赤、桃、紫、白、黄、杏、橙

タイプ			生け垣	シンボルツリー
和風	洋風	自然風		
	○	○		○

注意　有毒　タネを口にしたり、汁が目や口につかないようにする。子どもをこの樹木の近くで遊ばせない。

葉●長さ20cm以上に育ち、大きくギザギザが入る。

花●桃花種。

花●黄花種。花びらの先端は、5つに分かれて、反り返る。

樹形●刈り込みに強いので、好きな形に仕立てられる。

ニシキギ・コンパクタ

環境	広がり		適地目安		
日なた	広がる	樹高 1.5m		別名 －	ニシキギ科

枝にヒレのようにつくコルク質の突起が特徴

紅葉の季節に、ひときわ鮮やかな濃い赤色で周囲を彩るため「錦木(にしきぎ)」の名があります。

枝に、コルク質の平べったいヒレのような突起があるので、すぐに分かります。花は小さく、葉のつけ根に咲くので目立ちません。熟すと裂ける実もユニークで、いろいろと楽しめます。

落葉期に、込み合った部分の枝を切ります。どこで切っても、よく芽が出ます。

楽しみ方

開花期 5月 花 色 黄緑	観賞期 5～11月
結実期 10～11月 実 色 赤	

タイプ			生け垣	シンボルツリー
和風	洋風	自然風		
○	○	○	○	

注意 とくになし。

落葉樹／低木

葉●秋には美しく紅葉する。

葉●左右対象に並ぶ。

枝●コルク質のヒレ状の突起がある。

ニシキギ 'ルディハック'

ニシキギ科

別名－

環境	広がり	樹高	適地目安
日なた	広がる	2m	

楽しみ方

- 開花期5月　花 色黄緑
- 観賞期5〜11月
- 結実期10〜11月　実 色赤

タイプ			生け垣	シンボルツリー
和風	洋風	自然風		
○	○	○	○	

注意 とくになし。

紅葉が鮮やかなニシキギの小型種

すっきりとした形の樹木です。日当たりが悪い場所では、実がならないことがあります。落葉期にせん定して形を整えます。どこから切っても、よく芽を出します。

葉●燃えるような赤色に染まる。

樹形●根元近くから枝分かれする。

ボケ

バラ科

別名－

環境	広がり	樹高	適地目安
日なた	広がる	2m	

楽しみ方

- 開花期3〜4、10月　花 色朱、赤、桃、白、薄黄、杏、橙
- 結実期8〜9月　実 色黄

タイプ			生け垣	シンボルツリー
和風	洋風	自然風		
○		○		

注意 とくになし。

庭木や盆栽に利用され品種が多数ある

花は早春に咲きますが、秋と春に花が咲く品種などもあります。ウメの花に似ていますが、花びらに厚みがあります。樹形は細かい枝が多数発生して、絡まるような姿です。落葉期に花芽を落とさないようにせん定します。

花●ウメに似るが、よりふっくらとした印象。

樹形●曲がった小枝が多数発生する。

268

コデマリ

別名－　　バラ科

環境	広がり	樹高	適地目安
日なた	広がる	1.5〜2m	

球形に小花が集まりアーチ状の枝に咲く

アーチ状に枝垂れる枝に、白色の小花が球形に集まった花がいっぱいに咲き、見事な景観をつくります。

葉は細長いだ円形です。

自然の樹形が美しいので、活かすようにします。花が終わったら、伸び過ぎた枝や込み合った部分をつけ根から取ります。また、株が弱って花が少なくなってきたら、思い切って短めにせん定すると、株が若返ります。

楽しみ方

- 開花期 4〜5月　花　色白
- 観賞期 4〜10月
- 結実期 10月　実　色茶褐色

タイプ			生け垣	シンボルツリー
和風	洋風	自然風		
○	○	○	○	

注意 とくになし。

花●小花が集まった1球は3cmほどの大きさ。

葉●緑は不規則に切れ込む。

花●花びらはまるい形。

樹形●花の重みで、枝がアーチ状に枝垂れる。

落葉樹／低木

シモツケ

別名 ―　　　　　　　　　　バラ科

雄しべが目立つ小花が集まる

雄しべが花の色と同色です。刈り込むと枝数がふえてたくさんの花が咲きますが、不要な枝をつけ根から切り、自然樹形に仕立てるのもおすすめ。

楽しみ方
- 開花期 5～7月
- 花　色 濃桃、白
- 観賞期 5～10月

環境 日なた

タイプ			生け垣	シンボルツリー
和風	洋風	自然風		
○	○	○		

樹高 **1m**

適地目安

フイリコデマリ

別名 ―　　　　　　　　　　バラ科

葉に斑点のような斑が入る

花は基本種のコデマリと似ています。葉には、吹いたような白色の斑点が細かく入ります。夏に根元が乾燥しないようにします。

楽しみ方
- 開花期 4～5月
- 花　色 白
- 観賞期 5～11月

環境 日なた　半日陰

タイプ			生け垣	シンボルツリー
和風	洋風	自然風		
○	○	○		

樹高 **1～2m**

適地目安

環境 日なた　**広がり** 広がる　樹高 **1.5m**　適地目安

シモツケ 'ライムマウンド'

別名 ―　　　　　　　　　　バラ科

明るい黄緑色の葉はカラーリーフに

明るい黄緑色の葉が、夏の間もあせることなく、楽しめます。秋には紅葉します。こんもりとした姿に育てるには、全体を半分以下に切ります。自然樹形に仕立てるには、古い枝をつけ根から取ります。

楽しみ方
- 開花期 5～7月
- 花　色 桃
- 観賞期 5～10月

タイプ			生け垣	シンボルツリー
和風	洋風	自然風		
○	○	○		

注意 とくになし。

花●薄い桃色。

葉●明るい黄緑色。

樹形●こんもりと茂る。

フィソカルパス

別名アメリカコデマリ、アメリカテマリシモツケ　バラ科

環境	広がり	樹高
日なた	広がる	2～3m

適地目安

楽しみ方

- 開花期 5～6月　花 色白
- 観賞期 5～11月
- 結実期 10月　実 色赤

タイプ			生け垣	シンボルツリー
和風	洋風	自然風		
	○	○		

注意 とくになし。

さわやかな緑色の葉で存在感がある

明るく、さわやかな緑色です。日本原産のシモツケに比べて、全体が大柄で、存在感があります。庭の素材として人気が高まっています。花は小花が集まって球形に咲きます。赤色の実も楽しむことができます。

葉●さわやかな緑色。

樹形●日本のシモツケより大柄。

フィソカルパス・ディアボロ

別名アメリカコデマリ・ディアボロ　バラ科

環境	広がり	樹高
日なた	広がる	2～3m

適地目安

楽しみ方

- 開花期 5～6月　花 色桃
- 観賞期 5～11月
- 結実期 10月　実 色赤

タイプ			生け垣	シンボルツリー
和風	洋風	自然風		
	○	○		

注意 とくになし。

シックな赤紫色の葉が夏の間も楽しめる

庭のアクセントに好まれる赤紫色の葉は、少し光沢があり、独特の雰囲気を持ちます。とても丈夫で、夏の間も美しい葉の色を保ちます。花が咲くと、花と葉のコントラストが鮮やかです。夏にせん定して整えます。

葉●赤紫色がシック。

落葉樹／低木

樹形●とても丈夫で、よく育つ。

バラ（木立性）

別名 －

バラ科

環境	広がり	
日なた	広がる	樹高 0.5〜3m

適地目安

楽しみ方

開花期 5〜11月	観賞期 5〜11月	結実期 10月
花 色赤、桃、紫、白、黄、杏、橙、青紫、緑		実 色橙

タイプ			生け垣	シンボルツリー
和風	洋風	自然風		
	○	○		○

注意 とくになし。

たくさんの名花が生まれている

花の形、香りがすばらしく、花の女王として、全世界で愛されています。園芸品種は非常に多く、純粋な青色のほかは、あらゆる色彩の花色があります。バラを樹形で分けると、大きくは木立性のものと、つる性のものがありますが、その中間のタイプも多く存在します。購入するときには、成長後の姿、枝の伸び具合なども、よく確認するようにしましょう。

花●一重、半八重、八重咲きがある。

葉●小葉5枚からなる。

実●株を弱らせないためには、つけ過ぎないほうがよい。

樹形●バラは種類や品種によって、樹形も多様。

バラ（木立性）の種類

イングリッシュ・ローズ

オールド・ローズ姿で四季咲き

オールド・ローズの姿や香りをそのままに、四季咲き性を持ち合わせたバラ。イギリスのオースチン氏が作出。品種によってつる性のものも。

ハイブリッド・ティ・ローズ

大輪で四季咲き性が強い種類

春から秋まで数回開花します。大輪で華やかなものが多く、花色も豊富です。花形も中心が高くなる高芯（こうしん）咲き、剣弁（けんべん）、丸弁（まるべん）など。

パティオ・ローズ

大型のミニチュア・ローズ

ノイバラとロサ・キネンシス・ミニマとの交配から生まれた種類ですが、最近ではほかの種類との交配で生まれたものもあります。

フロリバンダ・ローズ

中輪で四季咲き多花性（たかせい）タイプ

花は小さめですが、枝に数輪が房状に咲き、たくさんの花が楽しめます。四季咲きで丈夫な品種が多く、初心者の庭植えにもおすすめです。

ミニチュア・ローズ

一般にミニバラと呼ばれる

株も花も小型のバラです。庭植えするときには、泥が跳ね返らないように、ペニーロイヤルミントなどを根元に植えるとよいでしょう。

オールド・ローズ

春咲き性で香り高い

ハイブリッド・ティ・ローズが作出されるより前に存在していた種類のバラの総称とされ、種類は多数。たおやかな形と芳香があります。

落葉樹／低木

花●アーチ状に伸びる枝に、黄色い花を多数咲かせる。

ヤマブキ

環境	広がり	樹高	適地目安	別名	バラ科
半日陰	広がる	1～2m		－	

枝に連なるように黄色い花が咲く

やや日陰がちな、湿り気のある環境を好みます。緑色の葉と濃い黄色の花とのコントラストが、とても鮮やかで、日陰がちな場所が華やぎます。大きな樹木の根元や背景など、暗めの場所にも植えることができるので、便利です。
開花期が終わったら、せん定します。枝垂れる枝の姿を損なわないように、古い枝をつけ根から切るようにします。

楽しみ方

開花期 4～5月 花 色黄	観賞期 5～11月	結実期 9月 実 色暗褐色

タイプ			生け垣	シンボルツリー
和風	洋風	自然風		
○	○	○		

注意●とくになし。

葉●左右に、互い違いに葉がつく。くっきりとした葉脈と縁のするどいギザギザが特徴。

樹形●枝が横に張り出す。

274

ヤエヤマブキ

環境	広がり	樹高	適地目安		
半日陰	広がる	1〜2m		別名−	バラ科

楽しみ方

開花期 4〜5月 花 色黄	観賞期 5〜11月	結実期 9月 実 色暗褐色

タイプ			生け垣	シンボルツリー
和風	洋風	自然風		
○	○	○		

注意 とくになし。

花びらが重なり、ボリューム感がある

花びらが幾重にもなり、ポンポンのような形になります。その花が枝いっぱいに連なって咲き、枝が枝垂れる様子は、ボリューム感たっぷりです。いくつかの園芸品種があります。

葉●くっきりと葉脈が目立つ。

樹形●花の重みで枝垂れる。

シロヤマブキ

環境	広がり	樹高	適地目安		
半日陰	広がる	1〜2m		別名−	バラ科

楽しみ方

開花期 4〜5月 花 色白	観賞期 5〜11月	結実期 8月 実 色黒

タイプ			生け垣	シンボルツリー
和風	洋風	自然風		
○	○	○		

注意 とくになし。

樹形●枝をよく伸ばす。

落葉樹／低木

花びらは4枚で葉が左右対称につく

清楚な雰囲気の白色の花が風情豊かです。和風、洋風どちらの庭にも似合います。ヤマブキに似ていますが、別の種類で、花びらの数と葉のつき方、実が違います（ヤマブキの白花種はシロバナヤマブキ）。

葉●葉の形は、ヤマブキとそっくり。

花●花びらは4枚。

樹形●アーチ状に枝を伸ばす。その枝を覆うように密に小花を咲かせる。

ユキヤナギ

別名－　　　バラ科

環境：日なた／半日陰
広がり：広がる
樹高：1～1.5m
適地目安

雪をかぶったように真っ白な花に覆われる

長く伸びた枝に、小花がいっぱいに咲くので、まるで株が雪をかぶったように見えます。とくに、枝先に密集して咲きます。

花が注目されますが、秋の紅葉も見事です。

刈り込みもできるので、いろいろな仕立て方ができ、生け垣にも利用できます。せん定は開花期が終わった後に行います。かなり短く切っても大丈夫です。

楽しみ方

- 開花期 3～4月
- 花 色 桃、白
- 観賞期 4～10月

タイプ			生け垣	シンボルツリー
和風	洋風	自然風		
○	○	○	○	

注意 とくになし。

葉●スッとした形。

樹形●丸くまとまることが多い。

花●円形の花びらをしたごく小さな花を咲かせる。

オウゴンユキヤナギ

別名－　　バラ科

環境	広がり	樹高	適地目安
日なた／半日陰	広がる	0.5〜1m	

楽しみ方
- 開花期 4月／花 色 白
- 観賞期 4〜10月

タイプ			生け垣	シンボルツリー
和風	洋風	自然風		
○	○	○	○	

注意 とくになし。

新葉が黄金色でシーズン中楽しめる

細い枝に、細長い小さな葉をつけるので、繊細な印象があります。新葉は、黄金色で、シーズン中は次々につくので、長い期間楽しむことができます。花は白色で、4月に咲き、よりいっそう周囲を明るくします。

樹形●枝が細く、ふんわりとした形に育つ。

葉●繊細な感じの細かい葉で、新葉はとくに明るい黄金色になる。

ラズベリー

別名－　　バラ科

環境	広がり	樹高	適地目安
日なた	広がる	1〜2m	

楽しみ方
- 開花期 5〜7月／花 色 白
- 観賞期 5〜10月
- 結実期 7〜9月／実 色 赤、黄、橙

タイプ			生け垣	シンボルツリー
和風	洋風	自然風		
○	○	○		

注意 とくになし。

落葉樹／低木

実がなる姿が愛らしく人気が高い

甘酸っぱい果実を収穫する木いちごの仲間です。姿が愛らしいことから、人気があります。種類はとても多く、ブラックベリーと交配した品種などもあります。よく育つので、ほかの植物の邪魔にならないようにします。

樹形●枝は細く、長く伸びる。

花●白色の5弁花が咲く。

実●透き通るような赤色の実。食べるとサクランボに似た味がする。

環境	広がり		適地目安	## ユスラウメ	
日なた	広がる	樹高 2～3m		別名 ―	バラ科

ルビーのような透き通る赤色の実

透き通る赤色の実はつややかで、宝石のルビーのような美しさがあります。白色の実もまた、水晶玉のようで美しいです。春に一斉に咲く花も見事です。

寒さ、暑さに強く、日本全国で栽培可能です。過湿には弱く、根腐れしやすいので、水はけのよさが大切です。日当たりと水はけのよい場所であれば、管理は簡単です。

楽しみ方

- 開花期 4～5月　花色 桃、白
- 観賞期 5～10月
- 結実期 6～7月　実色 赤、白

タイプ			生け垣	シンボルツリー
和風	洋風	自然風		
○	○	○		○

注意●水はけをよくする。

樹形●よく枝分かれして、枝を開いた形に育つ。

花●白実種の花。純白。

花●赤実種の花。薄紅色。

樹形●大輪の豪華な花が咲く。

ボタン

別名 －

ボタン科

環境	広がり	樹高	適地目安
日なた	広がる	2～3m	

あでやかな花は洋風の庭にも似合う

中国原産で、日本でも代表的な園芸植物として歴史があります。品種は非常に多くあります。日本庭園に咲くイメージが強いですが、最近では洋風の庭にも取り入れられるようになっています。

大輪の花は、薄い花びらが何重にも重なります。根が弱いので、植えつけ時に傷めないようにします。

咲き終わった花だけを切り取り、葉はできるだけ残します。

楽しみ方

- 開花期 4～5月
- 花色 赤、桃、紫、白、黄
- 結実期 5～10月

タイプ			生け垣	シンボルツリー
和風	洋風	自然風		
	○	○		○

注意 移植や株の周囲を掘るのは厳禁。

葉●大きく切れ込む。品種によって違うが、葉もいろいろな形がある。

花●2色咲きなどもある。中心の雄しべとのバランスもよい。

花●花びらが薄く、たくさん重なり合う。

落葉樹／低木

エニシダ

環境	広がり	樹高	適地目安
日なた	広がる	2〜3m	

別名 ー　　　　マメ科

楽しみ方
- 開花期 4〜5月　花色 黄、白
- 観賞期 5〜10月

タイプ			生け垣	シンボルツリー
和風	洋風	自然風		
○	○	○		

注意 移植を嫌う。

春の陽光に輝く黄色い花が咲く

細い枝に花をたくさんつけるので、開花すると枝が枝垂れ、自然な雰囲気が楽しめます。スペースがあれば放任して大株に育てます。黄色い花が咲く品種のほか、花びらの一部が赤色のホオベニエニシダなどもあります。

樹形●ほうき形に育つ。
葉●あまり大きくない。 
花●明るい黄色い花が多数咲く。 

ハギ '江戸絞り'

別名 ー　　　　マメ科

花色が紫色と白色の2色からなる

古くから親しまれている園芸品種。1つの花に紫色と白色の2色が出ます。枝が伸びる姿もやさしく、小粋な雰囲気が庭に添えられます。

楽しみ方
- 開花期 8〜9月　花色 白、紫
- 観賞期 5〜10月

タイプ			生け垣	シンボルツリー
和風	洋風	自然風		
	○	○		

環境		適地目安	樹高
日なた	半日陰		2〜3m

エニシダ（矮性種）

別名 ー　　　　マメ科

地面を覆うように育つ

樹高が高くならずに、低く育つタイプです。日当たりのよい場所のグラウンドカバーなどに適しています。葉はだ円形です。

楽しみ方
- 開花期 4〜5月　花色 黄
- 観賞期 5〜10月

タイプ			生け垣	シンボルツリー
和風	洋風	自然風		
	○	○		

環境	適地目安	樹高
日なた		0.3m

樹形●丸みを帯びた葉があり、その上にチョウのような花が咲く。

ハギ

別名 －　　マメ科

チョウのような形の花が枝垂れて咲く

丸みを帯びた葉と、長く伸びるしなやかな枝が、枝垂れて花を咲かせる姿が優美です。日本庭園では、ハギのトンネルなどもつくられます。

明るい日陰でも育ちますが、花をたくさん咲かせるには、日当たりのよい場所で育てます。

落葉期に、根元近くの芽を残して切ります。枝が残る品種も、地上10cm程度残して切り、コンパクトにします。

環境	広がり	樹高	適地目安
日なた・半日陰	広がる	1～3m	

楽しみ方

- 開花期 5～8月
- 花色 赤、桃、紫、白、黄
- 観賞期 5～10月

タイプ			生け垣	シンボルツリー
和風	洋風	自然風		
○	○	○		

注意　とくになし

落葉樹／低木

葉●小葉3枚からなる複葉。

花●マメ科特有のチョウのような形の花。

シロバナハギ

マメ科

別名 －

環境 日なた／半日陰
広がり 広がる
樹高 1～3m
適地目安

楽しみ方

- 開花期 5～8月
- 花色 白
- 観賞期 5～10月

タイプ			生け垣	シンボルツリー
和風	洋風	自然風		
○	○	○		

注意 とくになし。

清楚な大輪の花が魅力的

ミヤギノハギと呼ばれる種類の白色の花が咲く品種です。花は大きめで、花色は純白です。長い枝が枝垂れ、暗緑色の葉に花がとてもよく映えます。葉は角が丸いひし形です。冬に地際で切り戻すと、小さく管理できます。

葉●小葉3枚が集まる。

花●小枝の先に数輪ずつ咲く。

樹形●しなやかな細枝から小枝が出る。

コバノセンナ

マメ科

別名 カシア

環境 日なた
広がり 広がる
樹高 1～2m
適地目安

楽しみ方

- 開花期 10月
- 花色 黄
- 観賞期 5～11月

タイプ			生け垣	シンボルツリー
和風	洋風	自然風		
○	○	○		○

注意 とくになし。

丸まって咲くかわいい花と美しい葉

暖かい地域原産です。明るい黄色の花は、丸い花びらが愛らしく、雄しべの形がチョウの触覚のようです。葉は細長く、端正な印象があります。秋に、暖かさを感じる黄色い花をたくさん咲かせます。

樹形●枝がしなやか。

葉●細長く、端正。

花●輝く黄色。

樹形●サルスベリの矮性（わいせい）種で、1m程度の大きさでまとまる。

サルスベリ・チカシリーズ

別名－　　ミソハギ科

環境	広がり	樹高	適地目安
日なた	広がる	1〜2m	

樹高が低く花色が鮮やか

矮性サルスベリと呼ばれる種類で、樹高が1m程度と低く、枝を横に張り出すように伸ばすので、こんもりとした姿で楽しめます。

花は、フリル状で、各色あります。

大きくならないので、庭に取り入れやすく、花は夏の間中楽しめます。その年に伸びた枝に花を咲かせます。

楽しみ方

開花期 7〜9月　花色 赤、桃、白
観賞期 5〜10月

タイプ			生け垣	シンボルツリー
和風	洋風	自然風		
	○	○		○

注意　とくになし。

落葉樹／低木

葉●左右互い違いにつくが、揃いがよい。

花●フリル状に咲く花。鮮やかな花色のものが多い。

環境	広がり		適地目安	# トサミズキ
日なた 半日陰	広がる	樹高 2〜4m		別名 －

マンサク科

ハート形の葉と早春に咲く花が魅力的

早春、芽吹く前に、枝から明るい黄色の花穂が多数吊り下がります。花が咲き終わると、芽吹いて伸びますが、葉はハート形をしています。新葉は赤みを帯びます。

日当たりのよい、やや湿り気のある場所が適しています。やや大きく育つので、せん定して制限します。夏に翌年の花芽をつけるので、開花期が終わったらすぐに枝を切って大きさを整えます。

楽しみ方

開花期 3〜4月 花 色 黄	観賞期 4〜10月	結実期 10月 実 色 茶褐色

タイプ			生け垣	シンボルツリー
和風	洋風	自然風		
○		○		

注意 とくになし。

花●小花が穂になって咲き、吊り下がる。

樹形●根元から多くの枝が出て、草むら状に茂る。

葉●ハート形。秋に黄色に色づく。

樹形●枝がたくさん出て、よく茂る。早春に、黄色い花穂が多数咲く。

ヒュウガミズキ

別名 －　　マンサク科

トサミズキを小型にした姿

トサミズキ（きんえんしゅ）の近縁種で、全体にトサミズキよりも小型になります。

花が咲く姿も、葉の大きさや形もそっくりです。日当たりのよいやや湿り気のある場所を好みます。トサミズキは明るい日陰でも育ちますが、ヒュウガミズキは日なたで育てます。

葉はハート形で、くっきりとした葉脈が特徴。新葉は赤みがかります。

環境	広がり	樹高	適地目安
日なた	広がる	1～2m	

楽しみ方

開花期 3～4月 花 色黄	観賞期 4～10月	結実期 10月 実 色茶褐色

タイプ			生け垣	シンボルツリー
和風	洋風	自然風		
	○	○		

注意 とくになし。

落葉樹／低木

葉●ハート形になる。

葉●新葉は赤みがかり、美しい。

花●下向きに咲く小花が穂になる。

メギ

メギ科

別名 −

環境：日なた／広がり：広がる／樹高 0.5〜1m

楽しみ方
- 開花期 4〜5月　花 色黄
- 観賞期 5〜10月
- 結実期 10〜11月　実 色赤

タイプ			生け垣	シンボルツリー
和風	洋風	自然風		
○	○	○		○

注意：枝のトゲに注意。

光沢がある小葉が密に茂る

枝を横に張り出すように伸ばします。樹高の低いものが多くあります。緑色の葉だけでなく、黄金葉やライム葉、銅葉（濁った赤茶色）のものなど、品種は多数あります。秋に実を楽しむこともできます。

葉●厚みがある小さい葉。

樹形●枝は、かっちりとした印象。

メギ・パープレア

メギ科

別名 −

環境：日なた／広がり：広がる／樹高 0.5〜1m

楽しみ方
- 開花期 4〜5月　花 色黄
- 観賞期 5〜10月
- 結実期 10〜11月　実 色赤

タイプ			生け垣	シンボルツリー
和風	洋風	自然風		
○	○	○	○	

注意：枝のトゲに注意。

赤紫色の葉が庭をおしゃれにする

シックな赤紫色の葉の品種です。どんなタイプの庭にも似合う雰囲気があります。枝は暴れるように育つので、落葉期に短く切って形を整えます。揃えて切ることで、春の発芽が一斉に揃います。乾燥させないようにします。

葉●赤紫色。

樹形●生育旺盛でよく育つ。

レンギョウ

別名 ―

モクセイ科

環境: 日なた／半日陰
広がり: 広がる
樹高: 1〜2m
適地目安

楽しみ方

- 開花期 3〜4月　花色 黄
- 観賞期 4〜10月
- 結実期 10月　実色 褐色

タイプ			生け垣	シンボルツリー
和風	洋風	自然風		
	○	○		○

注意 とくになし。

鮮やかな黄色の花が株を埋め尽くす

早春に、黄色い花を株いっぱいに密集して咲かせます。春の到来を体いっぱいに表してくれ、世界中で人気があります。ところどころ新緑が混じる様子も、春の明るさを際立たせます。

刈り込むことも、自然な樹形に仕立てることもできるので、庭のタイプや植える場所に合わせて仕立てます。

暑さ、寒さに強くて育てやすいです。

花●深く切れ込んだ筒形。

樹形●開花期は枝先だけ葉がつく。花色と新緑が美しい。

葉●濃緑色。厚みがあり、密に茂る。

樹形●自然樹形を活かしてもよい。

樹形●刈り込んでもよい。

落葉樹／低木

オウバイ

別名－　　モクセイ科

ジャスミンを黄色にした花

ジャスミンの仲間です。花は筒形で、先端が6つに分かれて、平らに開きます。花が終わったら、すぐにせん定して形を整えます。

楽しみ方
- 開花期 2～3月
- 花色 黄
- 観賞期 4～10月

タイプ			生け垣	シンボルツリー
和風	洋風	自然風		
○	○	○		

環境：日なた
広がり：広がる
樹高：1～3m
適地目安

レンギョウ（這性 はいせい）

別名－　　モクセイ科

地下茎ではい広がる

はうように育つタイプです。葉の大きさも基本種に比べて小さく、コンパクトです。株を覆い尽くすように花が咲きます。

楽しみ方
- 開花期 3～4月
- 花色 黄
- 観賞期 4～10月

タイプ			生け垣	シンボルツリー
和風	洋風	自然風		
○	○	○		

環境：日なた・半日陰
樹高：1m
適地目安

ヒメライラック

別名－　　モクセイ科

ライラックをギュッと小さくした株

ライラック（238ページ）の小型種です。紫色の小花が集まった花を穂に咲かせます。花の内側は薄い紫色、裏側は濃い紫色になります。コンパクトなので、狭い庭でも楽しむことができます。

楽しみ方
- 開花期 6～7月
- 花色 紫
- 観賞期 5～10月

タイプ			生け垣	シンボルツリー
和風	洋風	自然風		
○	○	○		

注意 とくになし。

花●内側は薄い紫色、外側は濃い紫色。

樹形●枝を横に張り、広げるように育つ。

ウメモドキ

別名 － モチノキ科

環境	広がり	樹高	適地目安
日なた 半日陰	広がる	2～3m	

楽しみ方

- 開花期 5～6月　花 色淡紫
- 観賞期 5～10月
- 結実期 10～12月　実 色赤

タイプ			生け垣	シンボルツリー
和風	洋風	自然風		
○	○	○		

注意 とくになし。

実を楽しむ庭木としてもっとも優れる

真っ赤に実る姿が美しいので、庭木や盆栽などに利用されます。実は、9月から色づき、ゆっくりと熟します。せん定は落葉期におこないます。風通しのよい場所で育てましょう。

葉●途中がふくらんでいる。

花●真っ赤な美しい実がなる。

樹形●とてもよく枝分かれをする。

シロウメモドキ

別名 － モチノキ科

環境	広がり	樹高	適地目安
日なた 半日陰	広がる	2～3m	

楽しみ方

- 開花期 5～6月　花 色白
- 観賞期 5～10月
- 結実期 10～12月　実 色白

タイプ			生け垣	シンボルツリー
和風	洋風	自然風		
○	○	○		

注意 とくになし。

白色の実がたくさんつく

ツルウメモドキの白色の実がなるなめらかな白色の実が特徴です。このほかに、黄色い実がなるキミウメモドキがあります。風通しのよい場所に植えつけます。

樹形●枝を広げた形に育つ。

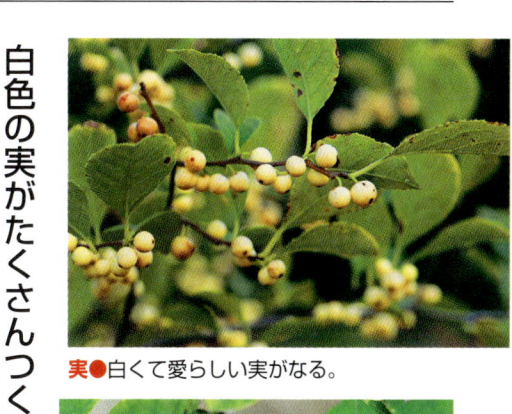

実●白くて愛らしい実がなる。

葉●縁にギザギザが入る。

落葉樹／低木

イヌコリヤナギ 'ハクロニシキ'

別名 サリックス・インテグラ

ヤナギ科

環境 日なた / **広がり** 広がる / **樹高** 1〜3m

適地目安

美しい新葉とたおやかな姿で人気が高い

葉に入る斑の模様が美しく、また、新葉は紅色がかることから「ゴシキヤナギ」の名もあります。斑の入り方が一定ではないので、微妙な味わいがあります。

細い枝が垂れるように育つ自然樹形に仕立てるのはもちろん、刈り込んで、球形にして楽しむこともできます。どんなタイプの庭にも似合い、庭の風景を調和よくまとめる役割をします。

楽しみ方
観賞期 5〜9月

注意 とくになし。

タイプ				シンボルツリー
和風	洋風	自然風	生け垣	
○	○	○	○	

葉●白色の斑が入って美しい。

葉●新緑は紅色がかる。

樹形●枝がたくさん出てよく茂る。刈り込んで、球形に仕立ててもきれい。幹を長く直立させ、その先端に球形に枝を茂らせる「スタンダード仕立て」などもよく用いられる。育て始めは、支柱を添えて幹を形成する。

フイリクマヤナギ

別名 －　　　クロウメモドキ科

環境：日なた／半日陰
広がり：広がる
樹高：1m
適地目安

楽しみ方
- 開花期 7～9月　花 色緑白
- 観賞期 4～10月
- 結実期 10～11月　実 色黒

タイプ			生け垣	シンボルツリー
和風	洋風	自然風		
○	○	○		

注意：とくになし。

不規則に入る白斑の葉が密に茂る

葉に斑点状の不規則な斑が入る様子がおしゃれな雰囲気をつくります。枝をつる状に伸ばすので、ふんわりとしたやさしい雰囲気になります。どんなタイプの庭にも似合います。

葉●不規則な白色の斑が入る。

樹形●枝を長く伸ばして成長する。

フリンソデヤナギ

別名 アカメヤナギ　　　ヤナギ科

環境：日なた
広がり：広がる
樹高：2m
適地目安

楽しみ方
- 開花期 2～3月　花 色赤、白
- 観賞期 4～10月
- 結実期 5月　実 色黄褐色

タイプ			生け垣	シンボルツリー
和風	洋風	自然風		
○	○	○		

注意：とくになし。

落葉樹／低木

冬芽●濃い赤色がかる。　葉●暗い黄緑色。

冬芽が正月飾りに用いられる

冬芽が大きくて目立ち、観賞用にされます。冬芽の先端は濃い赤色で、正月飾りに最適です。株全体はしなやかな形です。細長い葉は、裏側が白色がかります。

樹形●しなやかに枝を伸ばす。

環境	広がり		適地目安	# オオデマリ	
日なた	広がる	樹高 1〜3m		別名 −	レンプクソウ科

楽しみ方

- 開花期 4〜5月　花色 白
- 観賞期 5〜11月

タイプ			生け垣	シンボルツリー
和風	洋風	自然風		
○	○	○		

注意 とくになし。

直径8cmの手まり咲き　秋には深紅色に紅葉

花が集まって手まり形に咲きます。ボリュームがあるので、存在感があります。緑色の葉も個性的な形で楽しめますが、秋には濃い赤色に色づきます。
スペースがあれば、放任して育てた方がよく咲きます。

花●球状になる。

環境		広がり		適地目安	# オオデマリ 'ジェミニ'	
日なた	半日陰	広がる	樹高 2m		別名 −	レンプクソウ科

楽しみ方

- 開花期 4〜5月　花色 桃、白
- 観賞期 5〜11月

タイプ			生け垣	シンボルツリー
和風	洋風	自然風		
○	○	○		○

注意 とくになし。

桃色と白色が咲き分ける

1株に、桃色と白色の2色が咲きます。
大変丈夫で育てやすく、病害虫にも強い性質があります。せん定もとくに必要はなく、あまり花が咲かなくなった古い枝を、つけ根から切るだけです。

花●桃色と白色が咲く。

クロバナロウバイ

別名 −　　　ロウバイ科

環境　日なた
広がり　広がる
樹高　2〜3m
適地目安

楽しみ方
- 開花期　5〜6月
- 花色　暗紅
- 観賞期　5〜10月

タイプ			生け垣	シンボルツリー
和風	洋風	自然風		
○	○	○		○

注意　とくになし。

上品な花色をしたひも形の花びらを開く

ロウバイの仲間ですが、アメリカ原産で、花は5〜6月に咲きます。香りはありませんが、シックな花色と独特な咲き方が楽しめます。花が終わったら、せん定します。太い枝を切ると、枯れることがあるので注意します。

花●深みのある暗紅色がシック。

ニワトコ

別名 −　　　レンプクソウ科

夏に実が真っ赤に熟す

薄い黄色の小花が房になって咲き、梅雨の時期に、実が熟して真っ赤になります。濃い緑色の葉とのコントラストにはインパクトがあります。

楽しみ方
- 開花期　3〜5月
- 花色　薄黄
- 観賞期　4〜10月
- 結実期　6〜8月
- 実色　赤

環境　日なた

タイプ			生け垣	シンボルツリー
和風	洋風	自然風		
	○	○		○

樹高　2〜3m
適地目安

落葉樹／低木

アメリカリョウブ

別名 −　　　リョウブ科

コンパクトな樹形の小型種

樹高1m程度のコンパクトな樹形に育ちます。花は穂状に咲き、さわやかで美しいです。夏に咲きます。葉も美しいです。

楽しみ方
- 開花期　7月
- 花色　白
- 観賞期　5〜7月

環境　日なた

タイプ			生け垣	シンボルツリー
和風	洋風	自然風		
○	○	○		

樹高　1〜2m
適地目安

オトコヨウゾメ

別名－

レンプクソウ科

環境	広がり	
日なた	広がる	樹高 2m

適地目安

株全体にちりばめた赤実がかわいらしい

晩秋に、赤色に色づく実が好まれて、庭木として利用されます。実は直径5mmと小さいながら、鮮やかで、よく目立ちます。

オオデマリなどと同じガマズミの仲間で、葉は葉脈がくっきりと目立つ特徴があります。葉は、秋には鮮やかに紅葉します。

初夏に咲く花は小さくて目立ちませんが、紅色を帯びた白色です。

楽しみ方

- 開花期5～6月　花 色白
- 観賞期4～11月
- 結実期10月　実 色赤

タイプ			生け垣	シンボルツリー
和風	洋風	自然風		
	○	○		○

注意 とくになし。

葉● 秋に紅葉する。

葉● くっきりとした葉脈。

実● 鮮やかな赤色。

樹形● 根元から枝が多く発生する。

針葉樹／コニファー／タケ／つる性木本

他の樹木とは違った独特の存在感で、庭に個性的な雰囲気を添えます。庭のアクセントに、上手に取り入れましょう。

環境	広がり	樹高
日なた	広がらない	10m

適地目安

イヌマキ

別名 －

マキ科

庭の仕立物や生け垣 トピアリーなどに

どこで切っても、よく芽を出すことから、庭の仕立てものや生け垣などによく利用されます。寒さには弱く、東北南部よりも南の地域に適しています。

雄花（おばな）は円筒形で束になってつきます。雌花（めばな）は葉のつけ根に1個ずつつきます。9〜10月に熟す実は、花托（かたく）と呼ばれる部分と球形の実の2段になり、花托部分を食べることができます。

楽しみ方
- 開花期 5月　花 色 緑
- 観賞期 周年
- 結実期 10月　実 色 緑

タイプ			生け垣	シンボルツリー
和風	洋風	自然風		
○	○		○	○

注意 有毒　タネに毒がある。

実● 赤色の部分（花托）は食べられる。

葉● 細長く、束につく。

樹皮● 灰褐色ではがれる。

樹形● 生け垣にもよく使われる。

樹形● どこで切ってもよく芽吹くので、仕立てものに利用される。

コウヤマキ

別名 —　　コウヤマキ科

環境：日なた
広がり：広がらない
樹高：10m
適地目安

楽しみ方
- 開花期 4月　花 色 茶
- 観賞期 周年
- 結実期 10月　実 色 茶

| タイプ | | | 生け垣 | シンボルツリー |
和風	洋風	自然風		
○				○

注意 とくになし。

枝の節々に、枝を取り囲むように葉が出る

日本だけに自生している常緑樹です。長い枝にはウロコ状の葉がらせん状に、短い枝には枝の周囲を囲むように、葉がつきます。株全体は、円すい形に育ちます。

葉●枝を取り囲むように細い葉がつく。

樹形●円すい形に育つ。

ヒマラヤスギ

別名 ヒマラヤシーダー　　マツ科

環境：日なた
広がり：広がらない
樹高：15m
適地目安

楽しみ方
- 開花期 10～11月　花 色 黄褐色、薄緑
- 観賞期 周年
- 結実期 10～11月　実 色 褐色

| タイプ | | | 生け垣 | シンボルツリー |
和風	洋風	自然風		
	○			○

注意 とくになし。

銀色の針形の葉が繊細な印象

ヒマラヤからアフガニスタン地域原産です。銀色の葉が持つ雰囲気がよく、庭木にも好まれます。スギの名がありますが、マツ科です。大きく育ちますので、せん定して制限します。

葉●青みがかる銀色。

葉●束または羽形につく。

樹形●枝は水平に伸びるが、やや垂れる。

針葉樹／コニファー／タケ／つる性木本

メタセコイア

別名アケボノスギ

ヒノキ科

環境 日なた
広がり 広がらない
樹高 20m
適地目安

見事な円すい形の樹形に育つ

鳥の羽のような葉と、まっすぐに育つ幹、見事な円すい形に育つ樹形が特徴です。また、晩秋には、色鮮やかに紅葉し、冬に落葉します。

葉は、小葉1枚は平たい針形で、鳥の羽のように並びます。

花は、雄花は黄褐色で垂れ下がり、雌花は緑色です。

樹形を活かして、シンボルツリーにすると見栄えがします。

楽しみ方

開花期	2～3月
花	色 黄褐色、緑
観賞期	5～10月
結実期	10月
実	色 褐色

タイプ

和風	洋風	自然風	生け垣	シンボルツリー
○				○

注意 とくになし。

葉●鳥の羽のような形。

樹皮●縦に裂け、樹皮がはがれる。

樹形●円すい形に育つ。幹はまっすぐに伸び、枝は斜め上に育つ。

298

環境	広がり		適地目安	# スギ	
日なた	広がらない	樹高 20m		別名 —	ヒノキ科

すらりとした樹形で庭をすっきり演出

スギの中で、萌芽力(ほうがりょく)の強いものは、「ダイスギ」(台杉仕立てのスギ)に仕立てます。「ダイスギ」は、垂直に伸びる数本の幹に、球形に仕立てた葉をバランスよく配置した形に仕立てます。職人によって、手間ひまかけてつくられます。

直線を活かした美しい姿は、庭を緊張感のあるものにします。

楽しみ方

開花期 3〜4月 花 色 薄黄、緑	観賞期 周年	結実期 10月 実 色 茶褐色

タイプ			生け垣	シンボルツリー
和風	洋風	自然風		
○	○			

注意 とくになし。

葉● 枝はやや垂れる。

葉● 針状の葉は枝にらせん状につく。

樹皮● 薄くはがれる。赤褐色。

樹形● 垂直に伸びる幹にバランスよく枝が配置されるように仕立てた「ダイスギ」。

イチイ

環境 日なた／半陰
広がり 広がらない
樹高 10m
適地目安
別名 －
イチイ科

楽しみ方
- 開花期 3〜4月　花 色緑
- 観賞期 周年
- 結実期 10月　実 色赤

タイプ			生け垣	シンボルツリー
和風	洋風	自然風		
○	○		○	○

注意 有毒 タネに毒がある。

葉●平たい細葉が左右2列に並ぶ。

つややかな針状の葉と赤色の実を楽しむ

光沢のある濃緑色の平たい針状の葉と、それによく映える赤色の実が特徴です。実は食べられますが、タネは有毒なので、かまないように注意します。刈り込んでもよく芽を出します。

樹形●刈り込んで好みの形に仕立てる。

キンメキャラボク

環境 日なた／半陰
広がり 広がらない
樹高 1〜2m
適地目安
別名 －
イチイ科

楽しみ方
- 開花期 3〜5月　花 色薄黄、緑
- 観賞期 周年
- 結実期 10月　実 色赤

タイプ			生け垣	シンボルツリー
和風	洋風	自然風		
○	○			

注意 有毒 タネに毒がある。

葉●葉が放射線状につく。

密に葉を茂らせる性質を活かす

イチイと葉はよく似ていますが、低木で、葉のつき方が少し違います。低く育つので、半球形に仕立てたり、グラウンドカバーのように用います。暑さ、寒さには強いですが、真夏の直射日光には注意しましょう。

樹形●低く育つ。刈り込んで整える。

エレガンテシマ

別名 －　　　　　　　　　ヒノキ科

環境：日なた
広がり：広がらない
樹高：5m
適地目安

楽しみ方
- 開花期 3～4月　花色 黄褐色、薄紫緑
- 観賞期 周年
- 結実期 10～11月　実色 緑～褐色

タイプ			生け垣	シンボルツリー
和風	洋風	自然風		
○	○	○	○	○

注意 とくになし。

葉●裏と表の区別がない。

裏表のない葉が枝に直立してつく

コノテガシワの1種で、枝が直立してつき、ヒダのような形になるのが特徴です。葉には、裏表の区別がありません。名前にふさわしく、エレガントな樹形で、庭木や生け垣にふさわしい樹木のひとつです。

樹形●葉が縦に向き、ヒダのようになる。

チャボヒバ

別名 －　　　　　　　　　ヒノキ科

環境：日なた
広がり：広がらない
樹高：10m
適地目安

楽しみ方
- 開花期 5月　花色 藍
- 観賞期 周年
- 結実期 10月　実色 褐色

タイプ			生け垣	シンボルツリー
和風	洋風	自然風		
○	○	○	○	○

注意 移植はやや難しい。

葉●密に茂る。葉に黄色が入るオウゴンチャボヒバ。

日本庭園の代表的常緑樹

とても成長がゆっくりで、1m成長するのに5～6年かかるといわれます。葉が黄色になる「オウゴンチャボヒバ」などの品種があります。仕立て方によっては、洋風の庭でも利用できます。

樹形●好みの形に仕立てられる。

ニオイヒバ'ミニマ'

別名 －　　　　　　　　　　ヒノキ科

樹形が乱れにくい

ニオイヒバの仲間の中では、もっとも成長が遅い部類で、樹形が乱れることがほとんどありません。蒸れやすいので、日当たりと風通しをよくします。

楽しみ方
- 開花期 5月　花 色 藍
- 観賞期 周年
- 結実期 10月　実 色 褐色

環境：日なた

タイプ			生け垣	シンボルツリー
和風	洋風	自然風		
○	○		○	

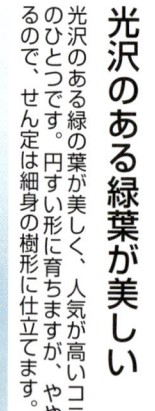

適地目安

樹高 1m

エメラルド

別名 ニオイヒバ'スマラック'　　ヒノキ科

光沢のある緑葉が美しい

光沢のある緑の葉が美しく、人気が高いコニファーのひとつです。円すい形に育ちますが、やや丸くなるので、せん定は細身の樹形に仕立てます。

楽しみ方
- 開花期 5月　花 色 藍
- 観賞期 周年
- 結実期 10月　実 色 褐色

環境：日なた

タイプ			生け垣	シンボルツリー
和風	洋風	自然風		
	○		○	

適地目安

樹高 2～4m

ウィチタブルー

別名 －　　　　　　　　　　ヒノキ科

新緑の銀色が美しい

コロラドビャクシンの仲間で、青色と白色が強く出るタイプです。とくに新芽の白色が強いのが特徴です。成長はゆっくりで、管理しやすいです。

楽しみ方
- 開花期 4月　花 色 黄褐色、薄緑
- 観賞期 周年
- 結実期 10月　実 色 灰

環境：日なた

タイプ			生け垣	シンボルツリー
和風	洋風	自然風		
	○	○		○

適地目安

樹高 2～4m

ヌマヒノキ・バリエガータ

別名 －　　　　　　　　　　ヒノキ科

黄斑と密に茂らない樹形が特徴

明るい色の線形の葉に、黄色の斑が入ります。葉が細く、密に茂らないことから、涼しげな印象です。樹形を乱す枝をせん定します。

楽しみ方
- 開花期 5月　花 色 藍
- 観賞期 周年
- 結実期 10月　実 色 褐色

環境：日なた

タイプ			生け垣	シンボルツリー
和風	洋風	自然風		
○	○	○		

適地目安

樹高 3～5m

スパルタン

環境：日なた／半日陰
広がり：広がらない
樹高：3～8m
適地目安

別名 － ヒノキ科

楽しみ方

- 開花期 4月　花 色 黄褐色、薄緑
- 観賞期 周年
- 結実期 10月　実 色 灰

タイプ			生け垣	シンボルツリー
和風	洋風	自然風		
○	○	○	○	○

注意　果樹などの病原菌（サビ病）が寄生するので、植栽が制限される場合がある。

葉は硬くて先端がややとがってチクチクする

ビャクシンの1種です。枝は先端が上向きで、少し旋回しながら上に育ち、自然に細身の樹形になります。生育旺盛で、1年間に30cm育ちます。暑さ、寒さに強く栽培は簡単ですが、病害虫が発生しやすい傾向があります。

葉● 細かく、先端に触るとチクチクする。

樹形● 細身にまとまった樹形になる。

ブルーエンジェル

環境：日なた
広がり：広がらない
樹高：2～5m
適地目安

別名 － ヒノキ科

楽しみ方

- 開花期 4月　花 色 黄褐色、薄緑
- 観賞期 周年
- 結実期 10月　実 色 灰

タイプ			生け垣	シンボルツリー
和風	洋風	自然風		
○	○	○	○	○

注意　とくになし。

より青色が強い品種

コロラドビャクシンの仲間です。同じ仲間の「ブルーヘブン」よりも枝が密に茂り、青みが強くなります。樹形は、比較的円すい形に整いますが、樹形を乱す枝などをせん定して整えます。

葉● 全体に青みがかる銀色。新葉はより白色が強い。

樹形● 円すい形にまとまる。

ブルーヘブン

環境：日なた
広がり：広がらない
樹高：3〜5m
適地目安
別名：－
ヒノキ科

楽しみ方

開花期：4月
花色：黄褐色、薄緑
観賞期：周年
結実期：10月
実色：灰

和風	タイプ 洋風	自然風	生け垣	シンボルツリー
	○		○	○

注意：とくになし。

青色コニファーの代表格

銀色に青みがかるコニファーのなかで、もっともポピュラーで、1本で植えるのにも、生け垣にも利用できます。直射日光が半日程度当たる場所ならば栽培できます。スリムな樹形を保つため、せん定して整えます。

葉●すっきりとした形。

樹形●細身の円すい形に整える。

スカイロケット

環境：日なた
広がり：広がらない
樹高：3〜5m
適地目安
別名：－
ヒノキ科

楽しみ方

開花期：4月
花色：黄褐色、薄緑
観賞期：周年
結実期：10月
実色：灰

和風	タイプ 洋風	自然風	生け垣	シンボルツリー
	○		○	○

注意：とくになし。

名前のイメージもよく人気が高い

青みがかる銀色の葉、ロケットのように先端がとがった細身の樹形です。コロラドビャクシンの1種です。上に向かってよくまとまりますが、樹形が乱れることもあります。高温多湿の環境に弱いので、風通しよくします。

葉●まとまった形になる。

樹形●先端がとがる。

ブルーアイス

別名 －　　　　　　　　　　　　　　　　　ヒノキ科

環境：日なた
広がり：広がらない
樹高：3～6m
適地目安

楽しみ方
| 開花期4月 花 色茶 | 観賞期 周年 | 結実期10月 実 色茶 |

タイプ			生け垣	シンボルツリー
和風	洋風	自然風		
	○			○

注意　とくになし。

葉●白色が強い。

枝葉が密集しすぎないのが特徴

アリゾナイトスギの1種です。白色が強く、涼しげな印象になります。コニファーとしては成長が早く、1年に20cm以上成長します。根もよく育ちます。枝が倒れやすいので、支柱をするとよいでしょう。

樹形●あまり密にならない。

ゴールドライダー

別名 －　　　　　　　　　　　　　　　　　ヒノキ科

環境：日なた
広がり：広がらない
樹高：3～5m
適地目安

楽しみ方
| 開花期4月 花 色茶 | 観賞期 周年 | 結実期10月 実 色茶 |

タイプ			生け垣	シンボルツリー
和風	洋風	自然風		
○			○	○

注意　とくになし。

新葉が黄色になる刈り込みに強い

レイランドサイプレスの1種です。新葉が美しい黄色で、日に当たって輝きます。枝は先端が細くなってシャープな印象です。刈り込みに強いので、かなり短く切っても、枝を枯れることがありません。

葉●新葉が美しい。

樹形●シャープな印象がある。

スワンズゴールデン

別名－　　　　　　　　　　　　　　　　　　　　　　ヒノキ科

環境：日なた／広がり：広がらない／樹高：3〜5m／適地目安

楽しみ方

| 開花期 4月 花色 紫褐色、緑 | 観賞期 周年 | 結実期 10月 実色 黄褐色 |

タイプ			生け垣	シンボルツリー
和風	洋風	自然風		
	○			○

注意 風で倒れることがある。

明るい黄金色と超細身の樹形が特徴

自然に、とても細身の樹形に整います。また、葉の色が明るい黄金色で、他のコニファーとは違った存在感があります。根の張りがよくないので、風で倒れることがあります。植えつけ後しばらくは支柱で支えてやりましょう。

葉●新葉は明るい黄金色。

樹形●細く整う。

グリーンコーン

別名－　　　　　　　　　　　　　　　ヒノキ科

細身に育ち葉が密に茂って整う

刈り込んで細身にせん定することができます。根が浅いですが、葉を密に茂らせることで倒れる心配が少なく、移植も可能です。

楽しみ方

| 開花期 4月 花色 黄褐色、薄緑 | 観賞期 周年 | 結実期 10月 実色 灰 | 環境 日なた |

タイプ			生け垣	シンボルツリー
和風	洋風	自然風		
○	○	○	○	○

樹高 3〜5m　適地目安

ヨーロッパゴールド

別名－　　　　　　　　　　　　　　　ヒノキ科

葉色の変化が楽しめる

ニオイヒバの1種です。新緑の黄色、夏の緑色、冬には全体が黄金色がかるなど、四季を通じて変化する葉の様子が楽しめます。あまり高くなりません。

楽しみ方

| 開花期 4月 花色 茶 | 観賞期 周年 | 結実期 10月 実色 茶 | 環境 日なた |

タイプ			生け垣	シンボルツリー
和風	洋風	自然風		
○	○	○	○	○

樹高 3〜5m　適地目安

ムーングロー

別名－　　ヒノキ科

環境	広がり	樹高
日なた	広がらない	2〜4m

適地目安

細身に育ち銀色の葉はやや密になる

コロラドビャクシンの1種です。枝はまっすぐに伸びますが、何本も幹が出やすいので、1本に仕立てます。この仲間としては、葉が密になり、見栄えがします。根元が蒸れないようにします。

楽しみ方

- 開花期4月　花 色黄褐色、薄緑
- 観賞期 周年
- 結実期10月　実 色灰

タイプ			生け垣	シンボルツリー
和風	洋風	自然風		
	○			○

注意　とくになし。

葉●葉の幅がやや広いので、密な印象。

樹形●幹が複数になりやすい。

サルゲンティ

別名サージェンティ　　マツ科

細く長い繊細な葉が特徴

はって育つタイプのコニファーです。ヒマラヤスギの仲間です。寒さと暑さにはやや弱いです。

楽しみ方

- 開花期10〜11月　花 色薄褐色、薄緑
- 観賞期 周年
- 結実期10〜11月　実 色褐色

タイプ			生け垣	シンボルツリー
和風	洋風	自然風		
	○	○		

環境：日なた
樹高：0.5m
適地目安

ロブスターグリーン

別名－　　ヒノキ科

エビのように反り返った樹形

幹は少し曲がりながら上に伸びるので、エビが反り返ったような独特な形になります。美しい緑色の葉が楽しめます。

楽しみ方

- 開花期4月　花 色黄褐色、薄緑
- 観賞期 周年
- 結実期10月　実 色灰

タイプ			生け垣	シンボルツリー
和風	洋風	自然風		
	○	○		○

環境：日なた
樹高：2〜5m
適地目安

針葉樹／コニファー／タケ／つる性木本

アスナロ

ヒノキ科

環境	広がり	樹高	適地目安
日なた	広がらない	10〜20m	

別名 −

楽しみ方

開花期 5月 花 色 黄褐色、緑	観賞期 周年	結実期 10月 実 色 褐色

タイプ			生け垣	シンボルツリー
和風	洋風	自然風		
○	○			○

注意 とくになし。

葉●ヒノキに似るが、幅が広くなる。

日本だけに自生する

ヒノキに似ていますが、枝や葉の幅が広く、厚みがあります。葉は、4〜8mmの小さな葉が重なり合い、平らになります。葉の先端は丸くなります。葉は横に広がるようになります。

樹形●成長すると円すい形になる。

ゴールデンモップ

ヒノキ科

環境	広がり	樹高	適地目安
日なた	広がる	0.4〜0.7m	

別名 −

楽しみ方

開花期 5月 花 色 藍	観賞期 周年	結実期 10月 実 色 褐色

タイプ			生け垣	シンボルツリー
和風	洋風	自然風		
○	○			

注意 とくになし。

葉●細い葉が繊細。

繊細な印象の黄金葉

イトヒバの1種です。幹が高く育たないので、グラウンドカバーとして利用するのに適しています。日当たりが悪いと葉の色が悪くなりますので、日当たりのよい場所に植えます。よく似たフィリフェラオーレアもあります。

樹形●横に広がり細い葉が垂れる。

ブルースター

ヒノキ科

環境	広がり	樹高	適地目安	別名
日なた	広がる	0.4〜0.6m		－

楽しみ方

- 開花期 4月　花 色茶
- 観賞期 周年
- 結実期 10月　実 色茶

タイプ			生け垣	シンボルツリー
和風	洋風	自然風		
	○	○		

注意　とくになし。

半球形にコンパクトに育つ

ニイタカビャクシンの1種です。半球形に、低くコンパクトにまとまる形は、ほかの植物との相性がよく、庭に取り入れやすいコニファーです。せん定の必要はほとんどありません。蒸れやすいので、風通しよくします。

葉●針状の短い葉が、密集する。

樹形●半球形に育つ。

ブルー&ゴールド

ヒノキ科

環境	広がり	樹高	適地目安	別名
日なた	広がる	0.5〜1m		－

楽しみ方

- 開花期 4月　花 色黄褐色、薄緑
- 観賞期 周年
- 結実期 10月　実 色灰

タイプ			生け垣	シンボルツリー
和風	洋風	自然風		
	○	○		

注意　とくになし。

春先に株を覆うように花が咲く

フィツェリアナビャクシンの1種です。青みがかる銀色の葉に薄黄色の斑(ふ)が入ります。強い直射日光に当たると、斑の部分が枯れることがあるので、夏はやや日陰になる場所に植えるとよいでしょう。支柱を立てると、直立した樹形に仕立てることもできます。

葉●銀色がかる2色。

樹形●横に枝を張り出す。

針葉樹／コニファー／タケ／つる性木本

樹形● グラウンドカバーに向く、はう性質。

ブルーカーペット

ヒノキ

環境	広がり		適地目安
日なた	広がる	樹高 0.5〜1m	別名 −

ブラシのようなユニークな花が人気

ニイタカビャクシンの1種です。

発色のよい青みがかる銀色の葉が特徴で、地面をはうように枝を伸ばすので、グラウンドカバー植物としてよく用いられます。

樹形はシャープな印象ですが、整った形にならないので、せん定して形を整えます。蒸れに注意しましょう。肥料切れになると葉の色が悪くなります。

楽しみ方

開花期 4月	観賞期 周年	結実期 10月
花 色 黄褐色、薄緑		実 色 灰

タイプ			生け垣	シンボルツリー
和風	洋風	自然風		
	○	○		○

注意 蒸れと肥料切れに注意。

楽しみ方● 階段状の植栽スペース。後段に直立して高く育つタイプ、前段に地面に密着するように育つタイプ、その中間にブルーカーペットを植える。葉色もバランスよく配置する。

葉● シャープな形。

プロクンベンス'ナナ'

別名 －　　ヒノキ科

環境：日なた
広がり：広がる
樹高：0.1～0.2m
適地目安

楽しみ方
- 開花期 4月　花 色 黄褐色、薄緑
- 観賞期 周年
- 結実期 9～10月　実 色 黒紫

タイプ			生け垣	シンボルツリー
和風	洋風	自然風		
○	○	○		

注意：とくになし。

樹形●横に広がる。高さは10cm程度。

葉●美しい緑葉で密に茂る。

積雪にも強くグラウンドカバー向き

ビャクシンの仲間です。美しい緑葉で、密に茂るのが特徴です。寒さに強く、積雪にも強い丈夫な種類で、各地域でグラウンドカバー用コニファーとして適しています。和風にも洋風にも似合います。枝を放射線状に伸ばして、1～2mに広がります。

ラインゴールド

別名 －　　ヒノキ科

環境：日なた
広がり：広がる
樹高：0.8～1.2m
適地目安

楽しみ方
- 開花期 5月　花 色 藍
- 観賞期 周年
- 結実期 10月　実 色 褐色

タイプ			生け垣	シンボルツリー
和風	洋風	自然風		
	○	○		

注意：とくになし。

樹形●半球形に育つ。

赤色がかる黄金色の葉で半球形に育つ

ニオイヒバの1種です。丸く育つタイプのコニファーで、半球形に育ちますが、成長するに従って、幹が上に立ち上がった姿になります。新葉は赤色がかり、不思議な色合いになります。

葉●短く細い葉がつく。

ウスリーヒバ

環境	広がり	樹高	適地目安
日なた / 半日陰	広がる	0.2〜0.5m	

別名 −　　　　ヒノキ科

楽しみ方
観賞期 周年

注意 とくになし。

タイプ			生け垣	シンボルツリー
和風	洋風	自然風		
○	○	○		

もっとも日陰に耐えるコニファー

シベリア原産です。丈夫で、やや日陰の場所でも育つ、重宝なコニファーです。葉は明るい線形で、枝に平らにつき、枝先が垂れ下がります。その様子は、波のようにも見えます。寒さには強いですが、寒さに当たると茶色になります。

樹形●横に平らに広がり、葉の先端が垂れる。

葉●細く、繊細な感じ。

アメリカハイビャクシン 'ウィルトニー'

環境	広がり	樹高	適地目安
日なた	広がる	0.1〜0.2m	

別名 −　　　　ヒノキ科

楽しみ方
開花期 4〜5月　花 色緑
観賞期 周年
結実期 10月　実 色緑

タイプ			生け垣	シンボルツリー
和風	洋風	自然風		
	○	○		

注意 とくになし。

葉●緑色がやや強い銀青色。

もっとも低く育つコニファー

地面に沿って枝を伸ばすコニファーです。他のコニファーや植物と合わせやすいこと、銀青色が美しく、管理しやすいことから、もっともポピュラーなコニファーのひとつです。伸び過ぎた枝は、切って整えます。

樹形●地面に張り付くように育つ。

ホプシー

マツ科

別名ー

環境	広がり	樹高	適地目安
日なた	広がらない	4～10m	

楽しみ方

- 開花期 5～6月　花 色 茶褐色、赤紫
- 観賞期 周年
- 結実期 10月　実 色 黄褐色

タイプ			生け垣	シンボルツリー
和風	洋風	自然風		
	○			○

注意 とくになし。

もっともシンボルツリーに向くコニファー

コロラドトウヒの1種です。円すい形に育つ樹形、白色が強く出て、青みがかる銀色の葉、小枝はモールのようなユニークな形で、圧倒的な存在感があります。洋風ガーデンのシンボルツリーとして適しています。

葉●針状の葉が、らせん状につく。

樹形●円すい形に大きく育ち存在感がある。

コニカ

マツ科

別名ー

環境	広がり	樹高	適地目安
日なた	広がらない	0.7～4m	

楽しみ方

- 開花期 4月　花 色 茶褐色、赤紫
- 観賞期 周年
- 結実期 10月　実 色 黄褐色

タイプ			生け垣	シンボルツリー
和風	洋風	自然風		
○	○	○		○

注意 乾燥に弱い。

もっとも成長が遅いコニファー

コニファーの中では、もっとも成長が遅く、高さ30cmまで育つのに、年数がかかります。美しい円すい形に育ち、はみ出た枝を整える程度と、手入れは簡単です。乾燥には弱いので、乾燥した日が続くときは注意します。

葉●春は明るい緑色。

樹形●端正な円すい形。

環境	広がり		適地目安	# モミ	
日なた	広がらない	樹高 20m		別名 −	マツ科

日本だけに自生する

日本だけに自生している樹木で、やや丸みを帯びた円すい形に育ちます。葉は長さ2cmほどで、平たい針状です。枝を取り囲むように密につきます。2〜3年に1回、花を咲かせて実がなります。

楽しみ方

開花期 5月 花 色 黄緑、緑	観賞期 周年	結実期 10月 実 色 灰緑

タイプ			生け垣	シンボルツリー
和風	洋風	自然風		
○	○	○		○

注意 とくになし。

葉●平たい針状の葉が密集する。

樹形●円すい形に育つ。

環境		広がり	適地目安	# カナダツガ 'ペンジュラ'	
半日陰	日かげ	広がる	樹高 0.3〜1.5m	別名 −	マツ科

枝が垂れ下がる姿がユニーク

枝が垂れ下がり、スカートを広げたような形になります。支柱を使い幹を直立させたり、支柱を使わずにはうように仕立てたり、といった使い方ができます。夏の西日が当たる場所を避けましょう。

楽しみ方

開花期 2月 花 色 紫色	観賞期 周年	結実期 10月 実 色 褐色

タイプ			生け垣	シンボルツリー
和風	洋風	自然風		
	○	○		

注意 とくになし。

葉●葉は短い。

樹形●枝全体が垂れ下がる。

トウヒ

マツ科

別名 －

環境：日なた
広がり：広がらない
樹高：20m
適地目安

楽しみ方
- 開花期：5月　花色：茶褐色、赤紫
- 観賞期：周年
- 結実期：9〜10月　実色：黄褐色

タイプ			生け垣	シンボルツリー
和風	洋風	自然風		
○	○			○

注意　とくになし。

クリスマスツリーに利用される

トウヒは日本固有の種類で、仲間に、明治中期に日本に渡来したドイツトウヒがあります。ヨーロッパではクリスマスツリーに利用されます。葉は短い針形で、枝に密につき、モールのような形になります。

葉●平たい針状で枝に密着する。

樹形●円すい形にまとまる。

コメツガ

マツ科

別名 －

環境：日なた、半日陰
広がり：広がらない
樹高：20m
適地目安

楽しみ方
- 開花期：6月　花色：紫
- 観賞期：周年
- 結実期：9〜10月　実色：茶褐色

タイプ			生け垣	シンボルツリー
和風	洋風	自然風		
○	○			○

注意　とくになし。

やや日陰がちな場所でも育つ

日本に自生する針葉樹です。日本の気候に適しているので、育てやすく、やや湿潤な土を好みます。葉は小さめです。新緑は鮮やかな黄緑色です。球状の実がなり、熟すと裂開します。

葉●平たい針状で先端が丸く、らせん状に並ぶ。

樹形●成長すると円すい形になる。

モウソウチク

イネ科　別名－

- 環境：日なた
- 広がり：広がらない
- 樹高：10〜15m
- 適地目安

楽しみ方
観賞期：周年

注意 地下茎が強靭でふえやすい。

タイプ				シンボルツリー
和風	洋風	自然風	生け垣	
○				

春に出る新芽がタケノコになる

中国原産で、古くに日本に渡来しました。稈（かん）（幹）は直径8〜20cmにもなるものもあります。地下茎が非常に強いので、植えるときには、タケの根を制限するシートなどを利用します。

幹●固く、中は空洞で、節がある。

樹形●長く稈が伸びてしなり、葉が広がる。

キンメイモウソウチク

イネ科　別名－

- 環境：日なた
- 広がり：広がらない
- 樹高：7〜10m
- 適地目安

楽しみ方
観賞期：周年

注意 地下茎が強靭でふえやすい。

タイプ				シンボルツリー
和風	洋風	自然風	生け垣	
○				○

稈の表面に出る模様が特徴

モウソウチクの変種で、稈の表面には、緑色と黄色の市松（いちまつ）模様（もよう）が出るのが特徴です。美しい稈と、しなやかな樹形を楽しみます。地下茎で育つので、植えつけ場所には注意が必要です。

葉●細長い。

幹●緑色と黄色の市松模様。

樹形●まっすぐに育つが、しなやか。

クロチク

別名 ―

イネ科

環境	広がり	樹高
日なた	広がらない	2〜3m

適地目安

楽しみ方
観賞期：周年

注意：地下茎が強靭でふえやすい。

タイプ			生け垣	シンボルツリー
和風	洋風	自然風		
○	○	○		

コンパクトで観賞用のタケとして人気

稈が黒色に変色する独特な姿で、観賞用として、庭や鉢植えに用いられます。和風の庭にも合いますが、アジアンテイストの庭には、とくに雰囲気がぴったりです。

せん定は、枯れた枝を取り除き、古くなった稈を根元から取ります。大きさを制限する場合は好みの高さの節のすぐ上で切ります。込み合う部分は、細い枝を残して、太い枝を取ります。

幹●はじめは緑色。秋から冬にかけてメラニン色素がふえて、黒い斑点ができる。

幹●数年で黒くなる。

樹形●稈が細く、樹高もそれほど高くならない。

楽しみ方●外部からのちょっとした目隠しや、しきりにできる。

針葉樹／コニファー／タケ／つる性木本

キンメイチク

環境 日なた／広がり 広がらない／樹高 5m／適地目安

別名 －　　　　　　　　　　　　　　　　　　　イネ科

楽しみ方　観賞期 周年

注意 地下茎が強靭でふえやすい。

| タイプ | | | 生け垣 | シンボルツリー |
和風	洋風	自然風		
○				○

幹●黄色。一部に緑色が残る。

マダケの変種で稈（かん）が黄色になる

稈の表面が黄色になり、一部緑色が残って、市松模様（いちまつもよう）になります。稈は直径3～13cmと、モウソウチクよりも細いので、庭に取り入れやすいです。地下茎でふえるので、対策が必要です。

樹形●キンメイモウソクチクを小型にした形。

カンチク

環境 日なた／広がり 広がらない／樹高 2～3m／適地目安

別名 シュチク　　　　　　　　　　　　　　　　　イネ科

楽しみ方　観賞期 周年

注意 地下茎が強靭でふえやすい。

| タイプ | | | 生け垣 | シンボルツリー |
和風	洋風	自然風		
○	○			

葉●白斑がスッと入る。

日に当たると稈が赤色になる

稈の美しい赤色と、明るい緑色の葉のコントラストが美しいです。稈は、若いうちは薄い緑色の葉のコントラストが美しいです。稈は、若いうちは薄い黄色の斑模様（ふ）ですが、冬に日に当たることで赤色になります。葉には、縦に白色の斑が入り、さらにすっきりとした印象となります。

樹形●すっきりとした形と赤色の稈が特徴。

トウチク

別名ダイミョウチク

イネ科

環境 日なた
広がり 広がらない
樹高 5m
適地目安

楽しみ方
観賞期 周年

注意 地下茎が強靭でふえやすい。

タイプ			生け垣	シンボルツリー
和風	洋風	自然風		
○			○	

節に葉が密集した独特の風情を楽しむ

樹高が5〜8mと、庭に取り入れるのにもっとも手頃な大きさなので、和風の庭の植え込みや、竹垣などによく利用されます。

枝の途中から多く発生する葉を楽しむので、枝の途中で切り、節に葉を密集させるようにします。

地下茎が広がるのを防ぐため、タケの根を制限するシートを使ったり、鉢に植えて並べるなどします。

樹形●葉を多く茂らせて、生け垣や目隠しに。庭に直接植えると地下茎が伸びるので、鉢に植えて並べるのもよい。

樹形●稈は細く、葉にボリュームがある。節間が60〜80cmと長い。

葉●枝の途中から多く発生させて楽しむ。

楽しみ方●高い生け垣に利用できる。

針葉樹／コニファー／タケ／つる性木本

319

環境	広がり	樹高
日なた	広がらない	2〜5m

適地目安

ホテイチク

別名 −

イネ科

楽しみ方		注意 地下茎が強靭でふえやすい。
観賞期 周年		

タイプ			生け垣	シンボルツリー
和風	洋風	自然風		
○				

移植がしやすいので庭にも使いやすい

マダケの仲間です。タケとしては中型のサイズで、よく利用されるもののひとつです。

タケは一般に移植は大変な作業ですが、この種類は比較的簡単です。

根元に近い節の幅が狭く詰まり、節と節の間がややふくらんでいる様子が、七福神の布袋様のお腹を連想させることから、「ホテイチク」と名付けられました。

幹●直径3〜5cm。

幹●根元近くの節間が詰まって、ややふくらむ。

葉●枝先に多く発生する。

樹形●中型のサイズ。育つと枝が密集する。

コグマザサ

別名 －　　　　　　　　　　　　　　　　　　　　イネ科

環境	広がり		適地目安
日なた／半日陰	広がる	樹高 0.5m	

楽しみ方
- 観賞期：周年

注意：地下茎が強靭でふえやすい。

タイプ			生け垣	シンボルツリー
和風	洋風	自然風		
○		○		

グラウンドカバーに適したササ

クマザサよりも小型の笹で、環境に適応して育ちます。いくつかの品種がこの名で出回っています。とくに手入れの必要はありませんが、高さを抑えたいときには、春に刈り込みます。地下茎でふえるので、根を制限します。

葉●密集する。

樹形●グラウンドカバーに向く。

チゴザサ

別名 シマダケ　　　　　　　　　　　　　　　　　イネ科

環境	広がり		適地目安
日なた	広がる	樹高 0.5〜0.8m	

楽しみ方
- 観賞期：周年

注意：地下茎が強靭でふえやすい。

タイプ			生け垣	シンボルツリー
和風	洋風	自然風		
○		○		

白色または黄色の斑が縦に入る

葉は緑色に、白色または黄色の斑（ふ）が、縦に入るので、美しい縞模様になります。葉の色が明るいので、葉の幅も狭く、すっきりとしています。周囲が明るくなります。グラウンドカバーに適しています。

樹形●低く育つ。

葉●斑と緑色で縞模様になる。

針葉樹／コニファー／タケ／つる性木本

アブチロン・チロリアンランプ

別名ウキツリボク　　アオイ科

環境	広がり	性質
日なた	つる性	常緑性

適地目安

弓状に伸びるつるに吊り下がって咲く

風船のようにふくらみ、下がすぼまった形の花が、枝に吊り下がって咲きます。南米原産で、暖かい地域に適しています。
生育旺盛(せいいくおうせい)で、放任すると伸びすぎてしまうので、5〜6月、10月の期間に、3分の1ほどの長さを残して枝を切り、込み合う枝を切り取り形を整えます。
ハダニやカイガラムシが発生しやすいので注意します。

楽しみ方

- 開花期　5〜11月
- 花　色　赤
- 観賞期　周年

タイプ			生け垣	シンボルツリー
和風	洋風	自然風		
○	○	○		

注意●ハダニ、アブラムシ、カイガラムシの発生に注意する。

花●赤色の花が吊り下がる。

葉●3つに切れ込み、縁にはギザギザが入る。

樹皮●黒褐色。くっきりとして見える。

樹形●つる性で、勢いよく育つ。

樹形●よくつるを伸ばして育つので、フェンスやパーゴラなどに誘引する。

実●ミツバアケビの実。

環境	広がり	性質	適地目安
日なた	つる性	落葉性	

アケビ

別名－　　　　　　　　　　アケビ科

熟すと縦1本に裂けるのが特徴

だ円形をした袋状の実がなり、熟すと縦1本に裂けます。ゼリー状の果肉に包まれた種子は、果肉ごと食べることができます。

葉は、小葉が手のひら形に集まる複葉です。基本種は小葉5枚ですが、仲間のミツバアケビは、小葉3枚で本葉1枚になります。

込み合う部分をせん定して、整理します。

楽しみ方

開花期 4〜5月 花 色紫	観賞期 4〜10月	結実期 9〜10月 実 色 黄褐色、紫

タイプ			生け垣	シンボルツリー
和風	洋風	自然風		
○	○	○		

注意 1本では実がつきにくいので、2種類以上を植える。

実●袋状の実。熟すと1カ所、縦に裂ける。

葉●小葉3〜5枚が手のひら形に集まる複葉。

花●花びらはないが、ガクが花びらのように見える。雄花と雌花がある。

針葉樹／コニファー／タケ／つる性木本

環境	広がり	性質
日なた	つる性	常緑性

適地目安

ムベ

別名－

アケビ科

アケビに似るが実は裂けない

アケビの仲間で、よく似ています。葉は複葉で、小葉5～7枚に分かれています。小葉の先端はとがった形です。

春に花が咲きます。釣り鐘形で、先端が裂けてとがり、やや外側に開きます。花びらのように見えるのは、ガクです。

秋にアケビに似た実がなりますが、熟しても裂けません。丈夫で育てやすく、生け垣などにも向いています。

楽しみ方

- 開花期 4～5月　花 色紫
- 観賞期 周年
- 結実期 10～11月　実 色赤紫

タイプ			生け垣	シンボルツリー
和風	洋風	自然風		
○	○	○	○	

注意　とくになし。

実●だ円形で赤紫色に熟す。

葉●小葉5～7枚からなる複葉。

花●外側は薄い黄緑で、内側は赤紫色になる。

樹形●常緑性で、よく育つ。

環境	広がり	性質	適地目安
日なた	つる性	半落葉性	

ルリマツリ
別名プルンバーゴ

イソマツ科

夏の期間もよく咲く
涼しげな花が人気

美しい青色や白色の花が、枝の先端に房になって咲きます。夏の庭に清涼感を与えてくれます。

花は、秋遅くまで咲きます。常緑性ですが、本来暖かい気候を好むので、地域によっては、秋に落葉します。寒さの厳しい地域では、掘り上げて鉢に植え、室内または温室で管理します。

つる性ですが、短く切ると木立ち状にも楽しめます。

楽しみ方

開花期 5～10月　　観賞期 5～10月
花 色 桃、白、青

タイプ			生け垣	シンボルツリー
和風	洋風	自然風		
○	○	○		

注意 花がらが、衣類に付く。

樹形● 半つる性なので、つる状にも、株立ち状にも仕立てることができる。

花● 涼しげな小花が集まって咲く。

葉● 厚みも色も薄く、さわやか。

楽しみ方● 手前は白花種。奥は青花種。ペチュニアなどと組み合わせる。

ルリマツリモドキ

イソマツ科

別名 −

環境	広がり	性質	適地目安
日なた	半つる性	半落葉性	15℃

楽しみ方

- 開花期 7〜10月
- 花 色 青紫
- 観賞期 5〜10月

タイプ			生け垣	シンボルツリー
和風	洋風	自然風		
○	○	○		

注意 とくになし。

秋口には葉が紅葉して銅葉になる

ルリマツリ（325ページ）とよく似ていますが、つるは長くならずに、横に枝を伸ばして、垂れるように咲きます。

ルリマツリモドキの仲間には、ブータンルリマツリがあり、やや大型で濃い青紫色の花を咲かせます。

樹形●枝は横に広がって伸びる。秋に銅葉色に変化する。

オウゴンヨウルリマツリモドキ

イソマツ科

別名 −

環境	広がり	性質	適地目安
日なた	半つる性	半落葉性	15℃

楽しみ方

- 開花期 7〜10月
- 花 色 青紫
- 観賞期 5〜10月

タイプ			生け垣	シンボルツリー
和風	洋風	自然風		
	○	○		

注意 とくになし。

明るい黄緑色の葉と青紫色の花が鮮やか

葉が黄緑色になるタイプのルリマツリモドキです。明るい葉が日差しを受けて輝きます。花壇の縁などに植えて、枝を垂らして楽しむと、庭のアクセントになります。

花●透明感のある濃い青紫色。

葉●明るい黄緑色。

樹形●細い枝を半つる性に長く伸ばす。

アイビー

別名 ヘデラ・ヘリックス　　　ウコギ科

環境：日なた／半日陰
広がり：つる性
性質：常緑性

オールマイティに活躍 便利なグリーン

つる性グリーンの代表的存在で、とてもたくさんの種類があります。葉の形、色、斑の入り方など、好みに合わせて選ぶことができるので、どのようなタイプの庭にも利用することができます。また、丈夫で環境に適応しやすく、暑さや寒さにも耐えてくれます。ただ、土が乾燥しやすい場所では、弱りやすいので、植えつけ時に腐葉土を混ぜるなどして保湿力を高めます。

楽しみ方
観賞期　周年

注意　とくになし。

タイプ			生け垣	シンボルツリー
和風	洋風	自然風		
○	○	○		

葉●厚みがあり、革質。色や形は品種によって様々。品種は'ゴールドチャイルド'

楽しみ方●門塀に、ヒメイタビなどと絡ませる。

楽しみ方●門扉に絡ませれば、無機質な門扉がグリーンに彩られる。

樹形●枝がしなやかで長く伸びる。

品種●黄緑色の明るい葉で、細長い形。

品種●切れ込みが浅く、白斑が目立つ。

針葉樹／コニファー／タケ／つる性木本

オカメヅタ

別名カナリーキヅタ　　ウコギ科

環境：日なた／半日陰
広がり：つる性
性質：常緑性
適地目安：—

楽しみ方
観賞期　周年

| タイプ | | | 生け垣 | シンボルツリー |
和風	洋風	自然風		
○	○	○	○	

注意　とくになし。

葉●厚みがあり、光沢がある。

グラウンドカバーや壁面を覆うのに向く

基本種のグリーンのほか、縁に白斑（しろふ）が入る品種などがあります。暗めの場所でも育つので、明るい日陰となる場所のグラウンドカバーや、壁面を覆うのに適しています。夏に西日が長く当たる場所は避けた方がよいでしょう。

樹形●つるを伸ばして育つ。新緑とのコントラストが美しいので、こまめにせん定して新芽を出させるとよい。

マンデビラ

別名ディプラデニア　　キョウチクトウ科

大きな漏斗（ろうと）形の花が華やか

熱帯アメリカ原産で、夏の間中花を咲かせます。気温を保つと1年中咲きます。関東以南では、フェンスなどに絡ませる夏花壇の材料として人気です。

楽しみ方
開花期　5〜11月
花　色赤、桃、白
観賞期　周年

| タイプ | | | 生け垣 | シンボルツリー |
和風	洋風	自然風		
	○	○		

環境：日なた
性質：常緑性
適地目安：—

オドンタデニア

別名—　　キョウチクトウ科

熱帯地域では1年中咲く

熱帯地域原産のつる性植物です。よく似たものにアラマンダがあります。葉は光沢があり、革質です。寒さには弱いので、冬は5℃以上を保ちます。

楽しみ方
開花期　4〜10月
花　色白、黄
観賞期　周年

| タイプ | | | 生け垣 | シンボルツリー |
和風	洋風	自然風		
	○	○		

環境：日なた
性質：常緑性
適地目安：—

テイカカズラ

別名 —

キョウチクトウ科

環境	広がり	性質	適地目安
日なた／半日陰	つる性	常緑性	

スクリュー形の花はよい香りがする

新緑ではとくに際だつつややかな葉と、初夏に咲く香りのよい花が楽しめます。

非常に丈夫で、つるもよく育つことから、生け垣にもよく利用されています。

花は、筒形で、先端が5つに裂けて開きます。その形は、スクリューに似ています。

冬にせん定してつるを仕立て直します。その後は、込み合う部分や枯れた枝を取り除く程度にします。

楽しみ方

- 開花期 5～6月
- 花色 白、薄黄
- 観賞期 周年

タイプ			生け垣	シンボルツリー
和風	洋風	自然風		
○	○	○	○	

注意 とくになし。

花●スクリューのような形が特徴。

葉●光沢がある。

楽しみ方●ラティスに絡ませて間仕切りに。

樹形●生育がよいので、つるを伸ばしてよく育つ。

針葉樹／コニファー／タケ／つる性木本

ビンカ・マジョール・バリエガータ

別名 フイリツルニチニチソウ　　キョウチクトウ科

葉は大型で硬く、見栄えがする

大型のつる性植物です。よく育ち、大きく見栄えのする葉が重宝します。明るい日陰となる場所でもるを垂らすように仕立てても素敵です。

楽しみ方
開花期 4～5月
花 色 紫、白
観賞期 周年

環境：日なた／半日陰

タイプ			生け垣	シンボルツリー
和風	洋風	自然風		
	○	○		

性質：常緑性
適地目安

フイリテイカカズラ

別名 －　　キョウチクトウ科

黄金色に赤、緑などが混じる

テイカカズラ（前ページ）の変異種です。な色合いになり、同じ模様がありません。葉は微妙日光に当たると葉が傷むことがあります。夏の直射

楽しみ方
開花期 5～6月
花 色 白、黄
観賞期 周年

環境：日なた／半日陰

タイプ			生け垣	シンボルツリー
和風	洋風	自然風		
	○	○		

性質：常緑性
適地目安

ビンカ・ミノール・バリエガータ

別名 フイリヒメツルニチニチソウ　　キョウチクトウ科

グラウンドカバー向き植物

地をはうように育つので、グラウンドカバーに適しています。日なたか明るい日陰の場所が適していますが、花を楽しむには、明るい方がよく咲きます。乾燥が続くときには、庭でも水やりをしてやりましょう。

環境：日なた／半日陰
広がり：つる性
性質：常緑性
適地目安

楽しみ方
開花期 3～5月
花 色 青紫
観賞期 周年

タイプ			生け垣	シンボルツリー
和風	洋風	自然風		
○	○	○		

注意 寒さにはやや弱い。霜に当てないようにする。

葉●明るい緑色に白色の縁取りが入る。

花●透き通るような青紫色。

樹形● つる性でよく新芽を出す。刈り込みで仕立ててもよい。

ハツユキカズラ

別名 ゴシキカズラ　　　キョウチクトウ科

環境	広がり	性質	適地目安
日なた 半日陰	つる性	常緑性	

新葉の複雑な色合いが年に数回楽しめる

新葉には、白色、赤色、緑色、黄緑色が混じり合った美しい模様が入ります。その多様な色の出方から「ゴシキカズラ」の別名でも親しまれています。成長期は、こまめに刈り込んで、新葉を出させます。生育旺盛なので、年に数回楽しめます。

つる性なので、フェンスに絡ませることもできます。花壇の縁取りや、アプローチに植えても素敵です。

楽しみ方
観賞期 周年

注意 とくになし。

タイプ			生け垣	シンボルツリー
和風	洋風	自然風		
○	○	○	○	

葉● 新葉は斑が入る。

葉● つやのある緑葉。

針葉樹／コニファー／タケ／つる性木本

樹形●地面にはうように育つが、枝はあまり長くならない。

ランタナ・カマラ

別名－

クマツヅラ科

環境	広がり	性質	適地目安
日なた	半つる性	常緑性	

高さ20cmほどの小型のランタナ

ランタナのなかでも、樹高が低く、花も小さめの種類です。

枝は、地面をはうように横に育ちますが、あまり長くはなりません。花壇の縁取りや、アプローチなどの植えつけに向いています。

品種はいくつかありますが、斑入りの品種は、花がなくても庭を明るく彩り、人気があります。

楽しみ方

- 開花期 5～11月
- 花色 白、黄
- 観賞期 周年

タイプ			生け垣	シンボルツリー
和風	洋風	自然風		
	○	○		

注意 とくになし。

葉●黄緑色が黄斑で縁取られる。

花●ランタナの仲間のなかではもっとも小型。

コバノランタナ

別名 －　　クマツヅラ科

花壇の縁から垂らして咲かせると見事

はう性質で、枝が1〜1.5mほどに伸びて育ちます。つるの節から短い枝を伸ばし、先端に小花が集まって房状に咲きます。石垣や花壇の縁など、高い場所に植えて、茎をまとめて垂らすようにすると、見事な景観になります。

ランタナやランタナ・カマラの仲間ですが、別属です。暖かい気候を好み、秋から冬は、葉が寒さで紅葉します。

- 樹形●枝を長く伸ばして育つ。
- 環境：日なた
- 広がり：半つる性
- 性質：常緑性
- 開花期 5〜11月
- 花色 桃、白
- 観賞期 周年

タイプ			生け垣	シンボルツリー
和風	洋風	自然風		
	○	○		○

注意 枝が折れやすい。折れてしまったら、次の葉の上まで切り戻す。

楽しみ方●花壇の縁からこぼれるように咲かせる。

葉●葉脈がくっきりと入る。

花●小花が集まって咲く。

針葉樹／コニファー／タケ／つる性木本

樹形●葉柄（葉の茎）が支柱などに絡みついて育つ。枝が折れやすいので、つるを仕立て直すときには、注意する。

環境	広がり	性質	適地目安
日なた 半日陰	つる性	落葉性 常緑性	

クレマチス

別名 －　　　　　　　　　　　　　　　キンポウゲ科

素朴な原種から大輪の園芸品種まで様々

うつむき加減に咲く原種から、風車のような形に咲く大輪種まで、種類が豊富で世界中で愛されています。多くは落葉・つる性ですが、木立ち性の種類もあります。また、冬咲きの常緑性の種類も多く出回るようになってきました。

種類によって育て方がやや異なりますが、根元は湿り気を保ち、葉にはよく日が当たるようにすると、花がよく咲きます。

楽しみ方

開花期 4～11月、12～2月
花色 赤、桃、紫、青、白、黄、杏、橙

観賞期 周年

タイプ			生け垣	シンボルツリー
和風	洋風	自然風		
○	○	○		

注意 全体に毒性成分を含む。手などに怪我をしている場合、傷口にクレマチスの液がつくと、ただれることがあるので注意する。

葉●品種によって異なるが、基本は長細いハート形。右はフロリダ系、左はモンタナ系の葉。

花●ビチセラ系品種。つぼみは、どの種類も滴を逆さにしたような形をしている。

● クレマチス楽しみ方

壁面にひもを張り、絡ませる。モンタナ系。

フロリダ系のクレマチス2種類とつるバラを自然な感じに仕立てる。

玄関前に。ハゴロモジャスミンと。パテンス系。

● クレマチスの種類

モンタナ系 　　テキセンシス系 　　パテンス系

原種'ロウグチ'

原種ハンショウヅル 　ビチセラ系 　　インテグリフォリア系

和風の庭に。竹の垣根につるを絡ませる。

クレマチス系統例

※咲き方　旧枝咲き：前年発生した枝に咲く。　新枝咲き：前年発生した枝は枯れ、春から新芽が伸びて花を咲かせる。　新旧枝咲き：前年発生した枝の節から新しい枝が伸びて花を咲かせる。

系統名	開花時期	咲き方	樹形	性質	特徴
パテンス系	春一季咲き	旧枝咲き	つる性	落葉性	風車形の大輪種。早めの時期から開花。多花性。
フロリダ系	四季咲き	新枝咲き	つる性	落葉性	風車形。遅めの時期から開花。
ラルギノーサ系	四季咲き性	新旧両枝咲き	つる性	落葉性	風車形。大輪種が多い。
ジャックマニー系	四季咲き性	新枝咲き	つる性	落葉性	遅めの時期から開花。中輪種。冬に地上部が枯れる。
テキセンシス系	四季咲き性	新枝咲き	つる性	落葉性	壺形。遅い時期から開花。多花性。寒さに弱い。
モンタナ系	春一季咲き	旧枝咲き	つる性	落葉性	十字形。早めの時期に開花。多花性。
アルピナ系、マクロペタ系	春一季咲き	旧枝咲き	つる性	落葉性	早めの時期に開花。八重咲き。
インテグリフォリア系	四季咲き	新枝咲き	木立性	落葉性	遅めの時期から開花。ベル形で大きく切れ込む。
ビチセラ系	四季咲き	新枝咲き	つる性	落葉性	遅い時期から開花。冬に地上部が枯れる。
オリエンタリス系、ダングチカ系	返り咲き	新枝咲き	つる性	落葉性	春の花後に切り戻すと、秋に再び開花する。黄花が多い。
コンターナ系	秋、冬咲き	新枝咲き	つる性	落葉性／常緑性	小輪ベル形。夏から秋咲きで落葉性の種類と、冬咲きで常緑性の種類がある。
シルフォーサ系	冬咲き	新枝咲き	つる性	落葉性	中輪ベル形。夏に落葉する。

ヒメイタビ

環境：日なた　広がり：つる性　性質：常緑性

適地目安

別名 −　　クワ科

密によく茂るので、トピアリーにも向く

塀や石垣などに、張り付いて、つるを伸ばして育ちます。葉が密に茂るので、塀全体をすっぽりと覆ってしまうほどです。ただ、寒さには弱いので、関東南部より寒さが厳しい地域では、冬は温室や室内で管理します。

楽しみ方

- 開花期 7〜8月　花色 −
- 観賞期 周年
- 結実期 10〜11月　実色 黒紫

花は「花のう」(201ページ「イチジク」参照) の中に咲く。

タイプ			生け垣	シンボルツリー
和風	洋風	自然風		
○	○	○		

注意：壁面に張り付く付着根(ふちゃくこん)があるので、傷をつけたくない塀などでは注意。

葉●細長いハート形かだ円形で、厚みがない。

樹形●おう盛につるを伸ばして密集する。

葉●葉脈が目立ち、葉全体におうとつがある。

オオイタビカズラ

環境：日なた　広がり：つる性　性質：常緑性

適地目安

別名 オオイタビ　　クワ科

大きめの葉が壁面いっぱいに育つ

日本の山地で自生しているのを見ることもできます。葉が大型で光沢があります。枝の節々に根(付着根)があり、壁面に張り付いて育つので、石垣など、覆いたい場合などに利用すると便利です。

楽しみ方

- 開花期 5〜7月　花色 −
- 観賞期 周年
- 結実期 11月　実色 黒紫

花は「花のう」(201ページ「イチジク」参照) の中に咲く。

タイプ			生け垣	シンボルツリー
和風	洋風	自然風		
○	○	○	○	

注意：壁面に張り付く付着根があるので、傷をつけたくない塀などでは注意。

葉●光沢がある。

樹形●壁面に張り付いて育つ。

ゲンペイカズラ

別名ゲンペイクサギ、クレロデンドルム　　シソ科

樹形●つるをよく伸ばす。

環境	広がり	性質
日なた	つる性	常緑性

適地目安

紅白の花が咲きコントラストが鮮やか

紅白の花が咲くことから、赤旗と白旗に分かれて戦った源氏と平氏になぞらえて「ゲンペイカズラ」の名があります。赤色と白色のコントラストが鮮やかです。

葉はやや大型で、でこぼこしています。

つるは黒紫色で、葉と花とつるの色合いが独特な存在感をかもし出します。

1年中日なたで育てますが、土が乾燥していると葉を傷めることがあります。

楽しみ方

開花期 5〜8月
花　色 赤、白
観賞期 周年

タイプ			生け垣	シンボルツリー
和風	洋風	自然風		
○	○	○	○	

注意 乾燥と日照不足で葉を落とす。

葉●厚みは薄い、やや大きめ。

品種●赤花種。

花●赤色と白色のコントラストが鮮やか。

針葉樹／コニファー／タケ／つる性木本

337

環境	広がり	性質
日なた	つる性	半常緑

適地目安

ツキヌキニンドウ

別名 －

スイカズラ科

トランペット形の花を穂状に咲かせる

朱色の鮮やかな花が、人目をひきます。花は、筒形で先端に向かって開くので、ちょうどトランペットのような形になります。花は穂状に咲きますが、枝の先に集まるので、扇を広げた形にも見えます。上部の葉は、左右がつながり、つるが葉の間を突き抜けているように見えることから、「ツキヌキニンドウ」の名があります。とても丈夫で栽培は簡単です。

楽しみ方

開花期 5～7月
花 色 朱

観賞期 周年

タイプ				生け垣	シンボルツリー
和風	洋風	自然風			
○	○	○		○	

注意 とくになし。

花●トランペット形。

葉●左右の葉がつながり、つるが突き抜けているように見える。

樹形●つるがよく育つ。早春にせん定してつるを仕立て直す。

ロニセラ 'グラハムトーマス'

環境：日なた／広がり：つる性／性質：落葉性

別名 ―　　スイカズラ科

楽しみ方
- 開花期 6〜10月
- 花色 白〜薄黄
- 観賞期 5〜10月

タイプ			生け垣	シンボルツリー
和風	洋風	自然風		
○	○	○	○	

注意 とくになし。

白色から薄い黄色に花色が変化する

明るい緑色の葉は、冬には落葉します。

花は、白色から薄い黄色へと変化し、筒部分の外側が薄い赤紫色になるので、絶妙な色の変化が楽しめます。開花期間が長く、初夏から秋までよく咲きます。

花形●筒部分が薄い紅紫色になる。

ロニセラ・ニティダ 'バゲッセンズ・ゴールド'

環境：日なた・半日陰／広がり：半つる性／性質：常緑性

別名 ―　　スイカズラ科

楽しみ方
- 開花期 3月
- 花色 黄
- 観賞期 周年

タイプ			生け垣	シンボルツリー
和風	洋風	自然風		
○	○	○		

注意 夏の直射日光で葉が傷むので避ける。

明るい黄緑色の葉が並ぶ端正な形

葉が枝の左右に並び、端正な形をしています。枝は1mほどの長さになり、アーチ状に下がります。切り詰めることもできますが、枝の美しさを楽しむには、込み合う部分を抜き取る枝すかしせん定をします。

葉●出始めは黄色で、徐々に緑色へと変わる。

樹形●枝先が下がる。かっちりとした印象。

環境	広がり	性質	適地目安
日なた	つる性	半落葉性	

スイカズラ

別名 ハニーサックル、ニンドウ

スイカズラ科

香りのよい花が優雅に舞うように咲く

初夏に香りのよい花を咲かせます。白花種は白色から黄色へと変化し、清楚な印象です。赤花種は、赤色、白色、黄色の取り合わせが、愛らしい印象です。花の下部には蜜があり、吸うと甘いです。

暖かい地域では、冬の間も落葉しないので、冬を堪え忍ぶ「忍冬(にんどう)」の和名があります。フェンスやアーチに絡ませるほか、庭木に絡ませても自然な雰囲気が楽しめます。

楽しみ方

開花期 5〜6月
花色 赤、白、黄
観賞期 5〜10月

タイプ				シンボルツリー
和風	洋風	自然風	生け垣	
○	○	○	○	

注意 とくになし。

花● 白花種。白色から黄色へと変わる。

葉● 暖かい地域では、常緑となる。

楽しみ方● ラティスフェンスに絡ませ、下草にヒューケラを植える。

樹形● つるが長く伸びるので、フェンス、アーチ、パーゴラなどに絡ませる。

環境	広がり	性質	適地目安	ナツユキカズラ
日なた	つる性	落葉性		別名 －　　　　　タデ科

満開なると、薄雪に覆われたように見える

真夏に、無数の小花を穂状に咲かせます。株一面を覆うように花を咲かせるので、うっすらと雪をかぶったように見えます。花には、よい香りもあります。

原産地は中国西部からチベット周辺で、暑さ、寒さに強く、丈夫です。

日当たりと水はけのよい場所に植えれば手入れは簡単で、冬に込み合う部分を整理する程度です。

楽しみ方

開花期 8～9月　花 色白
観賞期 5～10月

タイプ			生け垣	シンボルツリー
和風	洋風	自然風		
○	○	○		

注意 とくになし。

花●穂状に咲く。

樹形●つるが絡まり合うように伸び、株面を覆うように小花を咲かせる。

葉●長いハート形。

針葉樹／コニファー／タケ／つる性木本

341

トケイソウ

環境：日なた　広がり：つる性　性質：常緑性

別名－　　　トケイソウ科

楽しみ方
開花期 6〜9月　花色 赤、白、緑
観賞期 周年
結実期 10月　実色 緑

タイプ			生け垣	シンボルツリー
和風	洋風	自然風		
	○	○	○	

注意 寒さに弱いので、霜に当てないようにする。

大きく華やかな時計のような形の花

花の直径は10cmくらいの大きさです。花びらが文字盤、雄しべと雌しべが針のように見え、さらに、巻きつるがぜんまいのようなので、何ともユニークな形です。種類、品種ともに豊富で、赤花種などもあります。

花●雄しべと雌しべが時計の針のよう。

パッションフルーツ

環境：日なた　広がり：つる性　性質：常緑性

別名 クダモノトケイソウ　　トケイソウ科

楽しみ方
開花期 6〜9月　花色 赤、白、緑
観賞期 周年
結実期 10月　実色 赤

タイプ			生け垣	シンボルツリー
和風	洋風	自然風		
	○	○		

注意 霜に当てないようにする。

円形の実は赤色になり食べられる

花後に果実が実る種類です。熱帯性なので、温室などで温度管理すれば、1年中開花と結実を楽しむことができますが、株への負担を考えて、秋以降は結実させないようにします。花が咲いたら人工授粉すると、よく実がなります。

実●ややいびつな形の球形。　花●花びらの先端が巻く。

ツルハナス

別名ヤマホロシ、ソラナム

ナス科

環境：日なた／半日陰
広がり：つる性
性質：常緑性
適地目安：

清楚な雰囲気で和風にも洋風にも向く

名前の通り、ナスの花に似た花を咲かせるつる性の植物で、ナス科の植物です。

星形の花、スマートな葉形、シックな色のつると、上品で清楚な面持ちです。性質はとても丈夫で、やや日陰がちな場所でも、よく育ち、花を咲かせます。

品種は多数あり、花色が薄紫から白色へと変化するもの、葉に斑(ふ)が入るものなどがあります。

楽しみ方

- 開花期　5〜11月
- 花色　紫、白
- 観賞期　周年

タイプ			生け垣	シンボルツリー
和風	洋風	自然風		
○	○	○		○

注意　とくになし。

花●野菜のナスと同じような形。星形で、まとまる雄しべが特徴的。

花●房が円すい形になる品種。

樹形●葉が支柱などに巻きつくので、誘引しなくてもよい。

楽しみ方●生育旺盛なので、壁面を覆うように育てることができる。雨樋(あまどい)などの目隠しにも役立つ。

品種●斑入り種。

品種●ソラナム・シーフォーシアナム

針葉樹／コニファー／タケ／つる性木本

ソラナム・ラントネッティ

別名 － ナス科

環境: 日なた／半日陰
広がり: つる性
性質: 常緑性
適地目安: 15

楽しみ方
- 開花期 5～10月
- 花色 紫
- 観賞期 周年

タイプ			生け垣	シンボルツリー
和風	洋風	自然風		
○	○	○	○	

注意: とくになし。

紫色の花びらと花心のコントラストが鮮やか

花びらが星形に裂けず、アサガオの花のようにつながっています。日当たりのよい環境を好みますが、明るい日陰でも育ちます。斑が入る品種は、夏の直射日光で葉が傷まないように、強い光と乾燥に注意します。

樹形● つるが伸び、葉が支柱などに絡んで育つ。

ツルマサキ

別名 － ニシキギ科

環境: 日なた／半日陰
広がり: つる性
性質: 常緑性
適地目安:

楽しみ方
- 開花期 6～7月
- 花色 黄
- 観賞期 5～7月
- 結実期 10～11月
- 実色 淡赤紫

タイプ			生け垣	シンボルツリー
和風	洋風	自然風		
○	○	○		

注意: とくになし。

グラウンドカバーに向くグリーン

周年観賞できるグリーンとして重宝します。緑葉、白斑入り、黄斑入りなどいくつかの品種があります。葉の色は、季節によっても変化が楽しめますが、ほとんど目立ちません。夏に花が咲きます。

樹形● つるを長く伸ばす。

葉● だ円形で長さ2cm程度。

コロキア・コトネアステル

別名 －　　　　ミズキ科

環境：日なた／半日陰
広がり：つる性
性質：常緑性
適地目安

楽しみ方
- 開花期 4～5月　花　色黄
- 樹形観賞期　周年
- 結実期 10月　実　色橙

タイプ			生け垣	シンボルツリー
和風	洋風	自然風		
	○	○		

注意 トゲに注意。

樹形●葉が小さく、枝は細く、くねくねと曲がる。

枝が曲がるユニークな樹形の低木

オーストラリア原産の低木です。細い枝が、カラタチの枝のようにくねくねと曲がる独特な形は、庭でもひときわユニークな存在になります。葉は小さいので、より樹形が目立ちます。トゲがあるので、注意します。

ピンクノウゼンカズラ

別名 －　　　　ノウセンカズラ科

環境：日なた
広がり：つる性
性質：落葉性
適地目安

楽しみ方
- 開花期 7～8月　花　色桃
- 観賞期 5～10月

タイプ			生け垣	シンボルツリー
和風	洋風	自然風		
	○	○		○

注意 壁面に張り付く付着根(ふちゃくこん)があるので、塀や壁など傷をつけたくない場合は注意。

樹形●葉の生育がよく、よく伸びる。シコンノボタンなどと組み合わせて。

桃色の花が咲くやや小型の品種

ノウゼンカズラ（次ページ）とよく似ていますが、花も葉もやや小型で桃色の花が咲きます。ノウゼンカズラ（ノウゼンカズラ属）とは別属（ポドラネア属）です。アーチやパーゴラに絡ませたりして楽しめます。

針葉樹／コニファー／タケ／つる性木本

環境	広がり	性質
日なた	つる性	落葉性

適地目安

ノウゼンカズラ

別名 －　　　　　　　　　　　　　　ノウゼンカズラ科

優雅な雰囲気を持つ夏の花

夏に、橙色の花を咲かせます。とても華やかで優雅な雰囲気があります。性質は大変丈夫で、よく育ちます。ポールに枝をはわせて下部の葉を落とし、上部にボリュームを持たせるスタンダード仕立てもおすすめです。

楽しみ方

- 開花期 7〜8月　花　色 橙
- 観賞期 5〜10月

タイプ			生け垣	シンボルツリー
和風	洋風	自然風		
○	○	○		○

注意 壁面に張り付く付着根（ふちゃくこん）があるので、塀や壁など傷をつけたくない場合は、注意。

花●ラッパ形で花径は7〜8cmと大きい。

樹形●つるはしっかりとしている。

環境	広がり	性質
日なた	つる性	落葉性

適地目安

アメリカノウゼンカズラ

別名 －　　　　　　　　　　　　　　ノウゼンカズラ科

楽しみ方

- 開花期 7〜8月　花　色 橙、黄
- 観賞期 5〜10月

タイプ			生け垣	シンボルツリー
和風	洋風	自然風		
	○	○		○

注意 壁面に張り付く付着根があるので、塀や壁など傷をつけたくない場合は注意。

ノウゼンカズラよりも濃い花色が特徴

ノウゼンカズラとよく似ていますが、花は、やや小型で、筒部分が細く、色が濃いので区別できます。より南国風の雰囲気を持ちます。アーチやパーゴラに絡ませたり、ポールにはわせるスタンダード仕立てにするなどして楽しめます。

花●ノウゼンカズラに比べてやや小型で、色が濃い。

樹形●付着根（ふちゃくこん）で他の樹木などに絡んで育つ。

コトネアスター・ラクテウス

別名－　　バラ科

環境：日なた／半日陰
広がり：半つる性
性質：常緑性

楽しみ方
- 開花期 4月　花色 白
- 観賞期 周年
- 結実期 10月　実色 赤

タイプ			生け垣	シンボルツリー
和風	洋風	自然風		
○	○	○		

注意 とくになし。

晩秋に真っ赤に色づく実が鮮やか

実が房になってつきます。枝は幹から四方に伸びます。枝は堅く、しなるようにはなりませんが、ワイルドな雰囲気があるので、自然風の庭に適しています。刈り込んで仕立てることもできます。花はあまり目立ちません。

実●鮮やかな赤色になる。
葉●寒さで色づくこともある。 
樹形●小枝が幹に垂直につく。 

コトネアスター・ホリゾンタリス

別名ベニシタン　　バラ科

環境：日なた／半日陰
広がり：半つる性
性質：常緑性

楽しみ方
- 開花期 4月　花色 白
- 観賞期 周年
- 結実期 10月　実色 赤

タイプ			生け垣	シンボルツリー
和風	洋風	自然風		
○	○	○		

注意 とくになし。

光沢のある小葉は1年中観賞できる

葉が、とても小さく、厚みがあります。表面は、やや銀色がかり、光沢があるので、光に当たると、金属的な輝きを放ちます。グラウンドカバーに向くほか、壁面を覆うように仕立てても楽しめます。

樹形●枝は堅く、はうように育つ。葉は、光沢があり厚い。
花●白い小花が咲く。

環境	広がり	性質
日なた	つる性	落葉性

適地目安

つるバラ

別名 －

バラ科

アーチや壁面を華やかに彩る

バラのなかで、つる状に伸びるタイプの総称です。ハイブリッド・ティ・ローズなどバラと同様に種類分けができますが、つるバラの多くは春の一季咲(いっき)きです。

冬に、枝を整理して、支柱などにつるを結びつけます。葉が枝に残っているものはすべて取り、枯れた枝や古い枝は元から切ります。つるをできるだけ水平にすると、たくさんの花を楽しむことができます。

楽しみ方

開花期 5〜6月（品種によって5〜10月）
花　色 赤、桃、白、黄、杏、橙、赤紫

タイプ			生け垣	シンボルツリー
和風	洋風	自然風		
	○	○		○

注意 とくになし。

花●花色、咲き方ともに非常に豊富。

樹形●アーチやオベリスクに誘引。

樹形●つるを地面と平行になるように仕立てると、先端に花を咲かせる枝が多く出る。

'ポールズ・ヒマラヤン・ムスク'

つるバラ　園芸品種

ローゼンドルフ・シュパリース・ホップ
フリル状に波打つ花びらが優美で豪華。多花性で秋にも咲きます。

アンジェラ
濃い桃色で、カップのような形に花びらが丸まります。花びらの数は少なめです。

ラベンダードリーム
赤紫色の小ぶりの花は、やや日陰がちな場所でも咲きます。

ピエール・ドゥ・ロンサール
クラシカルな花の形が人気。外側は白色、中心になるほど桃色が濃くなります。

スパニッシュ・ビューティ
自然結実しやすく、実も楽しめますが、花を美しくするには、早めに取ります。

夢乙女
ミニチュア・ローズのつるバラ。花径1.5cm程度とごく小輪ながら花びらが多いです。

バレリーナ
一重咲きで可憐な花が咲きます。非常に多花性です。

ロココ
花びらがフリル状になります。淡い杏色の花色が趣ある陰影をつくります。

花●八重の花が房になって咲く。

環境	広がり	性質
日なた	つる性	落葉性

適地目安

モッコウバラ

別名 −　　　　　　　　　　バラ科

香りのよい花が咲く日本の原種バラ

日本に、もともと自生しているバラです。

春に咲く花は、やわらかい色彩の黄色で、八重咲きです。また、白色の花が咲く「シロモッコウ」もあります。黄花には香りがありませんが、白花には香りがあります。

枝にはトゲがないので、扱いやすいことも魅力のひとつです。

冬に枝を整理して、仕立て直します。

楽しみ方

開花期 5月
花 色 白、黄
観賞期 5〜10月

タイプ			生け垣	シンボルツリー
和風	洋風	自然風		
○	○	○	○	

注意 とくになし。

樹皮●トゲがない。

樹形●トゲがないので、仕立てやすい。

葉●スマートな形。

品種●シロモッコウ。香りがよい。

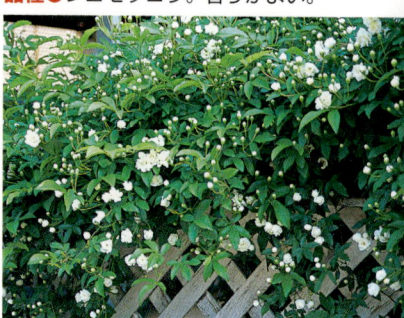

環境	広がり	性質
日なた	つる性	落葉性

適地目安

ブラックベリー

別名 －

バラ科

花も実もおしゃれに楽しめる

キイチゴの仲間で、つる性です（品種によって、直立性のものもあります）。フェンスやトレリス、アーチに絡ませたり、窓辺に縁取るようにつるを仕立てるなどして楽しめます。トゲがある品種もあるので、生け垣として利用すれば、防犯効果も期待できます。

比較的丈夫ですが、土が乾燥し過ぎないようにします。実を収穫するには、冬に短く切り詰めます。

楽しみ方

| 開花期 5～6月 花 色桃 | 観賞期 5～10月 | 結実期 7～8月 実 色赤～黒紫 |

タイプ			生け垣	シンボルツリー
和風	洋風	自然風		
○	○	○	○	

注意 とくになし。

実● 小さな実が集まる。赤色から黒色へと熟す。

花● 桃色の花が咲く。

葉● 濃い緑色。小葉3枚で本葉1枚を構成する複葉。

本葉 / 小葉 / 小葉 / 小葉

樹形● フェンスやアーチに絡ませるとよい。チェリーセージと組み合わせた例。

針葉樹／コニファー／タケ／つる性木本

ブドウ

別名 －　　ブドウ科

環境：日なた／広がり：つる性／性質：落葉性

楽しみ方

- 開花期 5月　花 色 緑
- 観賞期 5〜10月
- 結実期 7〜8月　実 色 赤紫、黒紫、緑

タイプ			生け垣	シンボルツリー
和風	洋風	自然風		
	○	○	○	

注意 とくになし。

夏に房になる実が収穫できる

果樹の1種で、おもに夏に収穫できます。種類は多数あり、家庭で栽培できる品種も増えています。窓辺近くにブドウ棚をつくれば、夏の日よけになり、冬は日当たりがよくなります。花は目立ちません。

実●粒状の実が集まって、房になる。

ナツヅタ

別名 －　　ブドウ科

環境：日なた／広がり：つる性／性質：落葉性

楽しみ方

- 開花期 6〜7月　花 色 黄緑
- 結実期 5〜10月

タイプ			生け垣	シンボルツリー
和風	洋風	自然風		
○	○	○		

注意 壁面に張り付く付着根（ふちゃくこん）があるので、塀や壁など傷をつけたくない場合は注意。

壁面を覆うのにぴったりな植物

落葉性のツタです。アイビー（327ページ）と似ていますが、アイビーがウコギ科で常緑なのに対して、ブドウ科で落葉性です。秋には、真っ赤に色づき、冬に落葉します。壁面を覆うように育ちます。

葉●巻きひげの先端にある吸盤で張り付いて育つ。

葉●大きく切れ込みが入る。秋に紅葉する。

ヤマブドウ

別名ー　ブドウ科

環境	広がり	性質
日なた	つる性	落葉性

適地目安

楽しみ方

- 開花期6月　花 色黄緑
- 観賞期 5〜10月
- 結実期8〜10月　実 色黒紫

タイプ			生け垣	シンボルツリー
和風	洋風	自然風		
○	○	○		

注意 とくになし。

不揃いな実は野趣がある

山野に自生しているブドウです。園芸品種のようには粒が揃いませんが、それが自然風の庭の趣を高めてくれます。園芸品種よりも全体に小ぶりなので、狭めの庭にも向きます。花はほとんど目立ちません。

実●果径は8mmほど。

葉●浅く切れ込む。

樹形●巻きひげを出して、絡みつく。

フイリブドウ

別名ー　ブドウ科

環境	広がり	性質
日なた	つる性	落葉性

適地目安

楽しみ方

- 開花期5月　花 色緑
- 観賞期 5〜10月
- 結実期7〜8月　実 色黒紫

タイプ			生け垣	シンボルツリー
和風	洋風	自然風		
○	○	○		

注意 とくになし。

葉を観賞する小型のブドウ

葉に、白色や紫色の斑が入ります。また、茎も紫色になり、葉との組み合わせがよく、シックな雰囲気があります。実が楽しめることはほとんどありませんが、葉の観賞価値が高く、どの庭のタイプでもなじみます。

葉●大きく切れ込みが入った形になる。不規則に斑が入る。

樹形●生育よく、暴れた感じになる。

樹形●つるを旺盛に伸ばすので、キウイ棚などを設置して枝にできるだけ日が当たるようにする。

環境	広がり	性質
日なた	つる性	常緑性

適地目安

キウイフルーツ

別名－

マタタビ科

エメラルドグリーンの果実がなる

暖かい気候を好みますが、関東より南の地域では、庭で栽培することができます。落葉性で、葉は大きく、実を楽しむためには雄株と雌株の両方が必要なので、できるだけ広めのスペースを確保するとよいでしょう。

つるが暴れるように育つので、成長期でも余分な枝は適宜整理して、実をならせる枝の葉に日が当たるようにします。

楽しみ方

開花期 5～6月	観賞期 周年	結実期 11月
花 色 白		実 色 茶

タイプ			生け垣	シンボルツリー
和風	洋風	自然風		
	○	○		○

注意 実を収穫するには、雄株と雌株の両方が必要。幼苗は猫の被害に注意。

葉●モスグリーンで大型。

実●外側は茶色で毛がある。果肉は、一般的な緑、黄色のほか、黄色の果肉で種子の周辺が赤色になるものもある。

カロライナジャスミン

別名 −　　　　ゲルセミウム科

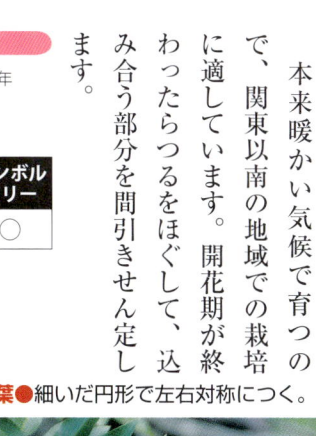

明るい黄色の花がこぼれるように咲く

ラッパ形の黄色い花が、節々に咲き、満開になると見事です。また、あたりに芳香（ほうこう）が漂います。「ジャスミン」の名前がありますが、モクセイ科の仲間ではありません。葉は、細長く、端正な形をしています。

本来暖かい気候で育つので、関東以南の地域での栽培に適しています。開花期が終わったらつるをほぐして、込み合う部分を間引きせん定します。

花 ● 甘い香りを放つ。

環境	広がり	性質	適地目安
日なた	つる性	常緑性	

楽しみ方

- 開花期 4〜6月　花色 黄
- 観賞期 周年

タイプ			生け垣	シンボルツリー
和風	洋風	自然風		
	○	○		○

注意　有毒　葉や花をお茶にしない。

花 ● ラッパ形の整った花が咲く。

葉 ● 細いだ円形で左右対称につく。

樹形 ● つるは6〜10mほどに伸びる。

針葉樹／コニファー／タケ／つる性木本

ビナンカズラ

別名 －　　　マツブサ科

環境：日なた／半日陰
広がり：つる性
性質：常緑性
適地目安

楽しみ方
- 開花期 7～8月　花 色白
- 観賞期 周年
- 結実期 10～11月　実 色赤

| | タイプ | | 生け垣 | シンボルツリー |
和風	洋風	自然風		
	○	○	○	○

注意　とくになし。

晩秋に色づく実が美しい

晩秋に色づく実が美しく、庭木や盆栽として古くから親しまれています。フェンス、パーゴラ、生け垣などに誘引して楽しむほか、刈り込むこともできます。植えつけ場所には、堆肥や腐葉土を多めに入れます。

葉●細いだ円形で反り返る。

実●透明感があり、晩秋に赤色に熟す。

樹形●つるも表面が硬くなる。

コンボルブルス・クネオルム

別名 －　　　ヒルガオ科

全体に銀色がかる

はうように、半つる性に育ちます。このような形で銀色です。花は、アサガオのような形です。葉は、へらのような形です。伸びすぎたつるは切って樹形を整えます。

楽しみ方
- 開花期 5～7月　花 色白
- 観賞期 周年

環境：日なた
性質：常緑性
適地目安

| | タイプ | | 生け垣 | シンボルツリー |
和風	洋風	自然風		
	○	○		

シッサス'シュガーバイン'

別名 －　　　ブドウ科

5枚の葉が手のひら状に広がる

観葉植物として親しまれています。暖かい地域での栽培に適しています。葉は小葉5枚が集まる複葉です。つるを垂らすように仕立てるとよいでしょう。

楽しみ方
- 観賞期 周年

環境：日なた／半日陰
性質：常緑性
適地目安

| | タイプ | | 生け垣 | シンボルツリー |
和風	洋風	自然風		
	○	○		

花●大きな房状の花が垂れて咲き、満開時には圧巻。

フジ

別名 —

マメ科

環境	広がり	性質	適地目安
日なた	つる性	落葉性	

優美な花は観賞用として好まれる

マメ科の花の特徴であるチョウのような形の花が、房になって咲きます。花色、花形ともに優雅で美しいです。

つるが右巻きで花穂が長いノダフジ系と、左巻きで花穂が短いヤマフジ系のふたつの系統があります。

土の湿り気が保たれる、日当たりと水はけのよい場所が適しています。

落葉期に花芽を落とさないように、せん定します。

楽しみ方

開花期 4〜6月	観賞期 4〜10月	結実期 9〜10月
花 色 桃、白、黄、紫		実 色 暗褐色

タイプ			生け垣	シンボルツリー
和風	洋風	自然風		
○	○	○		○

注意 とくになし。

実●大きなサヤがなる。よい花を楽しむには、実をならせないようにした方がよい。

花●房になって垂れ下がる。

葉●鳥の羽のような形。

樹形●よくつるを伸ばす。

針葉樹／コニファー／タケ／つる性木本

環境	広がり	性質
日なた	つる性	常緑性

適地目安

ハゴロモジャスミン

別名 —

モクセイ科

楽しみ方

- 開花期 1〜4月
- 花　色 白
- 観賞期 周年

タイプ			生け垣	シンボルツリー
和風	洋風	自然風		
	○	○		○

注意 花後は早めに花がらの処理をする。

開花するとあたり一面ジャスミンの香りに

とても香りの強い花で、姿が見えなくても、香りですぐに咲いているのが分かります。白色の花の清楚（せいそ）な雰囲気と、つぼみの紅色がかる姿が可憐（かれん）で、人気があります。本来暖かい気候を好みますが、関東以南の地域では、庭植えにできます。花が咲き終わったら、つるを間引いて半分ほどにします。秋に、夏の間に伸びたつるを整理します。

花●開くと白色だが、つぼみは紅色。

葉●細長いだ円形で、小葉5〜7枚からなる複葉。

樹形●つるを多数茂らせて、群れるように花を咲かせる。

ジャスミン・ホワイトプリンセス

別名ー　　　モクセイ科

環境 日なた／半日陰
広がり つる性
性質 常緑性
適地目安

明るい日陰でも育てられる

ジャスミンの仲間で、ハゴロモジャスミンに似ていますが、花や葉の形など、ふっくらしています。

明るい日陰となる場所でも育てられ、また、寒さにも強く、氷点下5度まで耐えます。

枝は、切った場所の次の節から新芽が伸びやすいので、余分な枝をつけ根から切り取るか、つるを水平に仕立ててやるとよいでしょう。

楽しみ方

- 開花期 5～10月
- 花色 白
- 観賞期 周年

タイプ			生け垣	シンボルツリー
和風	洋風	自然風		
○	○	○		

注意 とくになし。

花● 純白の花が咲く。

葉● 鳥の羽のような形に小葉が集まる。ハゴロモジャスミンより幅が広め。

樹形● つるを途中で切ると、そこから枝分かれするので、バランスを考えて切る。

INDEX

メタセコイア	298
メラリュウカ	155

【モ】

モウソウチク	316
モクフヨウ	246
モクレン	240
モクレン '金寿'	241
モチノキ	79
モッコウバラ	350
モッコク	56
モミ	314
モモ	208

【ヤ】

ヤエヤマブキ	275
ヤツデ	101
ヤナギバヒイラギナンテン	170
ヤブコウジ	180
ヤマアジサイ	251
ヤマブキ	274
ヤマブドウ	353
ヤマホロシ	343
ヤマボウシ	226
ヤマボウシ・ロゼア	227
ヤマモモ	86

【ユ】

ユーカリ・サイダーガム	63
ユーフォルビア・カラキアス	145
ユキヤナギ	276
ユスラウメ	278
ユズ(ホンユズ)	69
ユズリハ	88
ユリノキ	232

【ヨ】

ヨーロッパゴールド	306

【ラ】

ライム	166
ライラック	238
ラインゴールド	311
ラズベリー	277
ラベンダー・グロッソ	115
ランタナ	109
ランタナ・カマラ	332

【リ】

リュウキュウアセビ	126
リョウブ	244
リラ	238

【ル】

ルクリア	99
ルリマツリ	325
ルリマツリモドキ	326

【レ】

レケナウルティア	106
レッドカーラント	259
レプトスペルナム	154
レモン	166
レンギョウ	287
レンギョウ(這性)	288

【ロ】

ロウバイ '素心'	243
ローズマリー・カプリ	116
ローズマリー・レックス	117
ロータス・ブリムストーン	186
ロゼリソウ	92
ロドレイア	85
ロニセラ 'グラハムトーマス'	339
ロニセラ・ニティダ 'バゲッセンズ・ゴールド'	339
ロブスターグリーン	307

【ワ】

ワビスケ	56

フヨウ	246	【マ】	
ブラシノキ	61	マートル	156
ブラックベリー	351	マグノリア	240
ブリスベーン・アカシア	47	マサキ	58
フリンソデヤナギ	291	マホニア・コンフューサ	170
ブルーアイス	305	マホニア・メディア 'チャリティ'	171
ブルー＆ゴールド	309	マメツゲ	121
ブルーエンジェル	303	マユミ	204
ブルーカーペット	310	マルバアオダモ	236
ブルースター	309	マルバノキ	215
ブルーヘブン	304	マルバユーカリ	62
ブルーベリー	265	マルベリー	201
プルンバーゴ	325	マルメロ	206
ブレディア	146	マロニエ	233
プロクンベンス 'ナナ'	311	マンサク	215
フロリバンダ・ローズ	273	マンデビラ	328
		マンリョウ	179
		マンリョウ・白実	180
【ヘ】			
ヘデラ・ヘリックス	327	【ミ】	
ベニカエデ	234	ミズナラ	221
ベニカナメモチ	81	ミツバツツジ	262
ベニカナメモチ 'レッド・ロビン'	82	ミツマタ	257
ベニシタン	347	ミナリクチナシ	96
ベニスモモ・ヴァージニアナ・ベイリーズセレクト	213	ミニチュア・ローズ	273
ベニバナトキワマンサク	84	ミモザ	47
ベニバナトチノキ 'ブリオッティー'	233	ミモザアカシア	44
ベニマンサク	215	ミヤマシキミ	160
ヘリクリサム・ペチオラレ	101	ミルタス	156
ペルネチア	139		
ペルネチア・ヘルメス	139	【ム】	
		ムーングロー	307
【ホ】		ムクゲ	247
ホクシア	95	ムベ	324
ホクシア	95	ムラサキハシドイ	238
ボケ	268		
ボタン	279	【メ】	
ホテイチク	320	メイゲツカエデ	230
ホプシー	313	メキシコハコヤナギ	172
ポポー	216	メギ	286
ホンコンエンシス	67	メギ・パープレア	286
ホンサカキ	57	メグスリノキ	235

INDEX

ハグマノキ……………………………188
ハゴロモジャスミン…………………358
ハシカンボク…………………………146
ハスカップ……………………………259
ハゼ……………………………………188
ハゼノキ………………………………188
バタフライブッシュ…………………158
ハツコイソウ…………………………106
ハツコイソウ・イエローワンダー…107
ハツコイソウ・ニューヨークミスト…107
ハツコイソウ・メープルリバー……107
パッションフルーツ…………………342
ハツユキカズラ………………………331
パティオ・ローズ……………………273
ハナズオウ……………………………218
ハナゾノツクバネウツギ……………182
ハナミズキ……………………………228
ハナモモ………………………………209
ハニーサックル………………………340
ハマヒサカキ…………………………144
バラ(木立性)…………………………272
ハリエンジュ…………………………216
ハンテンボク…………………………232

【ヒ】

ヒイラギモクセイ……………………73
ヒイラギモチ…………………………175
ヒサカキ………………………………143
ヒトツバタゴ…………………………235
ビナンカズラ…………………………356
ビバーナム'ダビディ'………………184
ビバーナム'ティヌス'………………185
ヒペリカム・カリシナム……………97
ヒペリカム・ヒドコート……………97
ヒペリカム・モゼリアナム'トリカラー'…97
ヒマラヤシーダー……………………297
ヒマラヤスギ…………………………297
ヒメイタビ……………………………336
ヒメイチゴノキ………………………128
ヒメウツギ……………………………255
ヒメコウジ……………………………139
ヒメシャラ……………………………200
ヒメライラック………………………288

ヒメリョウブ…………………………258
ヒャクリョウ…………………………180
ヒュウガミズキ………………………285
ビヨウヤナギ…………………………248
ピラカンサ・赤実……………………153
ピラカンサ・黄実……………………154
ヒラギモクセイ………………………73
ヒラドツツジ…………………………135
ビルベリー……………………………264
ビワ……………………………………83
ビンカ・マジョール・バリエガータ…330
ビンカ・ミノール・バリエガータ…330
ピンクノウゼンカズラ………………345

【フ】

フィソカルパス………………………271
フィソカルパス・ディアボロ………271
フイリキョウチクトウ………………103
フイリギンバイカ……………………157
フイリクマヤナギ……………………291
フイリコデマリ………………………270
フイリサカキ…………………………57
フイリジンチョウゲ…………………119
フイリセイヨウシャクナゲ…………138
フイリツルニチニチソウ……………330
フイリテイカカズラ…………………330
フイリヒサカキ'トリカラー'………145
フイリヒメツルニチニチソウ………330
フイリブドウ…………………………353
フイリマートル………………………157
フイリマサキ…………………………59
フイリヤツデ…………………………100
フイリユズリハ………………………88
フェイジョア…………………………60
フクシア………………………………95
フクラシバ……………………………78
フサアカシア…………………………47
フサスグリ……………………………259
フサフジウツギ………………………158
フジ……………………………………357
ブッシュカン…………………………164
ブッドレア……………………………158
ブドウ…………………………………352

362

ツリージャーマンダー	113
ツリバナ	205
ツルハナナス	343
つるバラ	348
ツルマサキ	344

【テ】

ティーツリー	155
テイカカズラ	329
ディプラデニア	328
テウクリウム・フリティカンス	113
デコポン	163
デュランタ '浜錦'	107
デュランタ '宝塚'	108
デュランタ・ライム	108
テンダイウヤク	105

【ト】

トウオガタマ	77
ドウダンツツジ	263
トウチク	319
トウネズミモチ 'トリカラー'	74
トウネズミモチ	74
トウヒ	315
トケイソウ	342
トサミズキ	284
トチノキ	232
トネリコ	237
ドラセナ	181

【ナ】

ナガミキンカン	165
ナツツバキ	199
ナツヅタ	352
ナツハゼ	197
ナツミカン	68
ナツメ	195
ナツユキカズラ	341
ナナカマド	212
ナリヒラヒイラギナンテン	170
ナワシログミ 'ギルドエッジ'	110
ナンキンハゼ 'メトロキャンドル'	203
ナンジャモンジャノキ	235

ナンテン	168
ナンテン・白実	169

【ニ】

ニオイヒバ 'スマラック'	302
ニオイヒバ 'ミニマ'	302
ニシキギ・コンパクタ	267
ニシキギ 'ルディハック'	268
ニセアカシア	216
ニセアカシア 'フリーシア'	217
ニッキ	56
ニッケイ	56
ニワトコ	293
ニワナナカマド	213
ニンドウ	340

【ヌ】

ヌマヒノキ・バリエガータ	302

【ネ】

ネグンドカエデ 'フラミンゴ'	232
ネジキ	198
ネムノキ 'サマーチョコレート'	206

【ノ】

ノウゼンカズラ	346
ノボタン・コートダジュール	148
ノボタン・スプラッシュ	150
ノボタン・リトルエンジェル	149
ノリウツギ	255

【ハ】

ハイノキ	62
バイカウツギ	252
ハイビスカス	92
ハイビスカス・ローゼル	92
ハイブリッド・ティ・ローズ	273
ハウチワカエデ	230
ハギ	281
ハギ '江戸絞り'	280
バクチノキ	151
ハクチョウゲ	98
ハクモクレン	241

INDEX

サンゴジュ……………………………………87
サンシュユ……………………………………225
サントリナ……………………………………115

【シ】

シキザキアジサイ……………………………252
シコンノボタン………………………………147
シシユズ………………………………………165
シダレザクラ…………………………………208
シチヘンゲ……………………………………109
シッサス'シュガーバイン'…………………356
シマダイダイ…………………………………164
シマダケ………………………………………321
シマトネリコ…………………………………75
シモクレン……………………………………241
シモツケ………………………………………270
シモツケ'ライムマウンド'…………………270
シャクナゲ……………………………………136
シャクナゲモドキ……………………………85
ジャスミン・ホワイトプリンセス…………359
ジャノメエリカ………………………………130
シャラ…………………………………………199
シャラノキ……………………………………199
シャリンバイ…………………………………150
ジュウリョウ…………………………………180
ジューンベリー………………………………211
シュチク………………………………………318
ジョウリョクヤマボウシ……………………67
シラカシ………………………………………66
シラカバ'ジャクモンティ'…………………192
シラキ…………………………………………202
シルバープリペット…………………………173
シロウメモドキ………………………………289
シロシキブ……………………………………255
シロバナハギ…………………………………282
シロヤマブキ…………………………………275
シンジュノキ…………………………………139
ジンチョウゲ…………………………………118

【ス】

スイカズラ……………………………………340
スカイロケット………………………………304
スギ……………………………………………299

スズランノキ…………………………………196
スパルタン……………………………………303
スモークツリー………………………………188
スワンズゴールデン…………………………306

【セ】

セアノサス・レペンス………………………111
セイヨウイワナンテン・アキシラス………123
セイヨウイワナンテン・アキシラリス'トリカラー'…123
セイヨウイワナンテン・フォンタネシアナ'レインボー'…122
セイヨウシャクナゲ…………………………137
セイヨウニンジンボク………………………255
セイヨウバクチノキ…………………………151
セイヨウヒイラギ……………………………177
セイロンライティア…………………………104
センリョウ……………………………………178

【ソ】

ソテツ…………………………………………120
ソヨゴ…………………………………………78
ソラナム………………………………………343
ソラナム・ラントネッティ…………………344

【タ】

タニウツギ……………………………………260
タモノキ………………………………………237
ダイミョウチク………………………………319
ダンコウバイ…………………………………195

【チ】

チェッカーベリー……………………………139
チェリーセージ………………………………114
チキュウカン…………………………………164
チゴザサ………………………………………321
チャイニーズホーリー………………………175
チャイニーズホーリー'オースプリング'…176
チャボヒバ……………………………………301
チョイシア・テルナータ……………………164
チンシバイ……………………………………213

【ツ】

ツキヌキニンドウ……………………………338
ツバキ…………………………………………51

364

キンメイモウソウチク	316	コクチナシ	96
キンメキャラボク	300	コグマザサ	321
キンメツゲ	121	ココヤシ	88
キンモクセイ	72	ゴシキカズラ	331
ギンヨウアカシア	44	コットンラベンダー	115
ギンヨウアカシア 'プルプレア'	44	コデマリ	269

【ク】

クスノキ	50	コトネアスター・ホリゾンタリス	347
クダモノトケイソウ	342	コトネアスター・ラクテウス	347
クチナシ	95	コナラ	222
クフェア	172	コニカ	313
グミ	110	コバノズイナ 'ヘンリーズガーネット'	258
クラブアップル 'ゴージャス'	214	コバノズイナ 'メルドウ'	258
クランベリー	138	コバノセンナ	282
クリスマスホーリー（チャイニーズホーリー）	175	コバノトネリコ	236
クリスマスホーリー（セイヨウヒイラギ）	177	コバノランタナ	333
グリーンコーン	306	コヒガンザクラ	208
クルメツツジ	134	コブシ	239
クレマチス	334	コプロスマ・レペンス	100
クレロデンドルム	337	コムラサキ	256
クロウエア・エクサラタ	159	コメツガ	315
クロガネモチ	80	コロキア・コトネアステル	345
クロソヨゴ	174	コンボルブルス・クネオルム	356
クロチク	317	ゴンズイ	221
クロバナロウバイ	293		
クロフネツツジ	264		

【サ】

クロミノウグイスカグラ	259	サージェンティ	307
クロモジ	194	サカキ	57
クワ	201	サクラ・ソメイヨシノ	208
クワノキ	201	ザクロ	223

【ケ】

ゲッケイジュ	49	サザンカ	52
ゲンペイカズラ	337	サザンカ '朝倉'	54
ゲンペイクサギ	337	サザンカ '丁字車'	142
		サザンクロス	159
		サツキ・オオサカヅキ	133
		サラサウツギ	254
		サラサドウダンツツジ	264
		サリックス・インテグラ	290

【コ】

コウヤマキ	297	サルゲンティ	307
ゴーテリア	139	サルココッカ・パープルステム	120
ゴードニア	55	サルスベリ	224
ゴールデンモップ	308	サルスベリ・チカシリーズ	283
ゴールドライダー	305	サルビア・ミクロフィラ	114
		サンカクバアカシア	47

樹木名索引

INDEX

ウラジロハコヤナギ……………………243
ウンシュウミカン………………………161

【エ】

エゴノキ…………………………………190
エニシダ…………………………………280
エニシダ(矮性種)………………………280
エメラルド………………………………302
エリカ'ウインターファイヤー'………131
エレガンテシマ…………………………301
エレモフィラ・ニヴェア………………146
エンゼルトランペット…………………266

【オ】

オウゴンカシワ…………………………222
オウゴンバアジサイ……………………251
オウゴンマサキ……………………………59
オウゴンモチ………………………………79
オウゴンユキヤナギ……………………277
オウゴンヨウルリマツリモドキ………326
オウバイ…………………………………288
オオイタビ………………………………336
オオイタビカズラ………………………336
オオデマリ………………………………292
オオデマリ'ジェミニ'…………………292
オオベニウツギ…………………………259
オオベニウツギ'オーレアバリエガータ'……260
オオミキンカン…………………………163
オオミノツルコケモモ…………………138
オオムラサキツツジ……………………132
オオモミジ………………………………230
オオモミジ'オオサカズキ'……………231
オーストラリアンローズマリー………112
オールド・ローズ………………………273
オカメザクラ……………………………207
オカメヅタ………………………………328
オカメナンテン…………………………169
オガタマノキ………………………………76
オキシデンドルム・アーボレウム……196
オキナワアセビ…………………………126
オタフクナンテン………………………169
オトコヨウゾメ…………………………294
オドンタデニア…………………………328

オリーブ……………………………………70
オリーブ・ネバディロ'ブランコ'………71

【カ】

ガーデニア…………………………………95
カキ………………………………………194
カキノキ…………………………………194
カクレミノ…………………………………48
カシア……………………………………282
カシワバアジサイ'スノークィーン'…252
カシワバアジサイ'スノーフレーク'…253
カツラ……………………………………191
カナダツガ'ペンジュラ'………………314
カナメモチ…………………………………81
カナリーキヅタ…………………………328
カボス……………………………………166
カメリア……………………………………50
カメリア・エリナ………………………140
カラウメ…………………………………243
カラタチバナ……………………………180
カラタネオガタマ…………………………77
カリステモン………………………………61
カリフォルニアライラック……………111
カリン……………………………………206
カルミア…………………………………129
カロライナジャスミン…………………355
カンチク…………………………………318
カンツバキ………………………………141

【キ】

キウイフルーツ…………………………354
キダチチョウセンアサガオ……………266
キバナフジ………………………………220
キョウチクトウ…………………………102
ギョリュウ………………………………193
ギョリュウバイ…………………………154
キリシマツツジ…………………………134
キンカン…………………………………162
キングサリ………………………………220
ギンドロ…………………………………243
ギンバイカ………………………………156
キンポウジュ………………………………61
キンメイチク……………………………318

INDEX

※黒字は掲載名、青字は別名などです。

【ア】

- アイビー……327
- アオキ……93
- アオキ・サリシフォーリア……94
- アオキ・サルフレア……93
- アオキ・ステラ……94
- アオキ・ピクチュラータ……94
- アオキ・ルーシィ……94
- アオシダレモミジ……231
- アオダモ……236
- アオハダ……242
- アカシア・モニカ……152
- アカシア・フロリバンダ……46
- アカシア・ドルモンディ……152
- アカシア・レドレンス・プロストラータ……47
- アカバアセビ……125
- アカメヤナギ……291
- アケビ……323
- アケボノスギ……298
- アジサイ……249
- アスナロ……308
- アセビ……124
- アセビ・アカバナ……125
- アセロラ……101
- アッサムニオイザクラ……99
- アニソドンテア 'ピンクモーン'……90
- アブチロン……91
- アブチロン・チロリアンランプ……322
- アベリア 'エドワードゴーチャー'……183
- アベリア 'フランシスメイソン'……182
- アベリア 'ホープレイズ'……183
- アベリア・コンフェッティ……183
- アメリカアジサイ 'アナベル'……250
- アメリカイワナンテン・アキシラリス……123
- アメリカイワナンテン・アキシラリス 'トリカラー'……123
- アメリカイワナンテン・フォンタネシアナ 'レインボー'……122
- アメリカコデマリ……271
- アメリカコデマリ・ディアボロ……271
- アメリカザイフリボク……211
- アメリカシャクナゲ……129
- アメリカズイナ……258
- アメリカテマリシモツケ……271
- アメリカデイゴ……216
- アメリカノウゼンカズラ……346
- アメリカハイビャクシン 'ウィルトニー'……312
- アメリカハナズオウ 'フォレストパンシー'……219
- アメリカハナノキ……234
- アメリカヒトツバタゴ……235
- アメリカリョウブ……293
- アラカシ……64

【イ】

- イタリアポプラ……241
- イタリアンルスカス……104
- イチイ……300
- イチゴノキ……127
- イチジク……201
- イヌコリヤナギ 'ハクロニシキ'……290
- イヌツゲ・キフジン……167
- イヌツゲ・ゴールデンジェム……167
- イヌマキ……296
- イリシウム……105
- イレックス 'サニーフォスタ'……177
- イレックス 'ブルーエンジェル'……177
- イロハモミジ……229
- イングリッシュ・ローズ……273

【ウ】

- ウィチタブルー……302
- ウェイゲラ・フロリダナム 'バリエガータ'……261
- ウエストリンギア……112
- ウキツリボク……322
- ウグイスカグラ……259
- ウシカバ……174
- ウスギモクセイ……71
- ウスリーヒバ……312
- ウメ……210
- ウメモドキ……289
- ウラジロカシ……65

著者紹介

椎葉 林弘
（しいば　しげひろ）

1981年宮崎大学工学部工業化学科を卒業。東証・大証一部上場化学系企業研究員、現場管理職を経て1991年長年興味を持っていた、植物を扱う園芸総合企業株式会社改良園に入社。1992年川口そごう園芸売店グリーンショップを開設し、店長として植物・園芸資材の販売の他、外構・造園工事、川口そごうデパートイベントの発案企画を行う。1996年造園部門ベルガーデンを開設し、所長としてマネージメント・営業・デザイン設計から現場施工までこなす。里山の雑木林を個人邸の庭に再現するデザインを好む。2010年4月21日 パサニアガーデン うさぎの庭 代表に就任。春日部市・越谷市・草加市・さいたま市を中心に、やさしい庭創りをテーマに造園を手掛け、現在に至る。
著書に『よくわかる庭木大図鑑』(永岡書店)、『秋から冬のガーデニング』(成美堂出版)がある。

パサニアガーデン うさぎの庭
天然石材・アイアンウッド・落葉樹株立ち等を素材に人と植物とが調和する空間を提案している。
〒344-0051 埼玉県春日部市内牧4137-12
☎ 048-755-1407
E-mail info@usaginoniwa.com
HP http://www.usaginoniwa.com

撮　　影	上林徳寛／椎葉林弘
写真協力	株式会社改良園／改良園ベルガーデン／梅本浩史／おぎはら植物園／アルスフォト企画／英夢
制作協力	寺島彰吾／菊池笑子(庭デザイン)
デザイン	株式会社英夢
企画・編集	株式会社英夢

庭木大図鑑

著　　者／椎葉林弘
発行者／永岡純一
発行所／株式会社永岡書店
　　　　〒176-8518 東京都練馬区豊玉上1-7-14
　　　　TEL03-3992-5155（代表）　TEL03-3992-7191（編集）
印　　刷／横山印刷
製　　本／ヤマナカ製本
ISBN978-4-522-42603-6　C2076
落丁本・乱丁本はお取り替えいたします